经济数学（一）

——微积分 第三版

主　编　陈传明

西南财经大学出版社

图书在版编目(CIP)数据

经济数学.一,微积分/陈传明主编.—3版.—成都:西南财经大学出版社,2017.10(2021.7重印)
ISBN 978-7-5504-3259-8

Ⅰ.①经… Ⅱ.①陈… Ⅲ.①经济数学②微积分 Ⅳ.①F224.0 ②O172

中国版本图书馆CIP数据核字(2017)第257285号

经济数学(一)——微积分(第三版)
Jingji Shuxue Yi:Weijifen

主　编:陈传明

责任编辑:孙　婧
封面设计:墨创文化
责任印制:朱曼丽

出版发行	西南财经大学出版社(四川省成都市光华村街55号)
网　　址	http://cbs.swufe.edu.cn
电子邮件	bookcj@swufe.edu.cn
邮政编码	610074
电　　话	028-87353785
照　　排	四川胜翔数码印务设计有限公司
印　　刷	郫县犀浦印刷厂
成品尺寸	185mm×260mm
印　　张	11.25
字　　数	260千字
版　　次	2018年3月第3版
印　　次	2021年7月第2次印刷
印　　数	3001—5000册
书　　号	ISBN 978-7-5504-3259-8
定　　价	29.80元

再版前言

本书自出版以来，云南师范大学商学院一直将其作为经济数学课的教材，有些兄弟院校也先后将其选为教材或参考书。许多老师和读者来信给予支持和鼓励，并希望发扬务实精神，充实再版。

这次再版，保持了原有的“结合实际、突出重点、以经济数学实际来阐明教学原理”的特点，并结合多年来教学改革实践，进行修订。全书贯彻的教学思想是：教好经济数学和学好经济数学，应遵循“一观察，二思维，三运用”的认识规律，使学生亲自动手、动脑完成认识上的两个飞跃；在教学过程中要把培养能力放在首位，使学生在掌握知识的同时，掌握方法，提高能力。为此，本书增删和充实了一些内容，以经济数学的实例来说明经济数学教学的规律性，力图使未来的经济数学教师在学习和实践中，掌握经济数学教学理论，提高分析教材、处理教材和选择教材的能力；为以后开展教学研究、指导教学实践、提高经济数学教学质量打下良好的基础。

同时，本书在第二版的基础上，改正了一些书写错误，并替换了部分习题，使之更符合学生的实际情况，对本书不妥之处，恳切希望广大教师和读者批评指正。

编　者

2017 年 9 月

前言

经济数学是普通高等院校本专科各专业普遍开设的一门公共基础课程。它既是学习线性代数、概率论与数理统计等后续课程的基础，也是在自然科学和经济技术等领域中应用广泛的数学工具。本书是根据教育部颁发的《经济数学基础教学大纲》编写的，适用性强、浅显适中，适合普通高等院校经济与管理类专业的学生使用，亦可供学习本课程的读者选用。本书在编写上力求内容适度、结构合理、条理清晰、循序渐进，文字叙述方面力求简明扼要、深入浅出。

本书具有如下特点：

(1) 在满足教学要求的前提下，淡化理论推导过程；缓解课时少与教学内容多的矛盾，恰当把握教学内容的深度和广度，遵循基础课理论知识以必需够用为度的教学原则，不过分追求理论上的严密性，尽可能显示微积分的直观性与应用性，适度注意保持数学自身的系统性与逻辑性。

(2) 语言精简严谨，篇幅较传统教材要少，但囊括了基本内容且有一定的深度。

(3) 章节安排符合认知规律，语言通俗易懂，既便于教师讲授，也易于学生阅读、理解。

(4) 注重理论联系实际和培养学生综合素质，不仅关注数学在经济类专业的直接应用，而且增加了大量数学在经济等方面应用的例子，还结合具体教学内容进行思维训练，重视培养学生的科学精神、创新意识，以更好地提高学生解决实际问题的能力。

(5) 每节后配有思考题和练习题，通过思考题试图达到使学生能换个角度理解有关知识点的目的。练习题与知识点相呼应，由易到难，方便学生巩固所学知识。

本书的编写团队均为云南师范大学商学院长期工作在教学一线的专业教师，具有丰富的教学经验，同时得到了商学院、会计学院、财务管理学院和工商管理学院多位专业课教师的帮助，有效地使数学理论知识与其专业课的应用有机结合起来。

前　言

编写本书的目的，是试图为一般院校经济与管理类专业的学生提供一本适合的教材。由于编者学识有限，加上时间仓促，本书疏漏与错误之处在所难免，我们衷心地希望得到专家、同行和读者的批评指正。

注：本书中带“*”的章节为教师选讲内容。

编　者

2011 年 7 月

目　录

第一章 函数、极限和连续

函数是数学中最重要的基本概念之一，是现实世界中各种变量之间相互依存关系的一种抽象，也是经济数学研究的主要对象. 极限是在研究变量的变化趋势时所引出的一个非常重要的概念. 微积分中的许多概念，例如连续、导数、定积分等都建立在极限的基础上，而极限方法又是我们研究函数的一种最基本的方法. 在本章里，我们将分别对函数、极限和连续的有关知识进行分析和研究.

1.1　函数的定义与性质

1.1.1　函数的定义

在自然界、人类社会和人们的思维领域，运动与变化无处不在，因而刻画这种运动与变化之间的依赖关系也就无处不在. 例如，在知识经济初见端倪的今日，科学技术作为一个重要的变量因子，对生产力的发展起着重大的推动作用，更深刻地影响着人类历史的发展进程.

1. 常量与变量

在观察自然现象与研究科技问题的过程中，会遇到各种不同的量：面积、体积、长度、温度等. 有的量不变化，始终保持一定的数值，这种量称为常量；有的量不断变化着，可以取不同的数值，这种量称为变量. 例如，气温就是一个变量，而一个健康人的体温就是一个常量（常数）. 常量可以作为变量的特例. 通常用字母 a、b、c 等表示常量，用字母 x、y、z 等表示变量. 函数就是刻画变量间在运动变化中的相依关系的数学模型.

例 1　金属圆周的面积 s 和半径 r 的关系为 $s=\pi r^2$. 当圆周发生热膨胀时半径 r 发生变化，圆周面积 s 也随之发生变化；当 r 在变化范围内有确定值时，s 也就确定. 在这里 r 和 s 是变量，π 和 2 是常量.

例 2　某一时期银行的人民币定期储蓄的存期与利率如表 1－1 所示.

表 1－1

存期	三个月	六个月	一年	二年	三年	五年
年利率（%）	3.10	3.30	3.50	4.40	5.00	5.50

这张表给出了年利率与存期的关系.

上述两例的实际意义、表达方式虽不相同,但具有共同之处:都表达了两个变量在变化过程中的对应关系.

2. 函数的定义及其表示方法

定义 1.1　如果在某个变化过程中有两个变量 x、y,并且对于 x 在某个变化范围 X 内的每一个确定的值,按照某个对应法则 f,y 都有唯一确定的值和它对应,那么 y 就是 x 的函数,记为 $y=f(x)$,其中 x 为自变量,y 为因变量. x 的取值范围 X 叫作函数的定义域,和 x 的值对应的 y 的值叫作函数值,函数值的集合 Y 叫作函数的值域. 即:

$$f=\{y \mid y=f(x), x\in X\}$$

函数定义表明了函数模型的结构,它由定义域、对应法则和值域三个要素所构成,定义域和对应法则是主导要素,值域是派生要素,这一模型如同一部机器,把 X 中的唯一原料 x 输入 $f(x)$,便能产生实数 $y=f(x)\in Y$. 常用的函数符号有 f、g、φ 等.

函数的表示方法通常有三种:解析法、表格法和图像法.

如,例 1 表明圆面积 s 是半径 r 的函数,为解析法;例 2 表明了年利率与存期之间的对应函数关系,它是表格法. 下面再介绍图像法.

例 3　心理学研究表明,小学生对新概念的接受能力 G(学习兴趣、注意力、理解力的某种量度)随着时间 t 的变化规律为:$G(t)=-0.1t^2+2.6t+43, t\in[0,30]$. 接受能力曲线如图 1-1 所示. 通过函数表达式的分析和曲线的几何形态可以了解儿童的接受能力 $G(t)$ 随时间 t 的变化规律,即接受能力何时上升、何时达到顶峰、何时下降.

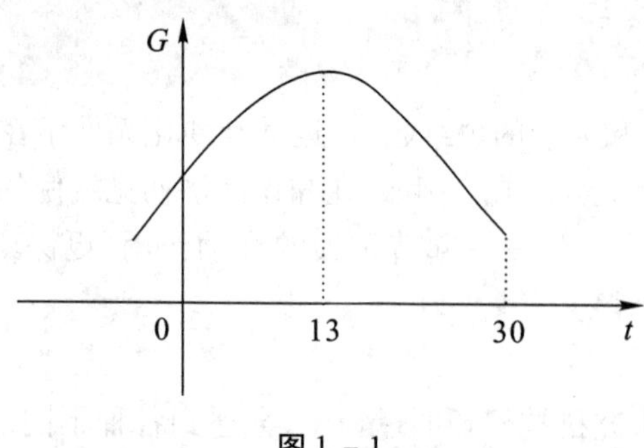

图 1-1

3. 分段函数

有些函数在定义域上的对应法则不能由一个式子表示,而是在定义域的不同区间上由不同的式子来表示,这样的函数叫作分段函数. 分段函数是由几个关系式合并起来表示的一个函数,而不是几个函数. 对于自变量 x 在定义域内的某个值,函数 y 只能有唯一的值与其对应. 分段函数的定义域是各段自变量取值的集合的并集.

例 4　在统计表上,饮食消费占日常支出的比例称为恩格尔系数,它反映了一个国家或地区富裕的程度,是国际通用的一项重要经济指标.

联合国根据恩格尔系数来划分一个国家国民富裕程度:恩格尔系数小于20% 为绝对富裕,大于20%(含20%)但小于40% 属比较富裕,大于40%(含40%)但小于50% 算小康水平,大于 50%(含 50%)但小于 60% 刚够温饱,60% 以上(含 60%)则为贫困. 试用图像法表示国民富裕程度.

解:

以 x 表示恩格尔系数,对富裕程度以 y 表示,则国民富裕程度如图 1-2 所示.

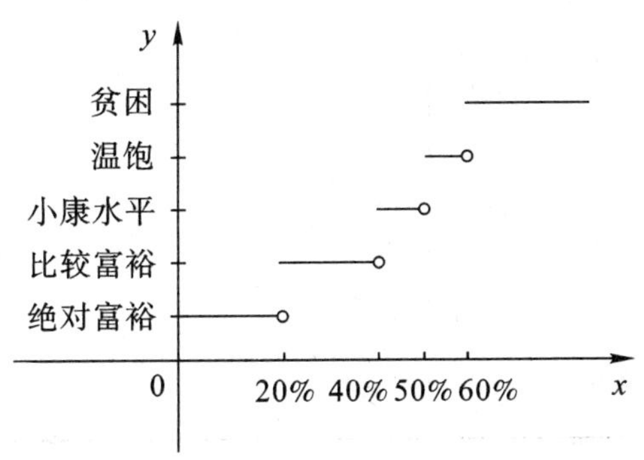

图 1－2

例 5　设函数 $f(x)=\begin{cases}x^2, & 0\leqslant x\leqslant 1,\\ 3x, & x>1,\end{cases}$ 求：(1) $f(\frac{1}{2})$, $f(2)$；(2) 函数定义域并画出图形.

解：

(1) 因为 $\frac{1}{2}\in[0,1]$，所以 $f(\frac{1}{2})=\frac{1}{4}$；因为 $2\in(1,+\infty)$，所以 $f(2)=6$；

(2) 函数定义域为 $[0,+\infty)$，函数图形如图 1－3 所示.

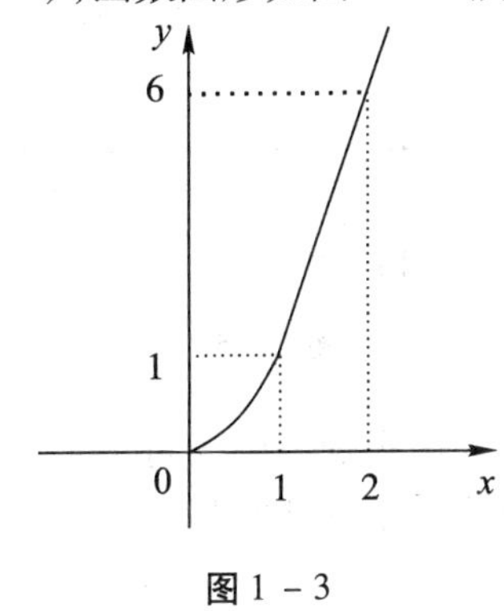

图 1－3

1.1.2　函数的性质

1. 有界性

设有函数 $y=f(x)$，$x\in X$. 如果存在正数 M，使对于任意 $x\in X$，均有 $|f(x)|\leqslant M$ 成立，则称函数 $f(x)$ 在 X 内是有界的；如果这样的 M 不存在，则称函数 $f(x)$ 在 X 内是无界的.

例 6　函数 $y=x^2$ 在定义域 $X=(-\infty,+\infty)$ 内无界，这是因为函数值可以任意大；但在一个确定的区间 $I=[a,b]$ 内，它又是有界函数，这是因为取 $x\in[a,b]$，均有 $|y|\leqslant M$，$M=\mathrm{Max}(a^2,b^2)$.

函数的有界性是相对于指定区间而言的.

2. 单调性

定义 1.2　设函数 $f(x)$ 的定义域为 X，对于区间 $I\subset X$ 内，任取两点 x_1,x_2：① 当 $x_1<x_2$ 时，有 $f(x_1)<f(x_2)$，则称 $f(x)$ 在 I 内单调增加，区间 I 称为单调增区间，如图 1－4 所示；② 当 $x_1<x_2$ 时，有 $f(x_1)>f(x_2)$，则称 $f(x)$ 在 I 内单调减少，区间 I 为单调减区间，

如图 1 – 5 所示.

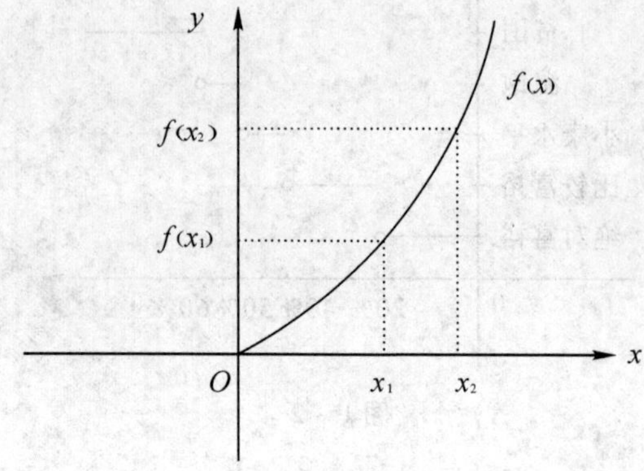

图 1 – 4

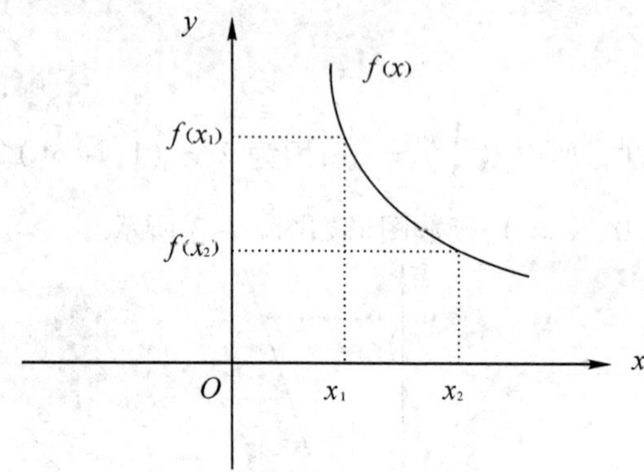

图 1 – 5

单调增区间和单调减区间称为函数的单调区间.

我们将在后面的章节中介绍函数单调性的判定方法.

3. 奇偶性

定义 1.3　设函数 $f(x)$ 的定义域 X 是关于原点对称,对于任意 $x \in X$:

(1) 若 $f(-x) = f(x)$,则称 $f(x)$ 为偶函数;

(2) 若 $f(-x) = -f(x)$,则称 $f(x)$ 为奇函数.

其中,偶函数的图像关于 y 轴对称,奇函数的图像关于原点对称.

例 8　判断下列函数的奇偶性.

(1) $f(x) = 2^x + 2^{-x}$;　　(2) $f(x) = \ln(x + \sqrt{1+x^2})$.

解:

(1) 因为 $f(-x) = 2^{-x} + 2^x = f(x)$,所以 $f(x) = 2^x + 2^{-x}$ 是偶函数.

(2) 因为 $f(-x) = \ln(-x + \sqrt{1+x^2})$

$$= \ln \frac{1}{\sqrt{x^2+1}+x} = -\ln(\sqrt{1+x^2}+x) = -f(x)$$

所以,函数 $f(x) = \ln(x + \sqrt{1+x^2})$ 是奇函数.

注:(1) 偶函数图像是关于 y 轴对称的,奇函数的图像是关于原点对称的.

(2) 若$f(x)$是奇函数,且$0 \in x$,则必有$f(x)=0$.

(3) 两偶函数之和是偶函数;两奇函数之和是奇函数;两偶函数之积为偶函数;两奇函数的积也为偶函数;一奇一偶的积为奇函数.

4. 周期性

定义 1.4　设函数$f(x)$的定义域为X,如果存在正数T,使得对于任意$x \in X$都有$f(x+T)=f(x)$,则称$f(x)$为周期函数,T为函数的周期. 周期函数的周期每隔周期的整数倍就会重复出现. 例如$y=\sin x$,$y=\cos x$的周期是$T=2\pi$;$y=\tan x$,$y=\cot x$的周期$T=\pi$,正弦型曲线函数$y=A\sin(\omega x+\varphi)$的周期是$T=\frac{2\pi}{\omega}$.

1.1.3　初等函数

1. 反函数

一般地,在函数$y=f(x)$中的x为自变量,y为因变量,然而在同一过程中存在函数关系的两个变量究竟哪个是自变量,哪个因变量,并不是绝对的,要视问题的实际需求而定. 例如,在商品销售中已知某商品的价格为P,如果想从商品的销售量Q来确定其销售收入R,则Q为自变量,R为因变量,其函数式为:

$$R=PQ \tag{1}$$

相反地,如果需要从该商品的销售收入R确定销售量Q,则这时R是自变量,Q是因变量,其函数式为:

$$Q=\frac{R}{P} \tag{2}$$

我们称函数(2)是(1)的反函数,或者(1)是(2)的原函数.

定义 1.5　设函数$y=f(x)$,$x \in X$,$y \in Y$. 若对于任意一个$y \in Y$,X中都有唯一的一个x,使得$y=f(x)$成立,这时x是以Y为定义域的y的函数,称它为$y=f(x)$的反函数,记为:

$$x=f^{-1}(y),y \in Y$$

在函数$x=f^{-1}(y)$中,y是自变量,$f^{-1}(x)$表示函数. 但我们还可以将函数中的字母x,y互换,把它改写成$y=f^{-1}(x)$,$x \in Y$.

今后凡不特别说明,函数$y=f(x)$的反函数即是这种改写过的$y=f^{-1}(x)$,$x \in Y$的形式.

函数$y=f(x)$,$x \in X$与$y=f^{-1}(x)$,$x \in Y$互为反函数,它们的定义域与值域互换.

例 7　求函数$y=2x-1$的反函数,并做出图像.

解:

由$y=2x-1$得$x=\frac{y+1}{2}$,将变量x与y对调,得$y=\frac{x+1}{2}$.

这就是函数$y=2x-1$的反函数,如图 1-6 所示.

定理 1　(反函数存在定理)单调函数有反函数,且单调增加(减少)的函数的反函数也是单调增加(减少)的.

求反函数按以下步骤进行:

(1) 以方程$y=f(x)$中解出唯一的x,并写成$x=g(y)$;

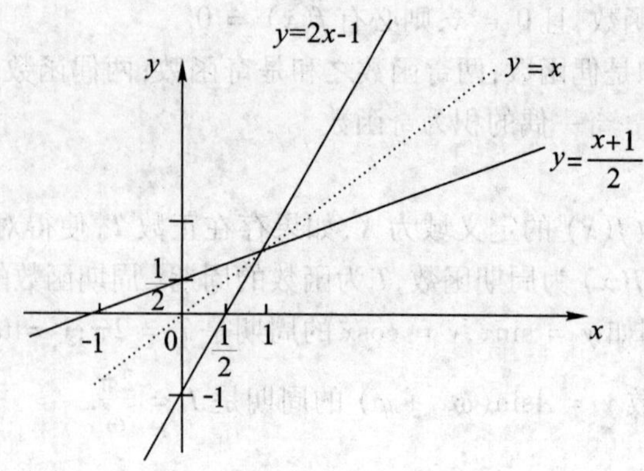

图 1 - 6

（2）将 $x = g(y)$ 中的字母 x, y 对调，得到函数 $y = g(x)$，这就是所求的函数 $y = f(x)$ 的反函数.

2. 基本初等函数

我们学过的常数函数、幂函数、指数函数、对数函数、三角函数、反三角函数等统称为基本初等函数. 基本初等函数及其图像的性质如表 1 - 2 所示.

表 1 - 2

序号	函　数	图　像	性　质
1	幂函数 $y = x^a, a \in R$		在第一象限，$a > 0$ 时函数单调递增 $a < 0$ 时函数单调递减，都过点(1,1)
2	指数函数 $y = a^x$（$a > 0$ 且 $a \neq 1$）		$a > 1$ 时函数单调递增 $0 < a < 1$ 时函数单调递减 共性：过(0,1)点，以 x 轴为渐近线
3	对数函数 $y = \log_a x$ （$a > 0$，且 $a \neq 1$）		$a > 1$ 时函数单调递增 $0 < a < 1$ 时函数单调递减 共性：过(1,0)点，以 y 轴为渐近线

表1－2(续)

序号	函　数		图　像	性　质
4	三角函数	正弦函数 $y = \sin x$	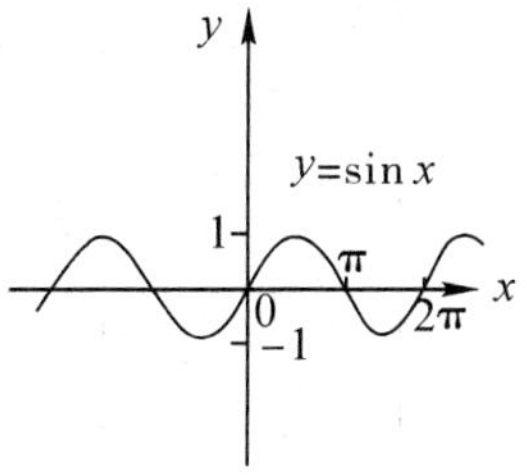	奇函数,周期 $T = 2\pi$,有界 $\|\sin x\| \leqslant 1$
		余弦函数 $y = \cos x$	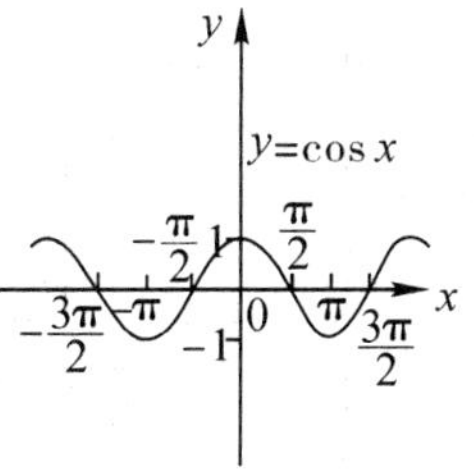	偶函数,周期 $T = 2\pi$,有界 $\|\cos x\| \leqslant 1$
		正切函数 $y = \tan x$	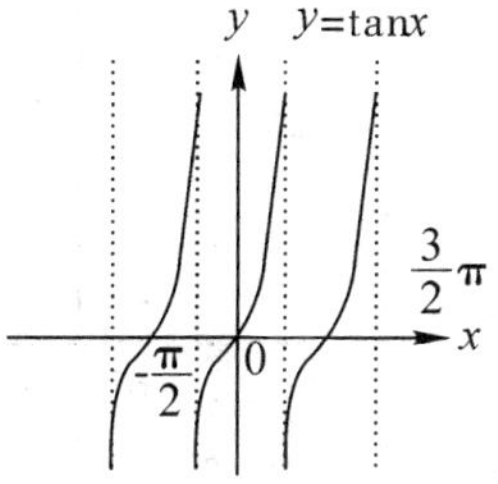	奇函数,周期 $T = \pi$,无界
		余切函数 $y = \cot x$	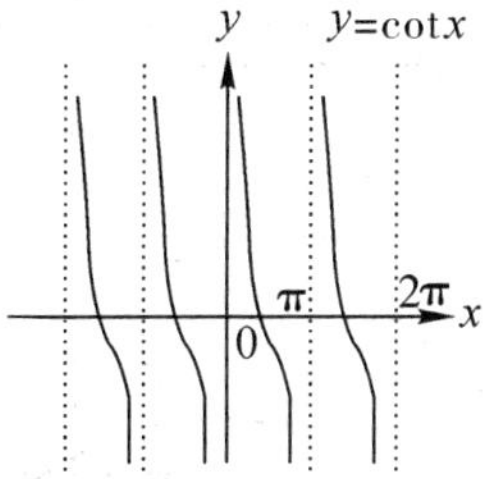	奇函数,周期 $T = \pi$,无界

表 1－2(续)

序号	函数		图像	性质
5	反三角函数	反正弦函数 $y=\arcsin x$	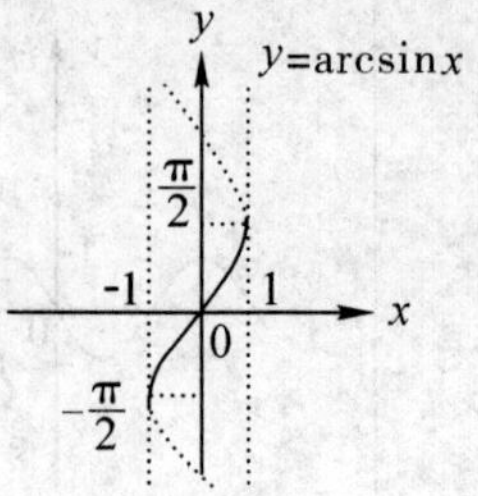	$x\in[-1,1]$，$y\in\left[-\frac{\pi}{2},\frac{\pi}{2}\right]$，奇函数，单调增加，有界
		反余弦函数 $y=\arccos x$	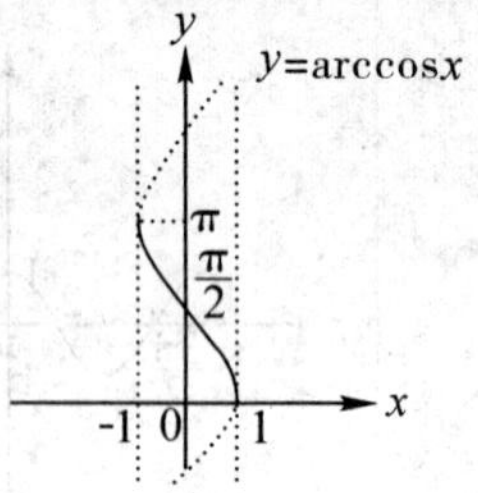	$x\in[-1,1]$，$y\in[0,\pi]$，单调减少，有界
		反正切函数 $y=\arctan x$	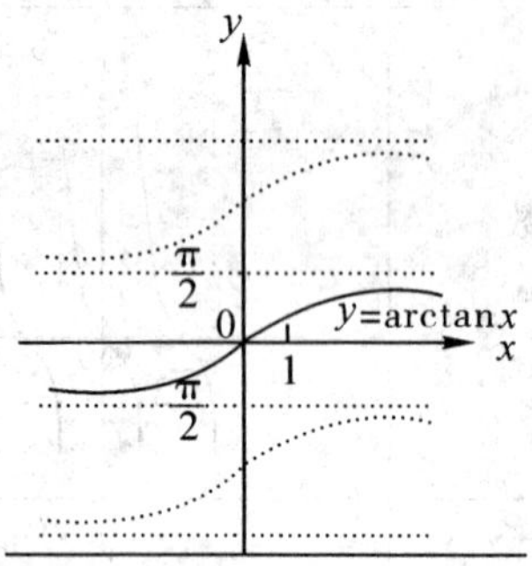	$x\in(-\infty,+\infty)$，$y\in\left(-\frac{\pi}{2},\frac{\pi}{2}\right)$，奇函数，单调增加，有界，$y=\pm\frac{\pi}{2}$ 为两条水平渐近线
		反余切函数 $y=\text{arccot}\,x$	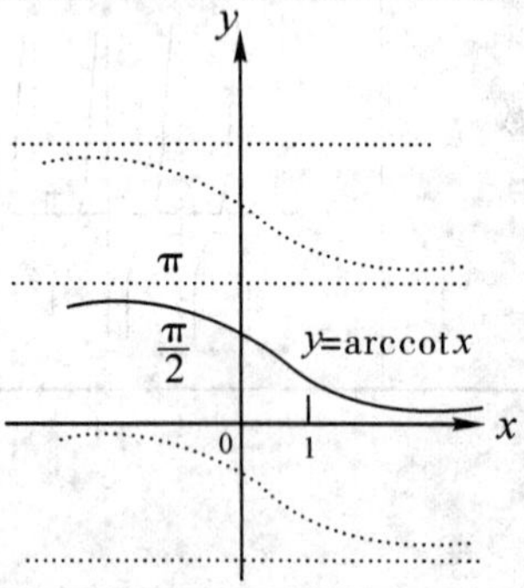	$x\in(-\infty,+\infty)$，$y\in(0,\pi)$，单调减少，有界，$y=0$，$y=\pi$ 为两条水平渐近线

3. 复合函数

对于函数 $y=f(u)(u\in B)$ 与 $u=g(x)(x\in A)$，如果 $x\in A$ 时，$u=g(x)$ 的值域 C 与函数 $y=f(u)$ 的定义域 B 的交集非空，即 $C\cap B\neq\Phi$，那么就说 $y=f(u)(u\in B)$ 与 $u=g(x)(x\in A)$ 可以复合，称函数 $y=f[g(x)]$ 为 $y=f(u)(u\in B)$ 与 $u=g(x)(x\in A)$ 的复合函数，其中 $y=f(u)$ 叫作外函数，$u=g(x)$ 叫作内函数.

比如，$y=\sqrt{u}(u\geqslant 0)$ 与 $u=-x^2(x\in\mathbf{R})$ 的复合函数是：

$$y=\sqrt{-x^2}\quad(x=0)$$

因为 $u=-x^2\leqslant 0$ 与 $u\geqslant 0$ 的交集为 $\{0\}$,所以二者可以复合,但定义域发生了变化,复合后的函数的定义域既不是 $u\geqslant 0$,也不是 $u\in\mathbf{R}$,而是 $u=0$. 也就是说复合函数的定义域既受外函数的制约也受内函数的制约(主要受外函数的制约).

由定义知道,$y=\sqrt{u}\ (u\geqslant 0)$ 与 $u=-x^2-1\ (x\in\mathbf{R})$ 就不能复合成 $f[g(x)]$.

4. *初等函数*

定义 1.6　由基本初等函数经过有限次四则运算或有限次复合所构成、并能用一个式子表示的函数,统称为初等函数.

初等函数的本质就是一个函数,为了研究需要,今后经常要将一个给定的初等函数看成由若干个简单函数经过四则运算或复合而成的形式. 简单函数是指基本的初等函数,或指由基本初等函数经过有限次四则运算而成的函数.

例 9　判断下列函数中是由哪几个简单函数复合而成的.

(1) $y=(2x-1)^3$;　(2) $y=2^{\sin^3x}$;　(3) $y=\lg\cos(x^2-1)$.

解:

(1) 令 $u=2x-1$,则 $y=u^3$,于是 $y=(2x-1)^3$ 是由 $y=u^3,u=2x-1$ 复合而成的.

(2) 令 $\nu=\sin x,u=\nu^3$,则 $y=2^u$,于是 $y=2^{\sin^3x}$ 是由 $y=2^u,u=\nu^3,\nu=\sin x$ 复合而成的.

(3) 令 $\nu=x^2-1,u=\cos\nu$,则 $y=\lg u$,于是 $y=\lg\cos(x^2-1)$ 是由 $y=\lg u,u=\cos\nu,\nu=x^2-1$ 所复合而成的.

本书研究的函数,主要是初等函数,凡不属于初等函数的函数,皆称为非初等函数,比如分段函数.

习题 1.1

1. 已知集合 $A=\{0,3\},B=\{0,3,4\},C=\{1,2,3\}$,求 $(B\cup C)\cap A$.
2. 设集合 $M=\{x\mid -1\leqslant x\leqslant 3\},N=\{x\mid 2\leqslant x\leqslant 4\}$,求 $M\cup N,M\cap N$.
3. 求下列函数的定义域:

(1) $y=\dfrac{x+4}{x+|x|}$;　(2) $y=\dfrac{1}{\sqrt{x^2-x}}$;

(3) $y=\dfrac{\sqrt{2-x^2}}{x^2-x-2}$;　(4) $y=\dfrac{x+2}{|x|-1}\sqrt{-x^2-3x+4}$;

(5) $y=\log_2(2+x-x^2)$;　(6) $y=\sqrt{x^2-4}+\arcsin\dfrac{x}{4}$.

4. 已知函数 $f(3x)=\log_2(9x^2+6x+1)$,求 $f(1)$.
5. 已知函数 $f(x)=x^2+2x-1$,求 $f(x+1)$.
6. 证明:$f(x)=kx+b(k>0)$ 是区间 $(-\infty,+\infty)$ 内的单调递增函数.
7. 证明:函数 $f(x)=\dfrac{1}{x}$ 在区间 $(0,1)$ 内无界,但在区间 $(1,2)$ 内是有界的.

8. 证明:函数 $f(x)=\dfrac{2x^2+1}{x^2+1}$ 是区间 $(-\infty,+\infty)$ 内的有界函数.

9. 判断下列函数的奇偶性:

(1) $f(x)=x^3+\dfrac{1}{x}$; (2) $f(x)=x^4+4x^2+5$;

(3) $f(x)=x^2+2x-1$; (4) $f(x)=e^x-e^{-x}$.

10. 求函数 $f(x)=\cos^4 x-\sin^4 x$ 的周期.

11. 求下列函数的反函数:

(1) $y=3x+\dfrac{1}{2}(x\in\mathbf{R})$; (2) $y=1-\sqrt{2x-3}\ (x\geqslant 2)$;

(3) $y=\dfrac{x-2}{2x-1}\left(x\in\mathbf{R},\ x\neq\dfrac{1}{2}\right)$; (4) $y=x^2-2x+3(x\in\mathbf{R},x\leqslant 1)$.

12. 设 $f(x)=x^2,g(x)=2^x$,求 $f[g(x)]$ 和 $g[f(x)]$.

13. 设 $f(x)$ 的定义域是 $(0,1)$,求 $f(\lg x)$ 的定义域.

14. 下列函数由哪些简单函数复合而成?

(1) $y=\sqrt{3x-1}$; (2) $y=e^{e^{-x^2}}$;

(3) $y=(1+\lg x)^5$; (4) $y=\lg^2\arccos x^3$.

15. 分段函数 $y=\begin{cases}1+x, & x\geqslant 0\\ 1-x, & x<0\end{cases}$ 是否为初等函数?为什么?

1.2 常见经济函数

用数学方法解决实际问题,通常先把实际问题化成数学问题,即建立数学模型,也就是找出实际问题中的函数关系. 下面介绍几种常用的经济函数.

1.2.1 需求函数与供给函数

1. 需求函数

一种商品的市场需求量 Q 与该商品的价格 P 密切相关,通常降价使需求量增加,涨价使需求量减少. 如果不考虑其他因素,需求量 Q 可以看成是价格 P 的函数,记为:

$$Q=Q(P)$$

一般地,需求量为价格 P 的单调减少函数. 根据统计资料分析,常见的需求函数有:

(1) 线性需求函数 $Q=a-bP$,其中 $b>0$,为常数;

(2) 二次需求函数 $Q=a-bP-cP^2$,其中 $b\geqslant 0,c>0,a$、b、c 为常数;

(3) 指数需求函数 $Q=Ae^{bP}$,其中 $A\geqslant 0,b>0,a$、b 为常数.

需求函数 $Q=Q(P)$ 的反函数,就是价格函数,记为:

$$P=P(Q)$$

一般地,价格函数是需求量的单调减少函数.

2. 供给函数

一种商品的市场供给量 S 也受商品价格 P 的制约. 一般地,价格上涨将刺激生产者向市场提供更多的商品,使供给量增加;价格下跌将使供给量减少. 供给量 S 也可看成价

格 P 的函数，称为供给函数，记为：

$$S = S(P)$$

一般地，供给函数为价格 P 的单调增加函数. 常见的供给函数有线性函数、二次函数、幂函数、指数函数等.

把需求函数与供给函数曲线画在同一坐标系中，如图1－7所示. 由于需求函数 Q 是单调减少函数，供给函数 S 是单调增加函数，它们相交于点(Q_0, P_0). P_0 就是该商品的市场需求量与供给量相等的价格，称为均衡价格；Q_0 就是市场均衡量.

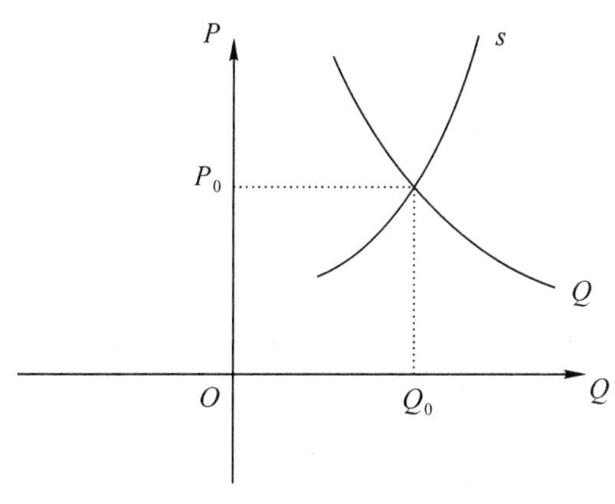

图1－7

当市场价格 P 高于均衡价格 P_0 时，供给量将增加而需求量相应地减少，这时产生的"供大于求"的现象必然使价格 P 下降；当市场价格 P 低于均衡价格 P_0 时，供给量将减少而需求量增加，这时会产生"供不应求"的现象，从而又使得价格 P 上升. 市场价格的调节就是这样按照需求和供给来实现的.

注意，经济学上用几何图形描述供给函数与需求函数时，常常以横轴表示因变量，以纵轴表示自变量，这只是习惯不同，并不影响我们理解其经济含义.

例1　当鸡蛋收购价为5元／千克时，某收购站每月能收购5 000千克. 若收购价每千克提高0.1元，则收购量可增加400千克，求鸡蛋的线性供给函数.

解：

设鸡蛋的线性供给函数为 $S = -c + dp$

由题意有：

$$\begin{cases} 5\,000 = -c + 5d & ① \\ 5\,400 = -c + 5.1d & ② \end{cases}$$

由①、②联解，可得 $d = 4\,000$，$c = 15\,000$，所求供给函数为 $S = -15\,000 + 4\,000p$.

例2　已知某商品的需求函数为 $Q_d = -p^2 + 4p + 12$，它的供给函数为 $Q_s = p^2 - 4$，求该商品的均衡价格和市场均衡量.

解：

由供需均衡条件 $Q_d = Q_s$，可得：

$$-p^2 + 4p + 12 = p^2 - 4$$

整理得：

$$2p^2 - 4p - 16 = 0$$

解此二次方程得，$p_1 = 4$，$p_2 = -2$. 显然 p_2 不符合题意，故舍去.

因此，均衡价格 $p_0 = 4$，市场均衡量 $Q_0 = p_0{}^2 - 4 = 12$.

1.2.2 成本函数、收入函数和利润函数

在生产和经营产品的活动中，人们总希望尽可能降低成本，提高收入和增加利润. 而成本 C、收入 R 和利润 L 这些经济变量都与产品的产量或销售量 Q 密切相关，它们都可以看作 Q 的函数，分别称为总成本函数，记为 $C(Q)$；总收入函数，记为 $R(Q)$；利润函数，记为 $L(Q)$.

1. 成本函数

一般地，总成本由固定成本 C_1 和可变成本 $C_2(Q)$ 两部分组成，固定成本与产量 Q 无关，如设备维修费，企业管理费等；可变成本随产量 Q 的增加而增加，如原材料费、动力费等. 即：

$$C(Q) = C_1 + C_2(Q)$$

其中，总成本函数 $C(Q)$ 是 Q 的单调增加函数. 最常见的总成本函数有：

(1) 线性函数 $C(Q) = a + bQ$，其中 $a \geqslant 0, b \geqslant 0, a = C(0)$ 是固定成本，bQ 是可变成本；

(2) 二次函数 $C(Q) = a + bQ + cQ^2$，其中 $a = C(0)$ 是固定成本，$bQ + cQ^2$ 是可变成本；

(3) 三次函数 $C(Q) = a_0 + a_1Q + a_2Q^2 + a_3Q^3$，其中 $a_0 = C(0)$ 是固定成本.

只给出总成本不能说明企业生产的好坏，为了评价企业的生产状况，需要计算产品的平均成本，即生产 Q 件产品时，单位产品成本平均值，记为 $\overline{C}$，则：

$$\overline{C} = \frac{C_1 + C_2(Q)}{Q} = \frac{C_1}{Q} + \frac{C_2(Q)}{Q}$$

式中，$\frac{C_2(Q)}{Q}$ 称为平均可变成本.

例 3 已知某种产品的总成本函数为：

$$C = 1\,000 + \frac{Q^2}{8}$$

求当生产 100 个该产品时的总成本和平均成本.

解：

由题意，产量为 100 个时的总成本为，

$$C(100) = 1\,000 + \frac{100^2}{8} = 2\,250$$

产量为 100 个的平均成本为：

$$\overline{C}(100) = \frac{C(100)}{100} = \frac{2\,250}{100} = 22.5$$

2. 收入函数

总收入是销售出一定数量产品所得的全部收入. 设产品的单位售价为 P，销售量为 Q，则总收入的函数为：

$$R(Q) = PQ$$

平均收入是销售出一定数量产品时，平均每销售出一个单位产品的收入，一般用 $\overline{R}$ 表

示,即:

$$\overline{R}(Q)=\frac{R(Q)}{Q}=P$$

总收入函数和平均收入函数也可称为总收益函数和平均收益函数.

例 4　设某产品的需求关系为 $3Q+4P=100$,其中 Q 是产量,P 是该产品的价格. 求销售 10 件产品时的总收入和平均收入.

解:

因为产品的价格为 $P=25-0.75Q$,所以总收入函数为:

$$R(Q)=PQ=25Q-0.75Q^2$$

于是:

$$R(10)=25\times10-0.75\times10^2=175$$

$$\overline{R}(10)=\frac{R(10)}{10}=\frac{175}{10}=17.5$$

3. 利润函数

总利润等于销售一定数量的产品的总收入与总成本的差,通常表示为:

$$L(Q)=R(Q)-C(Q)$$

平均利润为:

$$\overline{L}(Q)=\frac{L(Q)}{Q}$$

例 5　设生产某种产品 x 件的总成本为 $C(x)=20+2x+0.5x^2$(单位:万元),若每售出一件该产品的收入是 20 万元,求售出 20 件该产品时的总利润和平均利润.

解:

因为售出 x 件该产品的总收入函数为 $R(x)=20x$,所以总利润函数为:

$$\begin{aligned}L(x)&=R(x)-C(x)\\&=20x-(20+2x+0.5x^2)\\&=-20+18x-0.5x^2\end{aligned}$$

当 $x=20$ 时,总利润为 $L(20)=-20+18\times20-0.5\times20^2=140$(万元),平均利润为 $\overline{L}(20)=\frac{L(20)}{20}=\frac{140}{20}=7$(万元).

1.2.3　库存函数

我们讨论的库存函数只限于需求量是确定的且不存在缺货的简单情形.

例 6　某商店半年销售 2 000 件小器皿,均匀销售. 为节约库存费,该商店分批进货. 每批订货费用为 600 元,每件器皿的库存费为每月 1.6 元. 试列出库存费和进货费之和与批量之间的函数关系.

解:

设批量为 x 件,货进店入库. 由于均匀销售,库存量由 x 件均匀地减少到 0 件,平均库存量为 $\frac{x}{2}$ 件.

半年的库存费记为 E_1,则:

$$E_1 = 1.6 \times \frac{x}{2} \times 6 = 4.8x$$

每次进货 x 件,半年需要进货$\frac{2\ 000}{x}$次,总进货费用记为 E_2,则:

$$E_2 = 600 \times \frac{2\ 000}{x} = \frac{1\ 200\ 000}{x}$$

于是总费用为:

$$E = E_1 + E_2 = 4.8x + \frac{1\ 200\ 000}{x}$$

对于这样一个库存模型,我们做了如下假设:

(1) 计划期为 T(通常一年为一个计划期),在计划期 T 内对货物的需求量是确定的,记为 Q;

(2) 进货均匀,在计划期 T 内分 n 次进货,每批(次)进货量为 $q = \frac{Q}{n}$,于是 $n = \frac{Q}{q}$;

(3) 每批进货费用为常数,记为 C_2,每件货物储存单位时间的储存费用为常数,记为 C_1;

(4) 货物均匀投放市场. 一般地,货物先入库储存,然后均匀提出,这时,最大库存量就是每次的进货量 q,随后均匀降至零. 一旦库存货量为零,立即得到货物补充. 因此,货物的库存量 $q(t)$ 的图形如图 1 - 8 所示. 平均库存量为$\bar{q} = \frac{q}{2}$.

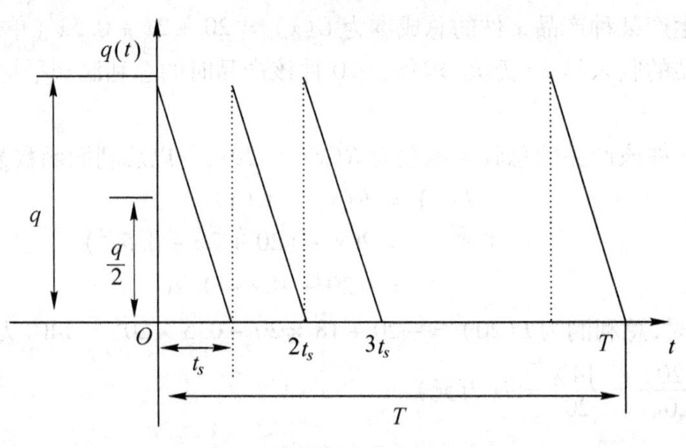

图 1 - 8

在上述假设条件下,总储存费为:

$$E_1 = \bar{q}C_1T = \frac{q}{2}C_1T$$

总进货费用为:

$$E_2 = C_2n = C_2\frac{Q}{q}$$

于是,总费用为:

$$E = E_1 + E_2 = \frac{1}{2}qC_1T + C_2\frac{Q}{q}$$

习题 1.2

1. 某运输公司规定货物的“吨千米”运价为：在 a 千米内，每千米 k 元；超过 a 千米时，超过部分每千米为 $\frac{4}{5}k$ 元. 求运价 m 和里程 S 之间的函数关系.

2. 某厂生产某产品，每日最多生产 100 单位. 它的日固定成本为 130 元，生产一个单位的可变成本为 6 元，求该厂日总成本函数及平均单位成本函数.

1.3　极限的概念

极限是微积分学的重要概念之一，用于研究变量在某一过程中的变化趋势，极限的思想和方法是微积分的基本思想和方法.

1.3.1　数列的极限

按一定规律排列的无穷多个数 $x_1, x_2, x_3, \cdots, x_n, \cdots$，称为数列，简记为 $\{x_n\}$. 其中 x_1 叫作数列的第一项，x_2 叫作数列的第二项，x_n 叫作数列的第 n 项，又称为通项或一般项.

$$1, \frac{1}{2}, \frac{1}{3}, \frac{1}{4}, \cdots, \frac{1}{n}, \cdots$$

$$\frac{1}{2}, \frac{2}{3}, \frac{3}{4}, \cdots, \frac{n}{n+1}, \cdots$$

$$2, 4, 6, \cdots, 2n, \cdots$$

数列也可看成自变量为全体正整数的函数.

对于数列来说，最重要的是研究其在变化过程中无限接近某一常数的那种渐趋稳定的状态，这就是常说的数列的极限问题.

讨论数列 $\{x_n\}$ 的极限，就是讨论当 n 无限增大时，数列的通项 x_n 的变化趋势，特别是 x_n 是否趋向于某个确定常数.

我们来观察 $\left\{\frac{n+1}{n}\right\}$ 的情况. 不难发现 $\frac{n+1}{n}$ 随着 n 的增大，无限制地接近 1，亦即 n 充分大时，$\frac{n+1}{n}$ 与 1 可以任意地接近，即 $\left|\frac{n+1}{n} - 1\right|$ 可以任意地小. 换言之，当 n 充分大时，$\left|\frac{n+1}{n} - 1\right|$ 可以小于预先给定的无论多么小的正数 ε. 例如，取 $\varepsilon = \frac{1}{100}$，由 $\left|\frac{n+1}{n} - 1\right| = \frac{1}{n} < \frac{1}{100} \Rightarrow n > 100$，即 $\left\{\frac{n+1}{n}\right\}$ 从第 101 项开始，以后的项 $x_{101} = \frac{102}{101}, x_{102} = \frac{103}{102}, \cdots$，都满足不等式 $|x_n - 1| < \frac{1}{100}$，或者说，当 $n > 100$ 时，有 $\left|\frac{n+1}{n} - 1\right| < \frac{1}{100}$. 同理，若取 $\varepsilon = \frac{1}{10\,000}$，由 $\left|\frac{n+1}{n} - 1\right| = \frac{1}{n} < \frac{1}{10\,000} \Rightarrow n > 10\,000$，即 $\left\{\frac{n+1}{n}\right\}$ 从第 10 001 项开始，以后的项 $x_{10\,001} = \frac{10\,002}{10\,001}, x_{10\,002} = \frac{10\,003}{10\,002}, \cdots$，都满足不等式 $|x_n - 1| < \frac{1}{10\,000}$，或者说，当 $n > 10\,000$ 时，有 $\left|\frac{n+1}{n} - 1\right| < \frac{1}{10\,000}$. 一般地，不论给定的正数 ε 多么小，总存在一个正整数 N，当 $n > N$ 时，有 $\left|\frac{n+1}{n} - 1\right| < \varepsilon$. 这就充分体现了当 n 越来越大时，$\frac{n+1}{n}$

无限接近1这一事实. 这个数“1”称为当$n \to \infty$时，$\left\{\frac{n+1}{n}\right\}$的极限.

定义1.7 若对$\forall \varepsilon > 0$(不论ε多么小)，总$\exists$自然数$N > 0$，使得当$n > N$时都有$|x_n - \alpha| < \varepsilon$成立，这是就称常数$\alpha$是数列$x_n$的极限，或称数列$x_n$收敛于$\alpha$，记为$\lim\limits_{n\to\infty} x_n = \alpha$，或$x_n \to \alpha (n \to \infty)$. 如果数列没有极限，就说数列是发散的.

例1 数列$\left\{\frac{1}{n}\right\}$:$1, \frac{1}{2}, \frac{1}{3}, \frac{1}{4}, \cdots, \frac{1}{n}, \cdots$.

当n无限增大时，$\frac{1}{n}$无限接近于常数0，所以该数列的极限为0，即$\lim\limits_{n\to\infty} \frac{1}{n} = 0$.

例2 数列$\{(-1)^{n+1}\}$:$1, -1, 1, -1, \cdots, (-1)^{n+1}, \cdots$.

当n无限增大时，数列在数值1和-1之间来回摆动，不趋于一个确定的数，故该数列在$n \to \infty$时没有极限，亦称该数列是发散的.

例3 数列$\{2n\}$:$2, 4, 6, 8, \cdots, 2n, \cdots$.

当n无限增大时，其通项x_n也无限增大，但不趋向于任何常数，故该数列没有极限.

由于$x_n = 2n$，随着n无限增大，它取正值且无限增大，有确定的变化趋势，在此我们借助于极限的记法表示它的变化趋势，记为$\lim\limits_{n\to\infty} 2n = +\infty$，或$2n \to +\infty (n \to \infty)$，并称该数列当$n \to \infty$时是正无穷大.

同理，对于数列$\{-n\}$，则可记为$\lim\limits_{n\to\infty}(-n) = -\infty$，或$-n \to -\infty (n \to \infty)$，并称该数列当$n \to \infty$时是负无穷大.

对于数列$\{(-1)^n n\}$，则可记为$\lim\limits_{n\to\infty}(-1)^n n = \infty$或$(-1)^n n \to \infty (n \to \infty)$，并称该数列当$n \to \infty$时是无穷大.

例4 证明数列$2, \frac{3}{2}, \frac{4}{3}, \cdots, \frac{n+1}{n}, \cdots$收敛于1.

证明：对$\forall \varepsilon > 0$，要使得$\left|\frac{n+1}{n} - 1\right| = \frac{1}{n} < \varepsilon$，只需$n > \frac{1}{\varepsilon}$，所以取$N = \left[\frac{1}{\varepsilon}\right]$，当$n > N$时，有，

$$\left|\frac{n+1}{n} - 1\right| = \frac{1}{n} < \varepsilon \text{，所以} \lim_{n\to\infty} \frac{n+1}{n} = 1$$

注：(1)ε是衡量x_n与α的接近程度，除要求为正以外，无任何限制. 然而，尽管ε具有任意性，但一经给出，就应视为不变.（另外，ε具有任意性，那么$\frac{\varepsilon}{2}, 2\varepsilon, \varepsilon^2$等也具有任意性，它们也可代替$\varepsilon$）

(2)N是随ε的变小而变大的，是ε的函数，即N是依赖于ε的. 在解题中，N等于多少关系不大，重要的是它的存在性，只要存在一个N，使得当$n > N$时，有$|x_n - \alpha| < \varepsilon$就行了，而不必求最小的$N$.

例5 证明$\lim\limits_{n\to\infty} \frac{\sqrt{n^2 + a^2}}{n} = 1$.

证明：对$\forall \varepsilon > 0$，因为$\left|\frac{n+1}{n} - 1\right| = \frac{1}{n} < \varepsilon$，因为$\left|\frac{\sqrt{n^2 + a^2}}{n} - 1\right| = \frac{a^2}{n(\sqrt{n^2 + a^2} + n)} < \frac{a^2}{n}$(此处不妨设$a \neq 0$，若$a = 0$，显然有$\lim\limits_{n\to\infty} \frac{\sqrt{n^2 + a^2}}{n} = 1$)

所以要使得$\left|\frac{\sqrt{n^2+a^2}}{n}-1\right|<\varepsilon$，只需$\frac{a^2}{n}<\varepsilon$就行了. 即有$n>\frac{a^2}{\varepsilon}$.

所以取$N=[\frac{a^2}{\varepsilon}]$，当$n>N$时，因为有$\frac{a^2}{n}<\varepsilon\Rightarrow\left|\frac{\sqrt{n^2+a^2}}{n}-1\right|<\varepsilon$，所以$\lim\limits_{n\to\infty}\frac{\sqrt{n^2+a^2}}{n}=1$.

注：有时找N比较困难，这时我们可把$|x_n-a|$适当地变形、放大（千万不可缩小），若放大后小于ε，那么必有$|x_n-a|<\varepsilon$.

收敛数列的有关性质：

性质1：（唯一性）数列x_n不能收敛于两个不同的极限.

性质2：（有界性）若数列x_n收敛，那么它一定有界，即对于数列x_n，若$\exists$正数M，对一切n，有$|x_n|\leqslant M$.

注：本性质的逆定理不成立，即有界未必收敛. 例如数列$x_n=(-1)^{n+1}$是有界的（$|x_n|\leqslant 1$），但函数不收敛. 此点希望同学们注意！

1.3.2　函数的极限

函数的极限是数列极限的推广，根据自变量的变化过程，可分两种情况来讨论.

1. 当$x\to\infty$时，函数$f(x)$的极限

定义 1.8　如果当x的绝对值无限增大时，函数$f(x)$趋于一个常数A，则称当$x\to\infty$时函数$f(x)$以A为极限，记为：

$$\lim_{x\to\infty}f(x)=A \text{ 或 } f(x)\to A(x\to\infty)$$

如果从某一点起，x只能取正值或负值趋于无穷，则有如下定义：

定义 1.9　如果当$x>0$且无限增大时，函数$f(x)$趋于一个常数A，则称当$x\to+\infty$时函数$f(x)$以A为极限. 记为：

$$\lim_{x\to+\infty}f(x)=A \text{ 或 } f(x)\to A(x\to+\infty)$$

定义 1.10　如果当$x<0$且绝对值无限增大时，函数$f(x)$趋于一个常数A，则称当$x\to-\infty$时函数$f(x)$以A为极限. 记为：

$$\lim_{x\to-\infty}f(x)=A \text{ 或 } f(x)\to A(x\to-\infty)$$

例 6　求$\lim\limits_{x\to\infty}(1+\frac{1}{x^2})$.

解：

函数图像如图 1-9 所示. 当$x\to+\infty$时，$1+\frac{1}{x^2}$无限接近于1，即函数值趋于1；当$x\to-\infty$时，函数值同样趋于1，所以有：

$$\lim_{x\to\infty}(1+\frac{1}{x^2})=1$$

定理 2　当$x\to\infty$时，函数$f(x)$的极限存在的充分必要条件是当$x\to+\infty$时和当$x\to-\infty$时，函数的极限都存在且相等，即：

$$\lim_{x\to\infty}f(x)=A\Leftrightarrow\lim_{x\to-\infty}f(x)=\lim_{x\to+\infty}f(x)=A$$

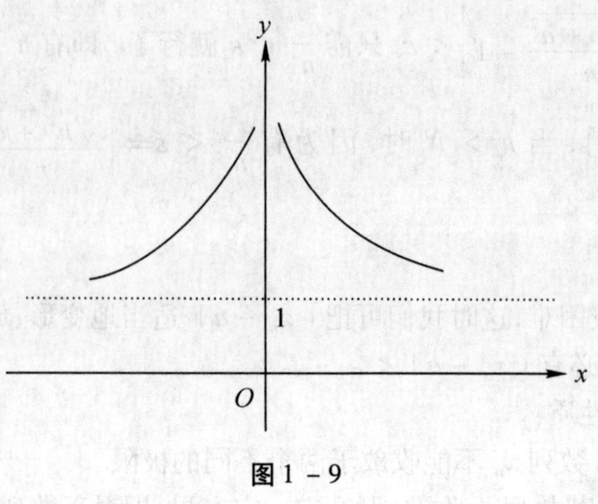

图1－9

2. 当 $x \to x_0$ 时,函数 $f(x)$ 的极限

考察函数 $f(x) = \dfrac{x^2-4}{x-2}$,当 x 分别从左边和右边趋于2时的变化情况,如表1－3所示.

表1－3

x	1.5	1.8	1.9	1.95	1.99	…	2.001	2.01	2.05	2.1	2.2
$f(x) = \dfrac{x^2-4}{x-2}$	3.5	3.8	3.9	3.95	3.99	…	4.001	4.01	4.05	4.1	4.2

由表1－3不难看出,当 $x \to 2$ 时,函数 $f(x)$ 无限地趋于4,我们称当 $x \to 2$ 时,$f(x)$ 的极限是4. 由此可以看出,当自变量 x 趋于某个值 x_0 时,函数极限是否存在与函数在该点有无定义无关.

定义1.11 设函数 $f(x)$ 在点 x_0 的某邻域①(x_0 点可以除外)内有定义. 如果当 x 以任意方式无限接近于 $x_0(x \neq x_0)$ 时,函数 $f(x)$ 无限趋于一个常数 A,则称当 x 趋于 x_0 时,函数 $f(x)$ 以 A 为极限. 记为:

---

① 实数集合

$$\{x \| x - x_0 | < \delta, \delta > 0\}$$

在数轴上,是一个以点 x_0 为中心、长度为 2δ 的开区间 $(x_0-\delta, x_0+\delta)$,称为点 x_0 的 δ 邻域. x_0 称为邻域的中心,δ 称为邻域的半径. 具体如右图所示.

$x_0-\delta$　x_0　$x_0+\delta$

例如 $|x-5| < \dfrac{1}{2}$,即为以点 $x_0 = 5$ 为中心,以 $\dfrac{1}{2}$ 为半径的邻域,也就是开区间(4.5,5.5). 在微积分中还常常用到集合:

$$\{x | 0 < | x - x_0 | < \delta, \delta > 0\}$$

这是在点 x_0 的 δ 邻域内去掉点 x_0,其余的点所组成的集合,即集合 $(x_0-\delta, x_0) \cup (x_0, x_0+\delta)$,称为以 x_0 为中心,半径为 δ 的空心邻域(去心邻域),如右图所示.

$x_0-\delta$　x_0　$x_0+\delta$

例如 $0 < |x-1| < 2$,即为以点 $x_0 = 1$ 为中心,以半径为2的空心邻域 $(-1,1) \cup (1,3)$.

$$\lim_{x \to x_0} f(x) = A \text{ 或 } f(x) \to A(x \to x_0)$$

例 7　求 $\lim\limits_{x \to 2} x^3$.

解:

当自变量 x 趋于 2 时,函数 x^3 趋于 8,根据极限定义知,$\lim\limits_{x \to 2} x^3 = 8$.

显然,由极限的定义容易得知:

$$\lim_{x \to x_0} x = x_0$$

$$\lim_{x \to x_0} c = c$$

在讨论 $x \to x_0$ 时函数 $f(x)$ 的极限问题中,对 $x \to x_0$ 的过程,若限制 $x < x_0$ 或 $x > x_0$,便引出了单侧极限的概念.

定义 1.12　设函数 $f(x)$ 在 x_0 的左侧附近(x_0 点可以除外)有定义,如果当 x 从 x_0 的左侧($x < x_0$)趋于 x_0 时,函数 $f(x)$ 无限趋于常数 A,则称常数 A 为 $f(x)$ 在 x_0 处的左极限,记为:

$$\lim_{x \to x_0^-} f(x) = A \text{ 或 } f(x_0^-) = A$$

定义 1.13　设函数 $f(x)$ 在 x_0 的右侧附近(x_0 点可以除外)有定义,如果当 x 从 x_0 的右侧($x > x_0$)趋于 x_0 时,函数 $f(x)$ 无限趋于常数 A,则称常数 A 为 $f(x)$ 在 x_0 处的右极限,记为:

$$\lim_{x \to x_0^+} f(x) = A \text{ 或 } f(x_0^+) = A$$

前面考察的函数 $f(x) = \dfrac{x^2 - 4}{x - 2}$,当 x 从小于 2 的一侧趋于 2 时,函数 $f(x)$ 的左极限为 4,即 $\lim\limits_{x \to 2^-} \dfrac{x^2 - 4}{x - 2} = 4$;当 x 从大于 2 的一侧趋于 2 时,函数 $f(x)$ 的右极限为 4,即 $\lim\limits_{x \to 2^+} \dfrac{x^2 - 4}{x - 2} = 4$,于是得出函数 $f(x) = \dfrac{x^2 - 4}{x - 2}$ 当 $x \to 2$ 时极限为 4,即 $\lim\limits_{x \to 2} \dfrac{x^2 - 4}{x - 2} = 4$.

由左右极限的定义可以得到下面的定理:

定理 3　当 $x \to x_0$ 时,函数 $f(x)$ 的极限存在的充分必要条件是函数 $f(x)$ 在 x_0 处的左、右极限都存在并且相等,即:

$$\lim_{x \to x_0} f(x) = A \Leftrightarrow \lim_{x \to x_0^-} f(x) = \lim_{x \to x_0^+} f(x) = A$$

上面给出的数列极限和函数极限的定义,其本质可以概括为:若变量 y 在某一变化过程无限趋于一个常数 A,就称该变量以 A 为极限. 记为:

$$\lim y = A$$

例 8　设函数 $f(x) = \begin{cases} x + 1, x < 0, \\ 3x, x \geqslant 0, \end{cases}$ 试判断 $\lim\limits_{x \to 0} f(x)$ 是否存在.

解:

因为 $\lim\limits_{x \to 0^-} f(x) = \lim\limits_{x \to 0^-} (x + 1) = 1$;$\lim\limits_{x \to 0^+} f(x) = \lim\limits_{x \to 0^+} 3x = 0$,左、右极限都存在但不相等,所以 $\lim\limits_{x \to 0} f(x)$ 不存在(如图 1 - 10 所示).

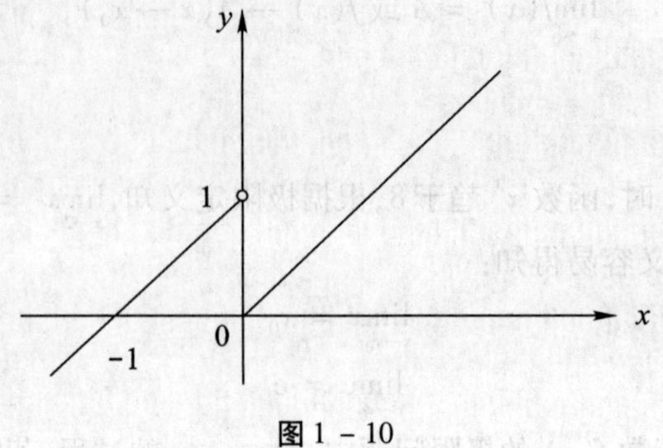

图 1 - 10

习题 1.3

1. 考察下列数列是否存在极限. 若存在,请指出是何值:

(1) $1,\frac{2}{3},\cdots,\frac{n}{2n-1},\cdots$; (2) $1,\frac{1}{2},3,\frac{1}{4},\cdots,2n-1,\frac{1}{2n},\cdots$;

(3) $\cos\pi,\cos2\pi,\cdots,\cos n\pi,\cdots$; (4) $-\frac{1}{2},\frac{1}{4},\cdots,\left(-\frac{1}{2}\right)^n,\cdots$;

(5) $0.9,0.99,0.999,0.9999,\cdots$; (6) $1+\frac{1}{1},\frac{1}{2},1+\frac{1}{2},\frac{1}{3},1+\frac{1}{3},\frac{1}{4},1+\frac{1}{4},\cdots$;

(7) $\{a_n\}=\left\{(-1)^n\frac{n}{n+1}\right\}$; (8) $\{a_n\}=\left\{\frac{n}{2n+1}\right\}$.

2. 用数列极限定义证明下列极限:

(1) $\lim\limits_{n\to\infty}\frac{n+1}{2n}=\frac{1}{2}$; (2) $\lim\limits_{n\to\infty}\frac{1}{n^2}=0$; (3) $\lim\limits_{n\to\infty}\frac{\cos x}{n}=0$; (4) $\lim\limits_{n\to\infty}\frac{1}{2^n}=0$.

3. 用函数极限的定义验证下列极限:

(1) $\lim\limits_{x\to0}(2x+1)=1$; (2) $\lim\limits_{x\to2}\frac{x^2-4}{x-2}=4$; (3) $\lim\limits_{x\to\infty}\frac{2}{x-3}=0$.

4. 当 $x\to1$ 时,函数 $y=3x-1\to2$. δ 等于多少时,能使 $|x-1|<\delta$ 时, $|y-1|<0.001$.

5. 当 $x\to\infty$ 时, 函数 $y=\frac{2x-1}{x}\to2$. X 等于多少时, 能使 $|x|>X$ 时, $|y-2|<0.001$.

6. 设 $f(x)=\begin{cases}x, & x<3,\\3x-1, & x\geqslant3,\end{cases}$ 讨论当 $x\to3$ 时, $f(x)$ 的左、右极限.

1.4 无穷小和无穷大

1.4.1 无穷小

下面讨论在理论和应用上都比较重要的变量 —— 无穷小量.

无穷小量就是在某一极限过程中以零为极限的变量(数列或函数). 我们只针对函数的情况加以论述,数列情况有类似的结果.

定义 1.14 若在自变量 x 的某个变化过程中有 $\lim f(x)=0$,则称函数 $f(x)$ 为 x 在该变化过程中的无穷小量,简称无穷小.

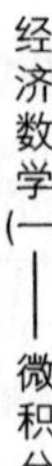

这里所说的自变量 x 的某个变化过程包括 $x \to x_0$，$x \to x_0^+$，$x \to x_0^-$，$x \to \infty$，$x \to +\infty$，$x \to -\infty$ 等.

当 $x \to x_0$ 时，函数 $f(x)$ 为无穷小，可以直接用极限的定义叙述如下：

如果对于任意给定的正数 ε，总存在正数 δ，使得当 $0 < |x - x_0| < \delta$ 时，有 $|f(x)| < \varepsilon$，则称函数 $f(x)$ 当 $x \to x_0$ 时无穷小.

关于无穷小的定义要注意以下三点：

(1) 在谈到无穷小时必须指明自变量的变化过程. 例如，函数 $f(x) = \dfrac{1}{x^2}$ 当 $x \to \infty$ 时为无穷小，而当 $x \to 0$ 时则不是无穷小.

(2) 若 $f(x) = 0$，则它在变量 x 变化过程中恒为无穷小. 如果 $f(x)$ 是一个非零的常数，那么无论它的绝对值多么的小，都不是无穷小.

(3) 无穷小不是一个数，而是一个特殊的函数(极限为 0)，不要将其与非常小的数混淆，因为常数不可能任意小.

例 1　$f(x) = x^2$，$f(n) = \dfrac{1}{2n+1}$，判断当 x，n 趋于什么时，函数是无穷小.

解：

因为 $\lim\limits_{x \to 0} x^2 = 0$，所以函数 x^2 当 $x \to 0$ 时无穷小.

因为 $\lim\limits_{n \to \infty} \dfrac{1}{2n+1} = 0$，所以数列 $\dfrac{1}{2n+1}$ 当 $n \to \infty$ 时为无穷小.

1.4.2　无穷小的性质

根据极限的性质和四则运算法则，容易得到无穷小的下列性质：

定理 4　(1) 有限个无穷小的代数和为无穷小；

(2) 有界变量与无穷小的乘积为无穷小.

这里说的有界，对函数而言可以是局部有界. 因为常量有界，有极限的变量有界或者局部有界，所以有如下推论：

推论 1　常量与无穷小量的乘积为无穷小.

推论 2　有极限的量与无穷小的乘积为无穷小.

推论 3　有限个无穷小的积是无穷小.

这里需要注意的是，两个无穷小的商未必是无穷小. 例如，当 $x \to 0$ 时，$2x$，$3x$ 都是无穷小，而 $\lim\limits_{x \to 0} \dfrac{2x}{3x} = \dfrac{2}{3}$，所以 $\dfrac{2x}{3x}$ 当 $x \to 0$ 时不是无穷小.

例 2　求极限 $\lim\limits_{x \to 0} x^2 \arctan \dfrac{1}{x}$.

解：

由于 $\left|\arctan \dfrac{1}{x}\right| < \dfrac{\pi}{2}$，故 $\arctan \dfrac{1}{x}$ 是有界变量，而 x^2 当 $x \to 0$ 时是无穷小，由定理 4 知，$x^2 \arctan \dfrac{1}{x}$ 在 $x \to 0$ 时是无穷小，即 $\lim\limits_{x \to 0} x^2 \arctan \dfrac{1}{x} = 0$.

注意，这个极限不能由极限的四则运算法则求得，即不能写成：

$$\lim_{x \to 0} x^2 \arctan \frac{1}{x} = \lim_{x \to 0} x^2 \cdot \lim_{x \to 0} \arctan \frac{1}{x} = 0$$

这是因为，$\lim\limits_{x\to 0^-}\arctan\dfrac{1}{x}=-\dfrac{\pi}{2}$，$\lim\limits_{x\to 0^+}\arctan\dfrac{1}{x}=\dfrac{\pi}{2}$，所以$\lim\limits_{x\to 0}\arctan\dfrac{1}{x}$不存在.

有极限的变量与无穷小之间有着密切的关系.

定理 5 在某个自变量变化过程中 $\lim f(x)=A$ 充分必要条件是:

$$f(x)=A+\alpha(x)$$

其中 $\alpha(x)$ 是在该自变量变化过程中的无穷小量.

证明:仅就 $x\to x_0$ 情况给予证明.

必要性:设$\lim\limits_{x\to x_0}f(x)=A$，取 $\alpha(x)=f(x)-A$，则:

$$\lim_{x\to x_0}\alpha(x)=\lim_{x\to x_0}[f(x)-A]=A-A=0$$

即 $\alpha(x)$ 是 $x\to 0$ 时是无穷小量，因此$f(x)=A+\alpha(x)$.

充分性:设$f(x)=A+\alpha(x)$，且$\lim\limits_{x\to x_0}\alpha(x)=0$，

$$\lim_{x\to x_0}f(x)=\lim_{x\to x_0}[A+\alpha(x)]=A+0=A$$

即$\lim\limits_{x\to x_0}f(x)=A$ 的充要条件是$f(x)=A+\alpha(x)$.

1.4.3 无穷小的比较

在许多问题中，仅仅知道变量是否有极限是不够的，还需知道变量趋于极限的速度. 根据定理 5，$\lim f(x)=A$ 等价于$\lim[f(x)-A]=0$. 所以，研究一般变量趋于极限的速度，可以归结为研究无穷小趋于零的快慢.

直观上我们可以注意到，不同的无穷小趋于零的速度是不同的，例如，当 $x\to 0$ 时，$2x,x^2,3x$ 都是无穷小，而当 $x\to 0$ 时，$\dfrac{3x}{x^2}$ 的极限不存在，这些情况的出现与无穷小趋于零的速度有关，根据这些情况，可以给出无穷小比较的定义.

定义 1.15 设$\alpha=\alpha(x)$，$\beta=\beta(x)$ 都是自变量 x 同一变化过程的无穷小.

(1) 如果$\lim\dfrac{\beta}{\alpha}=c(c\neq 0$ 且 $c\neq 1$，c 是常数)，则称β与α是同阶无穷小;

(2) 如果$\lim\dfrac{\beta}{\alpha}=1$，则称$\beta$是$a$的等价无穷小，记为$\beta\sim\alpha$;

(3) 如果$\lim\dfrac{\beta}{\alpha}=0$，则称$\beta$是$a$的高阶无穷小，记为$\beta\sim o(\alpha)$;

(4) 如果$\lim\dfrac{\beta}{\alpha^k}=c(c\neq 0$，$k$ 是正整数)，则称β是α的 k 阶无穷小.

例3 因为 $\lim\limits_{x\to 0}\sin x=0$，且$\lim\limits_{x\to 0}\dfrac{\sin x}{x}=1$，所以当 $x\to 0$ 时，$\sin x$ 与 x 是等价无穷小，即 $\sin x\sim x(x\to 0)$.

例4 因为 $\lim\limits_{x\to 0}(1-\cos x)=0$，且$\lim\limits_{x\to 0}\dfrac{1-\cos x}{x^2}=\dfrac{1}{2}$，所以，当 $x\to 0$ 时，$1-\cos x$ 与 x^2 是同阶无穷小;或者说 $1-\cos x$ 是 x 的高阶无穷小，即 $1-\cos x=o(x)(x\to 0)$;或者说 $1-\cos x$ 是 x 的 2 阶无穷小.

关于等价无穷小，有下面的两个结论:

定理 6 若α,β是自变量同变化过程中的无穷小，则$\alpha\sim\beta$的充要条件为$\alpha-\beta$是

$\alpha(\beta)$ 的高阶无穷小.

证明：

若 $\alpha \sim \beta$,即 $\lim \frac{\beta}{\alpha} = 1$,则有：

$$\lim(\frac{\beta - \alpha}{\alpha} + 1) = \lim(\frac{\beta}{\alpha} - \frac{\alpha}{\alpha} + 1) = 1$$

所以：

$$\lim(\frac{\alpha - \beta}{\alpha}) = \lim(\frac{\beta - \alpha}{\alpha}) = 0.$$

定理 6 告诉我们,在自变量同一变化过程中,若 $\alpha \sim \beta$,则有：

$$\beta - \alpha = o(\alpha) \text{ 或 } \beta = \alpha + o(\alpha)$$

定理 7　若 α、β 及 α'、β' 是自变量同一变化过程中的无穷小,且 $\alpha \sim \alpha'$,$\beta \sim \beta'$,$\lim = \frac{\beta'}{\alpha'}$ 存在,则有：

$$\lim \frac{\beta}{\alpha} = \lim \frac{\beta'}{\alpha'}$$

证明：

根据极限运算法则有：

$$\begin{aligned}\lim \frac{\beta'}{\alpha'} &= \lim(\frac{\beta'}{\beta} \frac{\beta}{\alpha} \frac{\alpha}{\alpha'}) \\ &= \lim \frac{\beta'}{\beta} \times \lim \frac{\beta}{\alpha} \times \lim \frac{\alpha}{\alpha'} \\ &= \lim \frac{\beta}{\alpha}\end{aligned}$$

根据定理 7 ,在求两个无穷小之比的极限时,如果它们的等价无穷小之比的极限存在,且能求出其极限值 A,则所求极限也存在且为 A.

用此方法求极限时,需要知道一些等价无穷小. 利用上一节的例题可以得到一些常用的等价无穷小：

当 $x \to 0$ 时,$x \sim \sin x \sim \tan x \sim \arcsin x \sim \arctan x \sim \ln(1 + x) \sim e^x - 1$;$1 - \cos x \sim \frac{x^2}{2}$;$(1 + x)^a - 1 \sim ax(a \neq 0)$;$a^x - 1 \sim x\ln a(a > 0, a \neq 1)$.

记住这些结论对于求极限是很有用的.

例 5　求极限 $\lim\limits_{x \to 0} \frac{\tan 3x}{\sin 4x}$.

解：

当 $x \to 0$ 时,$\tan 3x \sim 3x$,$\sin 4x \sim 4x$,所以：

$$\lim_{x \to 0} \frac{\tan 3x}{\sin 4x} = \lim_{x \to 0} \frac{3x}{4x} = \frac{3}{4}$$

例 6　求极限 $\lim\limits_{x \to 0} \frac{\tan x - \sin x}{x^3}$.

解：

根据极限的四则运算法则及定理 7,有：

$$\lim_{x\to 0}\frac{\tan x-\sin x}{x^3}=\lim_{x\to 0}\frac{\frac{\sin x}{\cos x}-\sin x}{x^3}=\lim_{x\to 0}\frac{\frac{\sin x-\sin x\cos x}{\cos x}}{x^3}$$

$$=\lim_{x\to 0}\frac{\sin x}{x}\cdot\frac{1}{\cos x}\cdot\frac{1-\cos x}{x^2}$$

$$=\lim_{x\to 0}\frac{1-\cos x}{x^2}=\lim_{x\to 0}\frac{\frac{1}{2}x^2}{x^2}$$

$$=\frac{1}{2}$$

要注意,相乘除的无穷小因子可用等价无穷小代替,但是加、减的无穷小不能随意用等价无穷小代换. 例如:

$$\lim_{x\to 0}\frac{\tan x-\sin x}{x^3}\neq\lim_{x\to 0}\frac{x-x}{x^3}=0$$

例 7 求极限 $\lim\limits_{x\to 0}\dfrac{\ln(1+x^2)}{x\arcsin\frac{x}{2}}$.

解:

由于 $x\to 0, x\sim\ln(1+x), x\sim\arcsin x$,所以,$x^2\sim\ln(1+x^2), \frac{x}{2}\sim\arcsin\frac{x}{2}$

因此:

$$\lim_{x\to 0}\frac{\ln(1+x^2)}{x\cdot\arcsin\frac{x}{2}}=\lim_{x\to 0}\frac{x^2}{x\cdot\frac{x}{2}}=\lim_{x\to 0}\frac{x^2}{\frac{x^2}{2}}=2.$$

1.4.4 无穷大

与无穷小相对的一个概念是无穷大.

定义 1.16 设函数 $f(x)$ 在 x_0 的某个去心邻域内有定义,如果对于任意给定的无论多大的正数 M,都存在正数 δ,使当 $0<|x-x_0|<\delta$ 时,恒有:

$$|f(x)|>M$$

则称函数 $f(x)$ 当 $x\to x_0$ 时为无穷大量,简称无穷大,并且记为:

$$\lim_{x\to x_0}f(x)=\infty \text{ 或 } f(x)\to\infty\ (x\to x_0)$$

如果函数 $f(x)$ 当 $x\to x_0$ 时为无穷大,则极限 $\lim\limits_{x\to x_0}f(x)$ 是不存在的. 定义 1.16 中的记号只不过是为了书写的方便而采用了极限的记号,同时也表明了当 $x\to x_0$ 时 $f(x)$ 虽然无极限,但还是有明确的变化趋势. 无穷大量是一个绝对值可无限增大的变量,不是绝对值很大的固定数.

如果将定义 1.16 中的 $|f(x)|>M$ 改写成 $f(x)>M(-f(x)>M)$,则可得到 $f(x)$ 当 $x\to x_0$ 时是正无穷大(负无穷大)的定义,并且相应地记为:

$$\lim_{x\to x_0}f(x)=+\infty\ (\lim_{x\to x_0}f(x)=-\infty)$$

定义 1.16 是针对 $x\to x_0$ 给出的. 类似地也可以给出自变量在其他变化过程中的无穷大的定义. 例如:$\lim\limits_{x\to\infty}f(x)=\infty$;$\lim\limits_{x\to\infty}f(x)=+\infty$ $\lim\limits_{x\to-\infty}f(x)=+\infty$ 等.

如果$f(x)$当$x\to x_o^-$或$x\to x_o^+$时为无穷大,则称直线$x=x_0$为曲线$y=f(x)$的铅直渐近线(如图1-11所示).

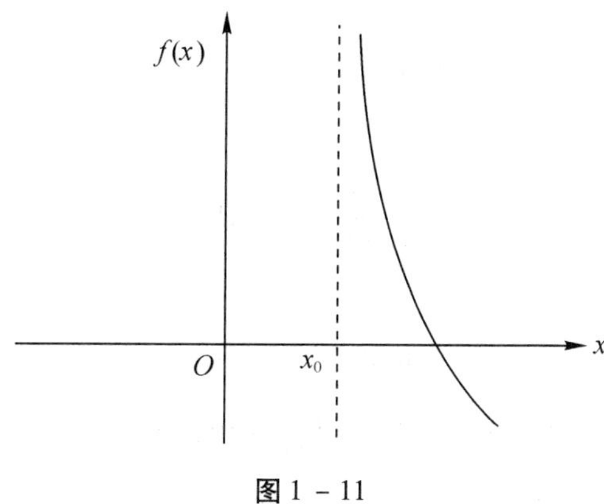

图1-11

例8　证明:$\lim\limits_{x\to1}\frac{1}{x-1}=\infty$.

证明:

对于任意给定的正数M,取$\delta=\frac{1}{M}$,则当$0<|x-1|<\delta$时,便有:

$$\left|\frac{1}{x-1}\right|>\frac{1}{\delta}=M$$

从而得:

$$\lim_{x\to1}\frac{1}{x-1}=\infty$$

且直线$x=1$是曲线$y=\frac{1}{x-1}$的铅直渐近线.

关于无穷小与无穷大,下面的结论指出了无穷小与无穷大的关系.

定理8　当$x\to x_0$时,若$f(x)$为无穷大,则$\frac{1}{f(x)}$为无穷小;若$f(x)$为无穷小,且在x_0的某个去心邻域内$f(x)\neq0$,则$\frac{1}{f(x)}$为无穷大.

证明:

设$\lim\limits_{x\to x_0}f(x)=\infty$,则对于任意给定的正数$\varepsilon$,取$M=\frac{1}{\varepsilon}$,总存在正数$\delta$,当$0<|x-x_0|<\delta$时:

$$|f(x)|>M=\frac{1}{\varepsilon}$$

即:

$$\frac{1}{|f(x)|}<\varepsilon$$

所以:

$$\lim_{x\to x_0}\frac{1}{f(x)}=0$$

设$f(x)$为无穷小,且x_0在某去心邻域内$f(x) \neq 0$,则对于任意给定的正数M,取$\varepsilon = \frac{1}{M}$,总存在正数$\delta$,当$0 < |x - x_0| < \delta$时:

$$|f(x)| < \varepsilon = \frac{1}{M}$$

即:

$$\frac{1}{|f(x)|} > M$$

所以:

$$\lim_{x \to x_0} \frac{1}{f(x)} = \infty$$

定理8中的$x \to x_0$可以换成自变量的其他变化过程.

例9 求极限$\lim\limits_{x \to \infty} \frac{x^2 + 2x - 1}{x - 1}$.

解:

由于$\lim\limits_{x \to \infty} \frac{x - 1}{x^2 + 2x - 1} = 0$根据定理5可知:

$$\lim_{x \to \infty} \frac{x^2 + 2x - 1}{x - 1} = \infty$$

最后我们指出,在自变量同一变化过程中,两个无穷大量的和、差、商是没有确定结论的. 想要得到相应的极限,需用其他办法,这点与无穷小是不同的. 在后面章节我们将介绍有关的方法.

习题 1.4

1. 两个无穷小量的商是否一定是无穷小量?请举例说明.
2. 两个无穷大量的和、差是否一定是无穷大量?请举例说明.
3. 当$x \to 0$时,下列变量中哪些是无穷小量?

$100x^2$, $\sqrt[3]{x}$, $\frac{2}{x}$, $\frac{x}{x^2}$, $\frac{x^2}{x}$, $x^2 - 0.1x$, $\frac{1}{2}x - x^2$, $x\cos\frac{1}{x}$, $x^2 \arctan x$.

4. 函数$y = \frac{1}{(x-1)^2}$,当$x \to$ ______ 时是无穷大量;当$x \to$ ______ 时是无穷小量.
5. 当$x \to \infty$时,下列变量中哪些是无穷小量?

$\frac{2}{x}$, $\frac{x}{2x-1}$, $\frac{-1}{x^2}$, $\frac{1}{x^2 - 10}$, $\frac{2x^2 - 3x}{x^2}$, $\frac{1}{5^{x^2}}$, $\frac{\sin x}{x}$, $\frac{1 - \arctan x}{x^2}$.

6. 根据定义证明:

(1)$y = \frac{\sin x}{x}$是当$x \to \infty$时的无穷小量;

(2)$y = \frac{x^2 - 1}{x + 1}$是当$x \to 1$时的无穷小量;

(3)$y = \frac{1}{(x-1)^2}$是当$x \to 1$时的无穷大量.

7. 求下列极限并说明理由：

(1) $\lim\limits_{x\to\infty}\dfrac{\arccos\dfrac{1}{x}}{x}$；　(2) $\lim\limits_{x\to\infty}\dfrac{1}{x^2-1}$；　(3) $\lim\limits_{x\to 1}(x^2-1)\sin\dfrac{2x+1}{x^2-1}$.

8. 讨论当 $x\to\infty$ 时，函数 $y=2^x$ 的极限是否存在？

9. 利用等价无穷小的等价代换定理求下列极限：

(1) $\lim\limits_{x\to 0}\dfrac{\sin x^5}{\sin^8 x}$；　(2) $\lim\limits_{x\to 0}\dfrac{\tan 3x}{\sin 2x}$；　(3) $\lim\limits_{x\to 0}\dfrac{\tan x-\sin x}{\sin^3 x}$；

(4) $\lim\limits_{x\to 0}\dfrac{\arcsin 2x}{\sin 5x}$；　(5) $\lim\limits_{x\to 0}\dfrac{x\arcsin x\sin\dfrac{1}{x}}{\sin x}$；　(6) $\lim\limits_{x\to 0}(1+2x)^{\frac{3}{\sin x}}$；

(7) $\lim\limits_{x\to 0}\dfrac{x\arcsin x}{e^{-x^2}-1}$；　(8) $\lim\limits_{x\to 0}\dfrac{\sqrt{1-2x^2}-1}{x\ln(1-x)}$；　(9) $\lim\limits_{x\to 0}(1-5\sin x)^{\frac{3}{\tan x}}$.

1.5　极限的运算法则

1.5.1　极限的运算法则

设在同一变化过程中，$\lim f(x)=A$，$\lim g(x)=B$，则：

法则 1　$\lim[f(x)\pm g(x)]=\lim f(x)\pm\lim g(x)=A\pm B$

法则 2　$\lim[f(x)\cdot g(x)]=\lim f(x)\cdot\lim g(x)=A\cdot B$

特别地，$\lim[cf(x)]=c\lim f(x)=cA$（$c$ 为常数）；

$\lim[f(x)]^k=[\lim f(x)]^k=A^k$（$k$ 为正整数）

法则 3　若 $B\neq 0$，则 $\lim\dfrac{f(x)}{g(x)}=\dfrac{\lim f(x)}{\lim g(x)}=\dfrac{A}{B}$

注意，法则 1、2 可以推广到有限多个函数的情形.

例 1　求 $\lim\limits_{x\to 1}(3x^2-5x+1)$.

解：

$$\begin{aligned}\lim_{x\to 1}(3x^2-5x+1)&=\lim_{x\to 1}3x^2-\lim_{x\to 1}5x+\lim_{x\to 1}1\\&=3\lim_{x\to 1}x^2-5\lim_{x\to 1}x+1\\&=3(\lim_{x\to 1}x)^2-5+1=3-5+1=-1\end{aligned}$$

例 2　求 $\lim\limits_{x\to 2}\dfrac{x^2-3x+1}{2x-1}$.

解：

$$\begin{aligned}\lim_{x\to 2}\frac{x^2-3x+1}{2x-1}&=\frac{\lim\limits_{x\to 2}(x^2-3x+1)}{\lim\limits_{x\to 2}(2x-1)}\\&=\frac{(\lim\limits_{x\to 2}x)^2-3\lim\limits_{x\to 2}x+\lim\limits_{x\to 2}1}{(\lim\limits_{x\to 2}2x)-\lim\limits_{x\to 2}1}=\frac{4-6+1}{4-1}=-\frac{1}{3}\end{aligned}$$

从上面两例可以得到如下结论：

(1) 如果函数 $f(x)$ 为多项式,则 $\lim\limits_{x \to x_0} f(x) = f(x_0)$.

(2) 如果 $P(x), Q(x)$ 是多项式,且 $\lim\limits_{x \to x_0} Q(x) = Q(x_0) \neq 0$,则:

$$\lim_{x \to x_0} \frac{P(x)}{Q(x)} = \frac{\lim\limits_{x \to x_0} P(x)}{\lim\limits_{x \to x_0} Q(x)} = \frac{P(x_0)}{Q(x_0)}$$

对于有理式 $\frac{P(x)}{Q(x)}$,如果 $\lim\limits_{x \to x_0} Q(x) = Q(x_0) = 0$,则不能应用法则 3 求解,而需进行特别处理.

1.5.2 未定式

在同一变化过程中,如果 $f(x)$、$g(x)$ 两个函数都是无穷小或无穷大,则对于极限 $\lim \frac{f(x)}{g(x)}$,显然不能用极限的运算法则来计算,通常称这种极限为未定式,记为 $\frac{0}{0}$ 型或 $\frac{\infty}{\infty}$ 型. 未定式除了这两种基本类型外,还有 $0 \cdot \infty$, $\infty - \infty$, 1^{∞}, 0^0, ∞^0 等情形(注意,$\frac{0}{0}$、$\frac{\infty}{\infty}$ 等均只是记号,不代表数).

下面主要将介绍 $\frac{0}{0}$ 和 $\frac{\infty}{\infty}$ 两种未定式的求法.

例 3 求 $\lim\limits_{x \to 4} \frac{x^2 - 5x + 4}{x - 4}$.

分析:当 $x \to 4$ 时,分子与分母的极限都是0,是 $\frac{0}{0}$ 型,不能应用法则3;又因为分子、分母有公因子 $(x-4)$,而当 x 趋向于4时,$x-4$ 不等于0,故可以约去不为0 的分母,通过化简求解.

解:

$$\lim_{x \to 4} \frac{x^2 - 5x + 4}{x - 4} = \lim_{x \to 4} \frac{(x-1)(x-4)}{x-4} = \lim_{x \to 4}(x-1) = 3$$

例 4 求 $\lim\limits_{x \to 4} \frac{\sqrt{x} - 2}{x - 4}$.

解:

这是 $\frac{0}{0}$ 型未定式,将分子有理化:

$$\lim_{x \to 4} \frac{(\sqrt{x}-2)(\sqrt{x}+2)}{(x-4)(\sqrt{x}+2)} = \lim_{x \to 4} \frac{x-4}{(x-4)(\sqrt{x}+2)} = \lim_{x \to 4} \frac{1}{\sqrt{x}+2} = \frac{1}{4}$$

例 5 求 $\lim\limits_{x \to \infty} \frac{3x^2 - x + 1}{x^2 + 2x + 2}$.

解:

当 $x \to \infty$ 时,此极限是 $\frac{\infty}{\infty}$ 型,分子和分母同除以最高次幂 x^2:

$$\lim_{x\to\infty}\frac{3x^2-x+1}{x^2+2x+2}=\lim_{x\to\infty}\frac{3-\frac{1}{x}+\frac{1}{x^2}}{1+\frac{2}{x}+\frac{2}{x^2}}=\frac{3}{1}=3$$

例 6　求 $\lim\limits_{x\to\infty}\dfrac{x^2+2x+2}{3x^3-x+1}$.

解:

当 $x\to\infty$ 时,此极限是$\dfrac{\infty}{\infty}$型,分子、分母同除以 x^3,然后求极限:

$$\lim_{x\to\infty}\frac{x^2+2x+2}{3x^3-x+1}=\lim_{x\to\infty}\frac{\frac{1}{x}+\frac{2}{x^2}+\frac{2}{x^3}}{3-\frac{1}{x^2}+\frac{1}{x^3}}=\frac{0}{3}=0$$

例 7　求$\lim\limits_{x\to\infty}\dfrac{3x^3-x+1}{x^2+2x+2}$.

解:

因为 $\lim\limits_{x\to\infty}\dfrac{3x^3-x+1}{x^2+2x+2}=\lim\limits_{x\to\infty}\dfrac{1}{\frac{x^2+2x+2}{3x^3-x+1}}$

由上例结果知$\lim\limits_{x\to\infty}\dfrac{x^2+2x+2}{3x^3-x+1}=0$,根据无穷小与无穷大的关系得:

$$\lim_{x\to\infty}\frac{3x^3-x+1}{x^2+2x+2}=\infty$$

综合例 5、例 6、例 7 的结果,可以得到下面的结论:

当 $a_0\neq0,b_0\neq0,m、n\in\mathbf{N}_+$ 时:

$$\lim_{x\to\infty}\frac{a_0x^m+a_1x^{m-1}+\cdots+a_m}{b_0x^n+b_1x^{n-1}+\cdots+b_n}=\begin{cases}\dfrac{a_0}{b_0},m=n,\\0,\ m<n,\\\infty,m>n.\end{cases}$$

例 8　求$\lim\limits_{x\to-1}\left(\dfrac{1}{x+1}-\dfrac{3}{x^3+1}\right)$.

解:

当 $x\to-1$,$\dfrac{1}{x+1}$,$\dfrac{3}{x^3+1}$ 全没有极限,故不能直接用定理 3,但当 $x\neq-1$ 时,

$\dfrac{1}{x+1}-\dfrac{3}{x^3+1}=\dfrac{(x+1)(x-2)}{(x+1)(x^2-x+1)}=\dfrac{x-2}{x^2-x+1}$,所以:

$\lim\limits_{x\to-1}\left(\dfrac{1}{x+1}-\dfrac{3}{x^3+1}\right)=\lim\limits_{x\to-1}\dfrac{x-2}{x^2-x+1}=\dfrac{-1-2}{(-1)^2-(-1)+1}=-1.$

例 9　求$\lim\limits_{n\to\infty}\left(\dfrac{1}{n^2}+\dfrac{2}{n^2}+\cdots+\dfrac{n}{n^2}\right)$.

解:

当 $n\to\infty$ 时,这是无穷多项相加,故先变形:

原式 $=\lim\limits_{n\to\infty}\frac{1}{n^2}(1+2+\cdots+n)=\lim\limits_{n\to\infty}\frac{1}{n^2}\cdot\frac{n(n+1)}{2}=\lim\limits_{n\to\infty}\frac{n+1}{2n}=\frac{1}{2}.$

例 10 证明 $\lim\limits_{x\to\infty}\frac{[x]}{x}=1$，$[x]$ 为 x 的整数部分.

证明：先考虑 $1-\frac{[x]}{x}=\frac{x-[x]}{x}$，因为 $x-[x]$ 是有界函数，且当 $x\to\infty$ 时，$\frac{1}{x}\to 0$，所以由 $\lim\limits_{x\to\infty}\frac{x-[x]}{x}=0\Rightarrow\lim\limits_{x\to\infty}(1-\frac{[x]}{x})=0\Rightarrow\lim\limits_{x\to\infty}\frac{[x]}{x}=1.$

习题 1.5

1. 计算下列数列的极限：

(1) $\lim\limits_{n\to\infty}\frac{(n+1)(n+2)}{5n^2}$；(2) $\lim\limits_{n\to\infty}\frac{\sin(3n+1)}{n^2}$；(3) $\lim\limits_{n\to\infty}\frac{n^2+5}{2n^3-n+1}$；

(4) $\lim\limits_{n\to\infty}\frac{3^{n+1}-2^n}{3^n+2^n}$；(5) $\lim\limits_{n\to\infty}n(\sqrt{n^2+1}-n)$；(6) $\lim\limits_{n\to\infty}\frac{1}{\sqrt{n^2+n}-\sqrt{n^2-n}}$.

2. 计算下列数列的极限：

(1) $\lim\limits_{n\to\infty}\frac{1+2+3+\cdots+n}{n^2}$；

(2) $\lim\limits_{n\to\infty}\left(\frac{1}{n^2}+\frac{4}{n^2}+\cdots+\frac{3n-2}{n^2}\right)$；

(3) $\lim\limits_{n\to\infty}\left(1+\frac{1}{2}+\frac{1}{2^2}+\cdots+\frac{1}{2^n}\right)$；

(4) $\lim\limits_{n\to\infty}\left[\frac{1}{1\times 3}+\frac{1}{3\times 5}+\cdots+\frac{1}{(2n-1)(2n+1)}\right]$.

3. 计算下列函数的极限：

(1) $\lim\limits_{x\to -2}(3x^2-5x+2)$；(2) $\lim\limits_{x\to\sqrt{3}}\frac{x^2-3}{x^4+x^2+1}$；(3) $\lim\limits_{x\to 0}\left(1-\frac{2}{x-3}\right)$；

(4) $\lim\limits_{x\to 2}\frac{x^2-4}{x-2}$；(5) $\lim\limits_{x\to 1}\frac{x^2-2x+1}{x^2-1}$；(6) $\lim\limits_{x\to 0}\frac{4x^3-2x^2+x}{3x^2+2x}$；

(7) $\lim\limits_{x\to\infty}\frac{x^2-1}{2x^2-x-1}$；(8) $\lim\limits_{x\to\infty}\frac{x^2+x}{x^4-3x^2+1}$；(9) $\lim\limits_{x\to\infty}\left(1+\frac{1}{x}\right)\left(2-\frac{1}{x^2}\right)$；

(10) $\lim\limits_{x\to 1}\left(\frac{3}{1-x^3}-\frac{1}{1-x}\right)$；(11) $\lim\limits_{x\to\infty}\frac{\arctan x}{x}$；(12) $\lim\limits_{x\to 0}x^2\sin\frac{1}{x}$；

(13) $\lim\limits_{x\to\infty}\frac{x^2+1}{x^3+x}(3+\cos x)$；(14) $\lim\limits_{x\to +\infty}(\sqrt{x^2+x+1}-\sqrt{x^2-x+1})$.

1.6 两个重要极限

利用极限的定义和极限的运算法则，已经解决了不少初等函数求极限的问题，但仍有许多变量的极限用上述方法是无法解决的. 为此，下面首先介绍一个非常重要的定理——夹逼定理，然后讨论两个重要极限.

定理 9 （夹逼定理）如果在某个变化过程中，三个变量 X,Y,Z 总有关系 $Y\leqslant X\leqslant Z$，

且 $\lim Y = \lim Z = A$,则 $limX$ 存在,且 $\lim X = \lim Y = \lim Z = A$.

证明从略.

1.6.1　两个重要极限

1. $\lim\limits_{x \to 0} \dfrac{\sin x}{x} = 1$

证:因为$\dfrac{\sin x}{x}$是偶函数,即 $\dfrac{\sin(-x)}{-x} = \dfrac{\sin x}{x}$,所以,当 x 改变符号时,其值不变. 我们只讨论 $x \to 0^+$ 的情形. 在如图 1 - 12 所示的单位圆内,设圆心角 $\angle AOB$ 为 $x(0 < x < \dfrac{\pi}{2})$,过 A 点做圆的切线且与 OB 的延长线交于 D. 由于 $\triangle AOB$ 的面积 < 扇形 AOB 的面积 < $\triangle AOD$ 的面积,即:

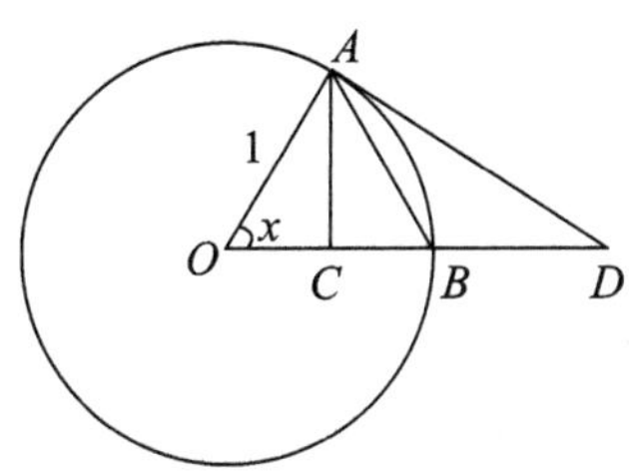

图 1 - 12

$$\frac{1}{2}\sin x < \frac{1}{2}x < \frac{1}{2}\tan x$$

整理有:

$$\sin x < x < \frac{\sin x}{\cos x}$$

所以,$1 < \dfrac{x}{\sin x} < \dfrac{1}{\cos x}$,从而 $\cos x < \dfrac{\sin x}{x} < 1$.

由于$\lim\limits_{x \to 0^+}\cos x = 1$,根据夹逼定理,可得$\lim\limits_{x \to 0^+} \dfrac{\sin x}{x} = 1$,同理有:

$$\lim_{x \to 0^-} \frac{\sin x}{x} = \lim_{x \to 0^+} \frac{\sin x}{x} = 1$$

故:

$$\lim_{x \to 0} \frac{\sin x}{x} = 1$$

这个重要极限有两个特征:

(1) 自变量 x 在一定变化过程中,极限是$\dfrac{0}{0}$ 型;

(2) 分子记号 sin 后的变量表达式(□) 与分母的表达式(□) 在形式上必须是一致的. 即:

$$\lim_{\square \to 0} \frac{\sin\square}{\square} = 1$$

例 1　求 $\lim\limits_{x \to 0} \dfrac{\sin kx}{x}(k \neq 0)$.

解：

令 $kx=u$，则当 $x\to 0$ 时，$u\to 0$，所以：

$$\lim_{x\to 0}\frac{\sin kx}{x}=k\lim_{x\to 0}\frac{\sin kx}{kx}=k\lim_{u\to 0}\frac{\sin u}{u}=k$$

例 2　求 $\lim\limits_{n\to\infty}n\sin\frac{2}{n}$.

解：

令 $\frac{2}{n}=u$，则当 $n\to\infty$ 时，$u\to 0$，所以：

$$\lim_{n\to\infty}n\sin\frac{2}{n}=2\lim_{n\to\infty}\frac{\sin\frac{2}{n}}{\frac{2}{n}}=2\lim_{u\to 0}\frac{\sin u}{u}=2$$

例 3　求 $\lim\limits_{x\to 0}\frac{\tan 2x}{\sin 3x}$.

解：

$$\begin{aligned}\lim_{x\to 0}\frac{\tan 2x}{\sin 3x}&=\lim_{x\to 0}\left(\frac{\sin 2x}{\cos 2x}\cdot\frac{1}{\sin 3x}\right)\\&=\lim_{x\to 0}\left(\frac{\sin 2x}{2x}\cdot\frac{3x}{\sin 3x}\cdot\frac{2x}{3x}\right)\\&=\frac{2}{3}\end{aligned}$$

例 4　求 $\lim\limits_{x\to 0}\frac{1-\cos x}{x^2}$.

解：

$$\begin{aligned}\lim_{x\to 0}\frac{1-\cos x}{x^2}&=\lim_{x\to 0}\frac{(1-\cos x)(1+\cos x)}{x^2(1+\cos x)}\\&=\lim_{x\to 0}\left(\frac{\sin^2 x}{x^2}\cdot\frac{1}{1+\cos x}\right)\\&=\frac{1}{2}\end{aligned}$$

一般地，极限 $\lim\limits_{x\to 0}\frac{x}{\sin x}=1$，$\lim\limits_{x\to 0}\frac{\tan x}{x}=1$，$\lim\limits_{x\to 0}\frac{\tan x}{\sin x}=1$ 等亦可作为公式使用.

例 5　求 $\lim\limits_{x\to 1}\frac{\sin(x-1)}{x^2-1}$.

解：

$$\lim_{x\to 1}\frac{\sin(x-1)}{x^2-1}=\lim_{x\to 1}\left[\frac{\sin(x-1)}{x-1}\cdot\frac{1}{x+1}\right]=1\cdot\frac{1}{2}=\frac{1}{2}$$

2. $\lim\limits_{n\to\infty}\left(1+\frac{1}{n}\right)^n=\mathrm{e}$

其中 e 是一个无理数，其值为 $\mathrm{e}\approx 2.718\ 281\ 828\ 459\ 045\cdots$

在现实生活中，如物体冷却过程中的温度变化、镭的衰变、细胞的繁殖、树木的生长、本利和的计算等均属于这种类型，所以这个函数体现了现实世界中的许多事物的生长或消失的数量规律.

我们将数列$(1+\frac{1}{n})^n$的值列成表,如表1－4所示.

表1－4

n	1	2	3	4	5	10	100	1 000	100 000	…
$\left(1+\frac{1}{n}\right)^n$	2	2.250	2.370	2.441	2.488	2.594	2.705	2.717	2.718	…

由表1－4可见,这个数列是单调递增的,其速度是越来越慢且趋于稳定,即极限是存在的(由于证明过程繁琐,这里不再证明),通常用字母e表示这个极限值,即:

$$\lim_{n\to\infty}(1+\frac{1}{n})^n=\mathrm{e}$$

该公式称为第二个重要极限公式,这个重要极限有以下两个特征:

(1)当n无限增大时,函数$(1+\frac{1}{n})^n$呈“1^∞”型;

(2)括号内是两项之和,第一项是1,第二项与括号外指数互为倒数.

这个极限可以推广到连续自变量x的函数$(1+\frac{1}{x})^x$,即:

$$\lim_{x\to\infty}(1+\frac{1}{x})^x=\mathrm{e}$$

如果令$t=\frac{1}{x}$,则当$x\to\infty$时,$t\to0$,因此有:

$$\lim_{t\to0}(1+t)^{\frac{1}{t}}=\mathrm{e}$$

综上讨论,符合上述两个特征的极限均为e,即$\lim\limits_{\triangle\to0}(1+\triangle)^{\frac{1}{\triangle}}=\mathrm{e}$或$\lim\limits_{\triangle\to\infty}(1+\frac{1}{\triangle})^{\triangle}=\mathrm{e}$.

例6　求$\lim\limits_{x\to\infty}(1+\frac{k}{x})^x(k\neq0)$.

解:

因为$(1+\frac{k}{x})^x=\left[(1+\frac{k}{x})^{\frac{x}{k}}\right]^k$,设$t=\frac{k}{x}$,当$x\to\infty$时,$t\to0$,

所以,$\lim\limits_{x\to\infty}(1+\frac{k}{x})^x=\lim\limits_{x\to\infty}\left[(1+\frac{k}{x})^{\frac{x}{k}}\right]^k=\lim\limits_{t\to o}\left[(1+t)^{\frac{1}{t}}\right]^k=\left[\lim\limits_{t\to o}(1+t)^{\frac{1}{t}}\right]^k$

$=\mathrm{e}^k$

例7　求$\lim\limits_{x\to\infty}(1-\frac{2}{x})^x$.

解:

$\lim\limits_{x\to\infty}(1-\frac{2}{x})^x=\lim\limits_{x\to\infty}(1+\frac{2}{-x})^{\frac{-x}{2}\times(-2)}=\lim\limits_{x\to\infty}\left[(1+\frac{2}{-x})^{\frac{-x}{2}}\right]^{-2}=\mathrm{e}^{-2}$

例8　求$\lim\limits_{x\to\infty}(1+\frac{1}{x})^{x+6}$.

解:

$$\lim_{x\to\infty}(1+\frac{1}{x})^{x+6}=\lim_{x\to\infty}\left[(1+\frac{1}{x})^{x}\cdot(1+\frac{1}{x})^{6}\right]$$

$$=\lim_{x\to\infty}(1+\frac{1}{x})^{x}\cdot\lim_{x\to\infty}(1+\frac{1}{x})^{6}=\mathrm{e}\cdot 1^{6}=\mathrm{e}$$

例 9 求$\lim\limits_{x\to o}(1+2x)^{\frac{5}{x}}$.

解:

$$\lim_{x\to o}(1+2x)^{\frac{5}{x}}=\lim_{x\to o}(1+2x)^{\frac{1}{2x}\times 10}=\lim_{x\to o}\left[(1+2x)^{\frac{1}{2x}}\right]^{10}=\mathrm{e}^{10}$$

例 10 求$\lim\limits_{x\to\infty}(\frac{x^2}{x^2-1})^{x}$.

解:

$$\lim_{x\to\infty}(\frac{x^2}{x^2-1})^{x}=\lim_{x\to\infty}(\frac{x^2-1+1}{x^2-1})^{x}$$

$$=\lim_{x\to\infty}(1+\frac{1}{x^2-1})^{(x^2-1)\cdot\frac{x}{x^2-1}}$$

$$=\lim_{x\to\infty}(1+\frac{1}{x^2-1})^{(x^2-1)\cdot\frac{1}{x-\frac{1}{x}}}$$

$$=\mathrm{e}^{0}=1$$

例 11 求$\lim\limits_{n\to\infty}(\frac{2n-1}{2n+1})^{n}$.

解:

$$\lim_{n\to\infty}(\frac{2n-1}{2n+1})^{n}=\lim_{n\to\infty}(1-\frac{2}{2n+1})^{n}$$

$$=\lim_{n\to\infty}(1-\frac{1}{n+\frac{1}{2}})^{n+\frac{1}{2}}(1-\frac{1}{n+\frac{1}{2}})^{-\frac{1}{2}}$$

$$=\frac{1}{\mathrm{e}}\cdot 1^{-\frac{1}{2}}$$

$$=\mathrm{e}^{-1}$$

习题 1.6

1. 计算下列极限:

(1) $\lim\limits_{x\to 0}\frac{\sin 7x}{2x}$; (2) $\lim\limits_{x\to 0}\frac{\tan 3x}{x}$; (3) $\lim\limits_{x\to 0}x\cot x$;

(4) $\lim\limits_{x\to 0}\frac{\tan x-\sin x}{x}$; (5) $\lim\limits_{x\to 0}\frac{2\arcsin x}{3x}$; (6) $\lim\limits_{x\to 0}\frac{x-\sin x}{x+\sin x}$;

(7) $\lim\limits_{x\to 0}\frac{\arctan 5x}{x}$; (8) $\lim\limits_{x\to\pi}\frac{\sin x}{x-\pi}$; (9) $\lim\limits_{n\to\infty}(5n+2)\tan\frac{1}{n}$.

2. 计算下列极限:

(1) $\lim\limits_{x\to 0}(1+2x)^{\frac{1}{x}}$; (2) $\lim\limits_{x\to\infty}\left(\frac{1+x}{x}\right)^{-2x}$; (3) $\lim\limits_{x\to\infty}\left(1-\frac{1}{x}\right)^{kx}$($k$ 为正整数);

(4) $\lim\limits_{x\to+\infty}\left(1-\frac{1}{x}\right)^{\sqrt{x}}$; (5) $\lim\limits_{x\to\infty}\left(\frac{x-1}{x+1}\right)^{2x}$; (6) $\lim\limits_{x\to 0}\frac{\ln(1+2x)}{\sin 3x}$.

3. 利用极限的两边夹准则证明下列极限：

(1) $\lim\limits_{n\to\infty}\sqrt{1+\dfrac{1}{n}}=1$；　　(2) $\lim\limits_{n\to\infty}n\left(\dfrac{1}{n^2+\pi}+\dfrac{1}{n^2+2\pi}+\cdots+\dfrac{1}{n^2+n\pi}\right)=1$.

4. 利用单调有界收敛准则证明下列数列收敛：

(1) $x_n=\dfrac{1}{3+1}+\dfrac{1}{3^2+1}+\dfrac{1}{3^3+1}+\cdots+\dfrac{1}{3^n+1}$；

(2) $x_n=\dfrac{1}{1^2+1}+\dfrac{1}{2^2+1}+\cdots+\dfrac{1}{n^2+1}$.

5. 某企业计划发行公司债券，规定年利率以10ln2% 的连续复利计算利息，10年后每份债券一次偿还本息1 000元. 发行时每份债券的价格应定为多少元？

1.7　连续

1.7.1　函数的连续与间断

自然界中有许多现象，如温度的变化、液体的流动、植物的生长等等，都是连续地逐渐变化的，这些现象在函数关系上的反映，就是函数的连续性. 另一类现象，其变化并不是逐渐的，而是突然的，在函数关系上的反映就是函数的间断.

1. 函数的连续性

(1) 改变量（增量）

定义1.17　设变量u从它的初值u_0到终值u_1，终值与初值之差u_1-u_0称为变量u的改变量，记为：

$$\Delta u=u_1-u_0$$

注意：改变量Δu可以是正的、负的，也可以是零.

对函数$y=f(x)$，当自变量x从x_0改变到$x_0+\Delta x$时，函数$f(x)$相应地从$f(x_0)$变到$f(x_0+\Delta x)$，称$f(x_0+\Delta x)-f(x_0)$为函数$f(x)$在x_0处的相应改变量，记为Δy，即：

$$\Delta y=f(x_0+\Delta x)-f(x_0)$$

(2) 函数连续概念

从直观上来说，若一个函数是连续变化的，那么它的图形应该是一条连续不断的曲线，亦即可以一笔画成. 我们先观察图1-8和图1-9两个函数的图像，再仔细分析一下，当自变量在x_0处的改变量$\Delta x\to 0$时，函数$y=f(x)$的改变量$\Delta y=f(x_0+\Delta x)-f(x_0)$也趋于零，而函数$y=\varphi(x)$的改变量$\Delta y=\varphi(x_0+\Delta x)-\varphi(x_0)$不可能趋于零. 据此，给出函数在一点处连续的严格定义.

定义1.18　设函数$y=f(x)$在点x_0的某邻域内有定义，如果自变量x在x_0处取得的改变量Δx趋于零时，函数相应的改变量Δy也趋于零，即：

$$\lim_{\Delta x\to 0}\Delta y=0 \text{ 或 } \lim_{\Delta x\to 0}[f(x_0+\Delta x)-f(x_0)]=0$$

则称函数$y=f(x)$在点x_0处连续.

若令$x=x_0+\Delta x$，则$\Delta x=x-x_0$. 易见，$\Delta x\to 0$时，$x\to x_0$，所以：

$$\lim_{\Delta x\to 0}\Delta y=\lim_{\Delta x\to 0}[f(x_0+\Delta x)-f(x_0)]=0$$

可改写为：

$$\lim_{\Delta x \to 0}[f(x) - f(x_0)] = 0$$

即：

$$\lim_{\Delta x \to 0} f(x) = f(x_0)$$

因此我们可以得到与定义 1.18 等价的定义：

定义 1.19 设函数 $y = f(x)$ 在点 x_0 的某邻域内有定义，如果当 $\Delta x \to 0$ 时，函数 $f(x)$ 的极限存在，且：

$$\lim_{x \to x_0} f(x) = f(x_0)$$

则称函数 $y = f(x)$ 在点 x_0 处连续.

相应于左极限与右极限两个概念，我们有：

① 若 $\lim\limits_{x \to x_0^-} f(x) = f(x_0)$，则称函数 $y = f(x)$ 在点 x_0 处左连续；

② 若 $\lim\limits_{x \to x_0^+} f(x) = f(x_0)$，则称函数 $y = f(x)$ 在点 x_0 处右连续.

定理 10 函数 $y = f(x)$ 在点 x_0 处连续的充要条件是 $f(x)$ 在 x_0 点既左连续又右连续.

该定理常用来判定分段函数在分段点处的连续性.

例 1 判断函数 $f(x) = \begin{cases} 2 - x, & x < 1 \\ x^2, & x \geqslant 1 \end{cases}$ 在 $x = 1$ 处是否连续.

解：

因为 $\lim\limits_{x \to 1^-} f(x) = \lim\limits_{x \to 1^-}(2 - x) = 1$，$\lim\limits_{x \to 1^+} f(x) = \lim\limits_{x \to 1^+} x^2 = 1$，而 $f(1) = 1$，所以 $f(x)$ 在 $x = 1$ 处连续.

定义 1.20 如果函数 $y = f(x)$ 在开区间 (a,b) 内每一点都连续，则称函数 $f(x)$ 在 (a,b) 内连续；如果函数 $y = f(x)$ 在开区间 (a,b) 内连续，且在左端点 a 处右连续，右端点 b 处左连续，则称函数 $f(x)$ 在闭区间 $[a,b]$ 上连续. 使函数 $f(x)$ 连续的区间叫作函数的连续区间.

2. 函数间断点及其分类

由定义可知，函数 $f(x)$ 在 x_0 点连续，必须同时满足下列三个条件：

(1) 函数 $f(x)$ 在 x_0 处有定义；

(2) $\lim\limits_{x \to x_0} f(x)$ 存在；

(3) $\lim\limits_{x \to x_0} f(x) = f(x_0)$.

如果上述三个条件中至少有一个不满足，则函数 $f(x)$ 在点 x_0 处不连续. 此时，称函数 $f(x)$ 在 x_0 点间断，点 x_0 称为间断点.

下面举例说明函数间断点的几种类型.

例 2 函数 $y = \dfrac{1}{x}$ 在 $x = 0$ 处没定义，所以 $x = 0$ 是函数 $y = \dfrac{1}{x}$ 的间断点. 因为 $\lim\limits_{x \to 0} \dfrac{1}{x} = \infty$，故称 $x = 0$ 为函数 $y = \dfrac{1}{x}$ 的无穷间断点，如图 1 - 13 所示.

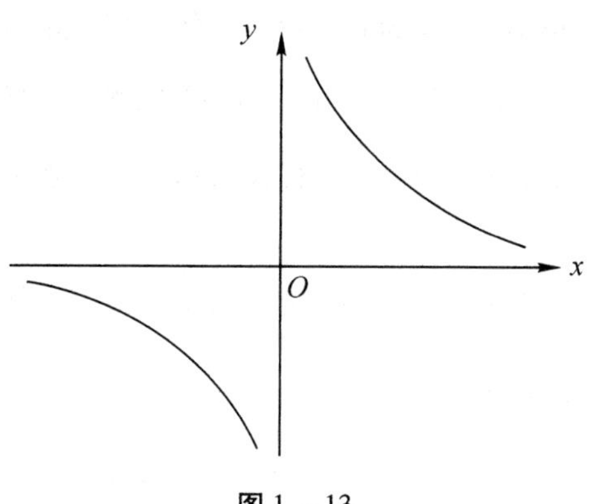

图 1 - 13

例 3　求函数 $f(x)=\begin{cases}x-1, & x<0\\ 0, & x=0\\ x+1, & x>0\end{cases}$ 的间断点.

解:

因为 $\lim\limits_{x\to 0^-}f(x)=\lim\limits_{x\to 0^-}(x-1)=-1$

$\lim\limits_{x\to 0^+}f(x)=\lim\limits_{x\to 0^+}(x+1)=1$

显然 $\lim\limits_{x\to 0^-}f(x)\neq\lim\limits_{x\to 0^+}f(x)$,故 $\lim\limits_{x\to 0}f(x)$ 不存在,所以 $x=0$ 为函数的间断点. 因函数的图像在 $x=0$ 处产生了一个跳跃,故称 $x=0$ 为函数的跳跃间断点,如图 1 - 14 所示.

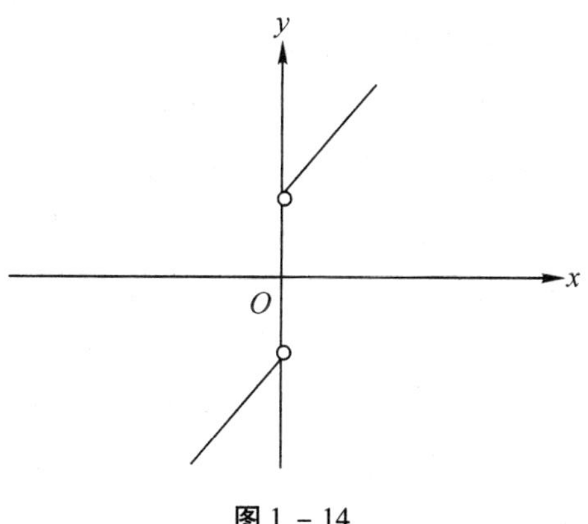

图 1 - 14

例 4　函数 $f(x)=\dfrac{1-x^2}{1-x}$ 在 $x=1$ 处没有定义,所以 $x=1$ 是 $f(x)$ 的间断点.

$\lim\limits_{x\to 1}f(x)=\lim\limits_{x\to 1}\dfrac{1-x^2}{1-x}=\lim\limits_{x\to 1}(1+x)=2$

如果补充条件 $f(1)=2$,则所给函数在 $x=1$ 处连续,所以称 $x=1$ 为该函数的可去间断点.

一般地,我们把间断点分为两类:

(1) 第一类间断点. 设 x_0 为 $f(x)$ 的间断点,如果左极限 $\lim\limits_{x\to x_0^-}f(x)$ 与右极限 $\lim\limits_{x\to x_0^+}f(x)$ 都存在,则称 x_0 为 $f(x)$ 的第一类间断点.

其中，若 $\lim\limits_{x \to x_0^-} f(x) = \lim\limits_{x \to x_0^+} f(x)$，即极限 $\lim\limits_{x \to x_0} f(x)$ 存在，则称间断点 x_0 为 $f(x)$ 的可去间断点；若 $\lim\limits_{x \to x_0^-} f(x) \neq \lim\limits_{x \to x_0^+} f(x)$，则称间断点 x_0 为 $f(x)$ 的跳跃间断点.

(2) 第二类间断点. 左极限 $\lim\limits_{x \to x_0^-} f(x)$ 与右极限 $\lim\limits_{x \to x_0^+} f(x)$ 至少有一个不存在的间断点，称为第二类间断点.

其中，若 $\lim\limits_{x \to x_0} f(x) = \infty$，则称间断点 x_0 为 $f(x)$ 的无穷间断点.

1.7.2 连续函数的运算法则

定理 11 （四则运算法则）如果函数 $f(x)$、$g(x)$ 在 x_0 点连续，则函数 $f(x) \pm g(x)$，$f(x) \cdot g(x)$，$\dfrac{f(x)}{g(x_0)}(g(x_0) \neq 0)$ 也在点 x_0 处连续.

该定理根据连续的概念和极限的运算法则很易证明，读者可自己证明.

由定理 11 容易得到：

(1) 多项式函数 $y = a_0x^n + a_1x^{n-1} + \cdots + a_{n-1}x + a_n$ 在 $(-\infty, +\infty)$ 内连续.

(2) 分式函数 $y = \dfrac{a_0x^n + a_1x^{n-1} + \cdots + a_{n-1}x + a_n}{b_0x^m + b_1x^{m-1} + \cdots + b_{m-1}x + b_m}$ 除分母为零的点外，函数在其他点都连续.

下面再给出连续函数的其他运算法则（这里均不作证明）.

定理 12 （复合函数的连续性） 如果函数 $u = g(x)$ 在点 x_0 处连续且 $g(x_0) = u_0$，而且函数 $y = f(u)$ 在点 u_0 处连续，则复合函数 $y = f[g(x)]$ 在点 x_0 处连续，即：

$$\lim_{x \to x_0} f[g(x)] = f[g(x_0)]$$

定理 13 （反函数的连续性）设函数 $y = f(x)$ 在某区间上连续，且单调增加（减少），则它的反函数 $y = f^{-1}(x)$ 在对应的区间上也连续且单调增加（减少）.

定理 14 （初等函数的连续性）初等函数在其定义区间上连续.

利用初等函数的连续性，可使极限运算简便化. 如果 x_0 是初等函数 $y = f(x)$ 定义域内的点，则 $\lim\limits_{x \to x_0} f(x) = f(x_0)$，即把极限运算转化为函数值的计算.

需要注意的是，分段函数在其定义区间上不一定连续，但可以证明当且仅当分段函数在其分段点连续时，函数是连续的.

例 5 已知函数 $f(x) = \begin{cases} \dfrac{\sin 2x}{x}, & x < 0, \\ (x+k)^2, & x \geqslant 0, \end{cases}$ 问 k 为何值时，$f(x)$ 在其定义域内连续.

解：

若 $f(x)$ 在定义域内连续，则 $f(x)$ 必在 $x = 0$ 处连续，因此必有：

$$\lim_{x \to 0^-} f(x) = f(0) = \lim_{x \to 0^+} f(x)$$

$$\lim_{x \to 0^-} \frac{\sin 2x}{x} = f(0) = k^2 = 2\lim_{x \to 0^-} \frac{\sin 2x}{2x} = 2$$

得：

$$k^2 = 2 \quad k = \pm\sqrt{2}$$

即当 $k = \pm\sqrt{2}$ 时，$f(x)$ 在其定义域内是连续的.

1.7.3　闭区间上连续函数的性质

闭区间上的连续函数具有很多特殊性质，这些性质在理论和应用上都有重要意义，但由于证明较难，这里仅给出结论，不予证明.

定理15　（有界性）若函数 $f(x)$ 在闭区间 $[a,b]$ 上连续，则 $f(x)$ 在 $[a,b]$ 上有界. 如图 1－15 所示.

一般来讲，开区间上的连续函数不一定有界，例如，函数 $y = \frac{1}{x}$ 在 $(0,1)$ 内无界.

定理16　（最值性）若函数 $f(x)$ 在闭区间 $[a,b]$ 上连续，则 $f(x)$ 在 $[a,b]$ 上必取得最大值和最小值. 也就是说，存在 $x_1, x_2 \in [a,b]$ 使 $f(x_1) = m, f(x_2) = M$，且对任意的 $x \in [a,b]$，都有 $m \leqslant f(x) \leqslant M$，如图 1－15 所示.

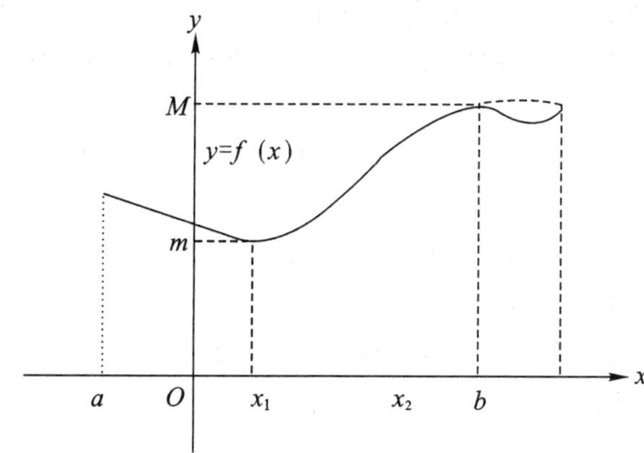

图 1－15

注意：开区间上的连续函数，不一定具有此性质.

定理17　（介值定理）若函数 $f(x)$ 在闭区间 $[a,b]$ 上连续，且 M 和 m 分别为 $f(x)$ 在闭区间 $[a,b]$ 上的最大值和最小值，则对于任何介于 m 与 M 之间的数 $c(m < c < M)$，在 (a,b) 内至少存在一点 ξ，使得 $f(\xi) = c$，如图 1－16 所示.

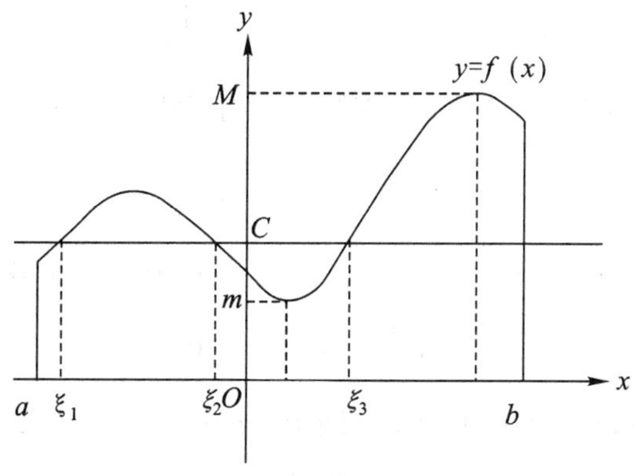

图 1－16

定理 18 （零点存在定理）若函数 $f(x)$ 在闭区间 $[a,b]$ 上连续，且 $f(a)\cdot f(b)<0$，则在 (a,b) 内至少存在一点 ξ，使得 $f(\xi)=0$，如下图 1－17 所示.

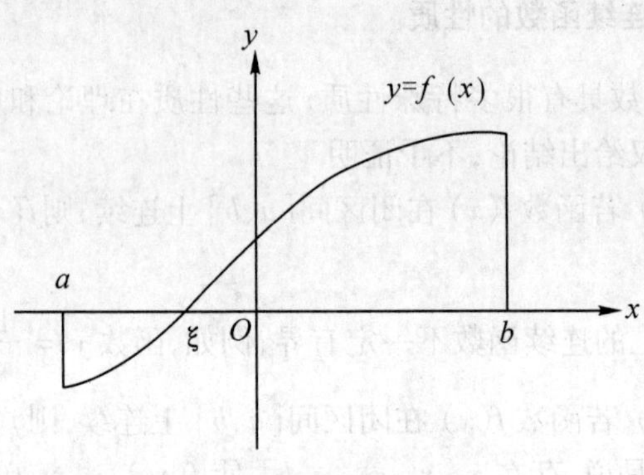

图 1－17

零点存在定理说明，如果 $f(x)$ 在闭区间 $[a,b]$ 上满足上述条件，则方程 $f(x)=0$ 在 (a,b) 内至少存在一个实根. 因此，可以用零点定理证明一个方程的根的存在性及判断根的所在范围.

例 6 证明方程 $e^{3x}-x-2=0$ 在 $(0,1)$ 内至少有一个实根.

证明：

令 $f(x)=e^{3x}-x-2$，$f(x)$ 在 $[0,1]$ 上连续. 又：

$$f(0)=-1<0,\qquad f(1)=e^3-3>0.$$

由零点存在定理可知，在 $(0,1)$ 内至少存在一点 ξ，使得 $f(\xi)=e^{3\xi}-\xi-2=0$.

即方程 $e^{3x}-x=2$ 在 $(0,1)$ 内至少有一个实根.

习题 1.7

1. 求下列函数的间断点，并指出它们的类型：

(1) $f(x)=\dfrac{1}{(x+2)^2}$； (2) $f(x)=\dfrac{\sin x}{x}$； (3) $f(x)=\dfrac{x^2-1}{x^2-3x+2}$；

(4) $f(x)=\begin{cases}\dfrac{1-x^2}{1-x}, & x\neq 1,\\ 0, & x=1;\end{cases}$ (5) $f(x)=\begin{cases}0, & x<1,\\ 2x+1, & 1\leqslant x<2,\\ 1+x^2, & 2\leqslant x.\end{cases}$

2. 讨论函数 $f(x)=\lim\limits_{n\to\infty}\dfrac{1-x^{2n}}{1+x^{2n}}x$ 的连续性，若有间断点，判断其类型.

3. k 为何值时，函数 $f(x)=\begin{cases}\dfrac{\sin x}{x}, & x<0,\\ k, & x=0,\\ x\sin\dfrac{1}{x}+1, & x>0,\end{cases}$ 在其定义域内连续.

4. 证明：方程 $x^5-3x=1$ 在 1 与 2 之间至少存在一个实数根.

5. 证明：方程 $\sin x+x+1=0$ 在 $\left(-\dfrac{\pi}{2},\dfrac{\pi}{2}\right)$ 内至少有一个实根.

习题一

一、单项选择题

1. 下列各组函数中,表示同一函数的是(　　).

A. $f(x)=\sqrt{x^2},g(x)=(\sqrt{x})^2$　　B. $f(x)=x^2,g(x)=(x+2)^2$

C. $f(x)=x,g(x)=|x|$　　D. $f(x)=\frac{(\sqrt{x})^2}{x},g(x)=\frac{x}{(\sqrt{x})^2}$

2. 下列区间中,使 $f(x)=\lg(x-1)$ 有界的区间是(　　).

A. $(1,2)$　　B. $(2,3)$　　C. $(1,+\infty)$　　D. $(2,+\infty)$

3. 下列函数中为偶函数的是(　　).

A. $\frac{\cos x}{x}$　　B. $\frac{10^x-10^{-x}}{2}$　　C. $x^2+\cos x$　　D. $\frac{e^x-1}{e^x+1}$

4. 下列数列发散的是(　　).

A. $\left\{\frac{(-1)^n}{n}\right\}$　　B. $\left\{1-\frac{(-1)^n}{n}\right\}$　　C. $\left\{\frac{1}{n}-(-1)^n\right\}$　　D. $\left\{\frac{(-1)^n}{3^n}\right\}$

5. 下列数列收敛的是(　　).

A. $\left\{\frac{(n+1)^3}{n^2-1}\right\}$　　B. $\left\{\frac{3n+1}{n^2-1}\right\}$　　C. $\left\{\frac{n^3+1}{n^2-1}\right\}$　　D. $\left\{\frac{3^n+1}{n^2-1}\right\}$

6. 下列极限存在的是(　　).

A. $\lim\limits_{x\to\infty}\frac{x(x+1)}{x^3+2}$　　B. $\lim\limits_{x\to0}\frac{1}{1-\cos x}$　　C. $\lim\limits_{x\to+\infty}\frac{5^x}{2^x+3^x}$　　D. $\lim\limits_{x\to+\infty}\sqrt{\frac{x^2+1}{3x+5}}$

7. 下列极限存在的是(　　).

A. $\lim\limits_{x\to+\infty}\frac{x}{\sin x}$　　B. $\lim\limits_{x\to0}\frac{x}{\sin x}$　　C. $\lim\limits_{x\to\infty}\frac{1}{x\sin x}$　　D. $\lim\limits_{x\to0}\frac{1}{x}\sin\frac{1}{x}$

8. $\lim\limits_{x\to1}\frac{\sin(x^2-1)}{x-1}=$(　　).

A. 1　　B. 0　　C. 2　　D. $\frac{1}{2}$

9. “函数 $f(x)$ 在点 $x=x_0$ 处有定义”是“当 $x\to x_0$ 时 $f(x)$ 有极限的”(　　).

A. 必要条件　　B. 充分条件　　C. 充要条件　　D. 无关条件

10. 若 $\lim\limits_{x\to a}f(x)=0,\lim\limits_{x\to a}g(x)=0$,则下列结论中不正确的是(　　).

A. $\lim\limits_{x\to a}[f(x)+g(x)]=0$　　B. $\lim\limits_{x\to a}[f(x)-g(x)]=0$

C. $\lim\limits_{x\to a}[f(x)\cdot g(x)]=0$　　D. $\lim\limits_{x\to a}\frac{f(x)}{g(x)}=0$

11. 若 $\lim\limits_{x\to a}f(x)=\infty,\lim\limits_{x\to a}g(x)=\infty$,则下列结论中正确的是(　　).

A. $\lim\limits_{x\to a}[f(x)+g(x)]=\infty$　　B. $\lim\limits_{x\to a}[f(x)-g(x)]=\infty$

C. $\lim\limits_{x\to a}[f(x)\cdot g(x)]=\infty$　　D. $\lim\limits_{x\to a}\frac{f(x)}{g(x)}=\infty$

12. 当 $x \to 0^+$ 时，与 x 等价的无穷小量是(　　).

A. $\ln(1+x)$　　　　B. $\frac{\sin x}{\sqrt{x}}$

C. $x^2(x+1)$　　　　D. $\sqrt{1+2x}-\sqrt{1-x}$

13. 若 $\frac{1}{ax^2+bx+c} \sim \frac{1}{x+1}(x \to \infty)$，则 a、b、c 之值分别为(　　).

A. $a=0, b=1, c=1$　　　　B. $a=0, b=1, c$ 为任意常数

C. $a=0, b, c$ 为任意常数　　　　D. a, b, c 均为任意常数

二、填空题

1. 满足 $|x+3|<2$ 的全体实数，称为以______为中心，______为半径的邻域.

2. 若 $f(x)=\frac{1}{x^2-1}, g(x)=x+1$，则 $f[g(x)]=$______.

3. 函数 $y=10^{x-1}-2$ 的反函数是______.

4. 若函数 $f\left(x-\frac{1}{x}\right)=x^2+\frac{1}{x^2}$，则函数 $f(x+1)=$______.

5. 在"充分""必要""充要"和"无关"四者中选择一个正确的填入下列空格内：

(1) 数列 $\{x_n\}$ 有界是其收敛的______条件，数列 $\{x_n\}$ 收敛是其有界的______条件；

(2) 函数 $f(x)$ 在点 x_0 的某去心邻域内有界是极限 $\lim\limits_{x \to x_0} f(x)$ 存在的______条件，极限 $\lim\limits_{x \to x_0} f(x)$ 存在是函数 $f(x)$ 在点 x_0 处有定义的______条件；

(3) 函数 $f(x)$ 在点 x_0 的某去心邻域内无界是 $\lim\limits_{x \to x_0} f(x)=\infty$ 的______条件，$\lim\limits_{x \to x_0} f(x)=\infty$ 是函数 $f(x)$ 在点 x_0 的某去心邻域内无界的______条件；

(4) 当 $x \to x_0$ 时，左极限 $f(x_0-0)$ 与右极限 $f(x_0+0)$ 都存在且相等是极限 $\lim\limits_{x \to x_0} f(x)$ 存在的______条件.

6. $\lim\limits_{n \to \infty} \frac{3n-\sin n}{2n+\cos n}=$______.

7. $\lim\limits_{n \to \infty} (\sqrt{n+2}-\sqrt{n})\sqrt{n-1}=$______.

8. $\lim\limits_{x \to +\infty} (\sqrt{x^2+x}-x)=$______.

9. $\lim\limits_{x \to \infty} \left(1+\frac{2}{x}\right)^{2x}=$______.

10. $\lim\limits_{x \to \infty} \left(\frac{x-1}{x+1}\right)^x=$______.

11. 若 $\lim\limits_{x \to 3} \frac{x^2-2x+k}{x-3}=4$，则 $k=$______.

12. 函数 $f(x)=\frac{2x+1}{x^2-1}$ 当 $x \to$______时是无穷大量，当 $x \to$______时是无穷小量.

13. $\lim\limits_{x \to \infty} \frac{1}{x}\arctan x=$______.

14. $\lim\limits_{x\to 1}\ln x\cdot\sin\dfrac{1}{x-1}=$ ________.

15. 要使$f(x)=\dfrac{\sqrt{1+x}-\sqrt{1-x}}{x}$在点$x=0$处连续,则应补充定义$f(0)=$ ______.

三、解答题

1. 解下列不等式:

(1) $x^2\leqslant 25$;　(2) $x^2>9$;　(3) $1<(x-1)^2<4$;　(4) $2<\dfrac{1}{|x|}<4$.

2. 确定下列函数的定义域:

(1) $y=\sqrt{5x+8}$;　(2) $y=\dfrac{1}{x^2-3x+2}$;　(3) $y=\arccos\dfrac{2x-1}{3}$;

(4) $y=\ln(x^2-2x)$;　(5) $y=\sqrt{\ln\dfrac{5x-x^2}{4}}$;　(6) $y=\dfrac{\arcsin\dfrac{2x-1}{7}}{\sqrt{x^2-x-6}}$.

3. 设函数$f(x)$的定义域为$[0,6]$,求函数$g(x)=f(x+2)+f(2x-6)$的定义域.

4. 判断下列各对函数是否相同,并说明理由:

(1) $y=\dfrac{(x-2)^2}{x-2}$,$y=x+2$;　(2) $y=\ln x^2$,$y=2\ln x$;

(3) $y=\ln x^3$,$y=3\ln x$;　(4) $y=\ln(x^2-1)$,$y=\ln(x+1)+\ln(x-1)$.

5. 判断下列函数的奇偶性:

(1) $f(x)=\dfrac{\sin x}{x}+\cos x$;　(2) $f(x)=\ln(\sqrt{1+x^2}-x)$;

(3) $f(x)=\dfrac{a^{-x}-a^x}{a^{-x}+a^x}$;　(4) $F(x)=f(x)+f(-x)\ (x\in R)$.

6. 用极限定义证明下列极限:

(1) $\lim\limits_{n\to\infty}\dfrac{\sin n}{\sqrt{n}}=0$;　(2) * $\lim\limits_{x\to 1}\dfrac{x-1}{x^2-1}=\dfrac{1}{2}$.

7. 证明下列数列收敛:

(1) $x_n=\dfrac{n}{2n^2+1}+\dfrac{n}{2n^2+2}+\cdots+\dfrac{n}{2n^2+n}\ (n=1,2,\cdots)$;

(2) $x_n=1+\dfrac{1}{2^2}+\dfrac{1}{3^2}+\cdots+\dfrac{1}{n^2}\ (n=1,2,\cdots)$.

8. 计算下列数列的极限:

(1) $\lim\limits_{n\to\infty}\dfrac{n^2+2n-1}{5n^3+1}$;　(2) $\lim\limits_{n\to\infty}[\ln(2n^2-n+1)-2\ln n]$;

(3) $\lim\limits_{n\to\infty}n[\ln(n+2)-\ln n]$;　(4) $\lim\limits_{n\to\infty}\left(\dfrac{1}{n^2}+\dfrac{3}{n^2}+\cdots+\dfrac{2n-1}{n^2}\right)$;

(5) $\lim\limits_{n\to\infty}\left[\dfrac{1}{1\times 2}+\dfrac{1}{2\times 3}+\dfrac{1}{3\times 4}+\cdots+\dfrac{1}{n(n+1)}\right]$.

9. 证明:若$a>0$且$a\neq 1$,则$a^x-1\sim x\ln a\ (x\to 0)$.

10. 计算下列函数的极限：

(1) $\lim\limits_{x\to 0}\dfrac{x^2-1}{x^2+x-2}$；　(2) $\lim\limits_{x\to 1}\dfrac{x^2-1}{x^2+x-2}$；　(3) $\lim\limits_{x\to\infty}\dfrac{x^2-1}{x^2+x-2}$；

(4) $\lim\limits_{x\to+\infty}\dfrac{\sqrt{x^2+2x}-\sqrt{x-1}}{2x}$；　(5) $\lim\limits_{x\to\infty}\dfrac{x\cos\sqrt{x}}{1+x^2}$.

11. 利用两个重要极限计算下列函数的极限：

(1) $\lim\limits_{x\to 0}\dfrac{\tan x^2-x\sin x}{x^2}$；　(2) $\lim\limits_{x\to 2}\dfrac{\tan(x-2)}{x^2-4}$；　(3) $\lim\limits_{x\to\infty}x^2\left(1-\cos\dfrac{1}{x}\right)$；

(4) $\lim\limits_{x\to\infty}\left(\dfrac{x-1}{x}\right)^{3x}$；　(5) $\lim\limits_{x\to 1}x^{\frac{1}{1-x}}$；　(6) $\lim\limits_{x\to\infty}\left(\dfrac{x+1}{x-1}\right)^{x}$；

(7) $\lim\limits_{x\to\infty}\left(\dfrac{5x+3}{5x+1}\right)^{x}$；　(8) $\lim\limits_{x\to 0}(1-\sin x)^{\frac{1}{x}}$；　(9) $\lim\limits_{x\to 0}\dfrac{\ln(1+3x)}{\sin 2x}$；

12. 利用等价代换定理计算下列函数的极限：

(1) $\lim\limits_{x\to 0}\dfrac{\sin 5x}{\arctan 3x}$；　(2) $\lim\limits_{x\to 0}\dfrac{\tan 2x}{x^2-x}$；　(3) $\lim\limits_{x\to 0}\dfrac{\sqrt[5]{1-2x}-1}{\ln(1-x)}$；

(4) $\lim\limits_{x\to 0}\dfrac{\arctan x^2}{e^{3x^2}-1}$；　(5) $\lim\limits_{x\to 0}\dfrac{\arctan 2x\ln(1+x^2)}{\sin x^3}$.

13. 证明：极限$\lim\limits_{x\to 0}\dfrac{|x|}{x}$不存在.

14. 若$\lim\limits_{x\to-\infty}\left(\dfrac{x^2+x+1}{x-1}-ax-b\right)=0$，求 a、b 的值.

15. 求函数$f(x)=\dfrac{x}{\sin x}$的间断点，并指出间断点的类别.

16. k 为何值时，函数$f(x)=\begin{cases}e^x, & x<0\\ k+x, & x\geqslant 0\end{cases}$在其定义域内连续.

17. 证明：方程 $e^x-2=x$ 在开区间$(1,2)$内至少有一个实根.

18. 证明：若函数$f(x)$在闭区间$[a,b]$上连续且$f(a)<a$，$f(b)>b$，则在(a,b)内至少存在一点ξ，使得$f(\xi)=\xi$（注：称ξ为函数$f(x)$在开区间(a,b)内的不动点）.

第二章
导数与微分

本章在学习了函数与极限的基础上,我们来研究微分学中的两个重要概念——导数与微分.导数与微分是微分学的主要内容,也是在自然科学和工程技术中经常遇到的问题.导数与微分是两个密切相关的概念,必须理解透彻,牢固掌握,为今后的学习打好基础.

2.1　导数的概念

2.1.1　导数概念的引例

我们在解决实际问题时,经常要研究变量变化的快慢程度,例如,物体运动的速度、劳动生产率、国民经济发展的速度等等,这类问题归结到数学上,就是变化率的问题.只有学了导数以后,才能更好地认识这些量的变化情况.下面通过两个实际问题来了解导数的概念.

1. 变速直线运动的瞬时速度

当物体作变速直线运动时,它在不同时刻的运动速度是不同的.物理学中把物体在某一时刻的速度称为瞬时速度.若物体作变速直线运动,则物体运动的路程 s 是时间 t 的函数,即 $s=f(t)$,如图 2－1 所示.

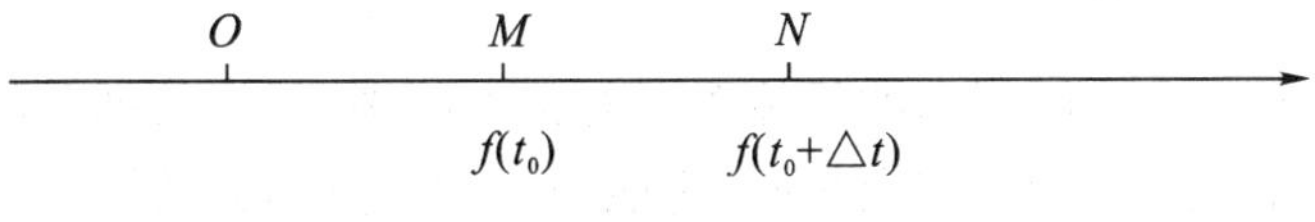

图 2－1

设物体从 t_0 时刻运动到 $t_0+\triangle t$ 时刻的时间间隔内所经过的路程为 $\triangle s$,则 $\triangle s=f(t_0+\triangle t)-f(t_0)$,物体在 $\triangle t$ 内的平均速度 $\bar{\nu}$ 为:

$$\bar{\nu}=\frac{\triangle s}{\triangle t}=\frac{f(t_0+\triangle t)-f(t_0)}{\triangle t}$$

很明显,当 $\triangle t$ 很小时,物体在这段时间内速度变化很小,我们可以用 $\bar{\nu}=\dfrac{\triangle s}{\triangle t}$ 近似地表示物体在时刻 t_0 的速度,$\triangle t$ 越小,近似程度就越高.当 $\triangle t\to 0$,即 $\bar{\nu}\to\nu_0$ 时,平均速度 $\bar{\nu}$ 的极限就是物体在时刻 t_0 的瞬时速度 ν_0,即:

$$\nu_0 = \lim_{\Delta t \to 0} \frac{\Delta s}{\Delta t} = \lim_{\Delta t \to 0} \frac{f(t_0 + \Delta t) - f(t_0)}{\Delta t}$$

2. 平面曲线的切线斜率

一般曲线的切线定义如下,设点 $P_0(x_0, y_0)$ 为曲线 $y = f(x)$ 上一定点,任取与 P_0 邻近的一点 $P(x_0 + \Delta x, y_0 + \Delta y)$,作割线 P_0P,当点 P 沿着曲线逐渐向点 P_0 靠近时,割线 P_0P 逐渐趋近于曲线在点 P_0 的极限位置 P_0T,则称直线 P_0T 为曲线 $y = f(x)$ 在点 P_0 处的切线,如图 2 - 2 所示.

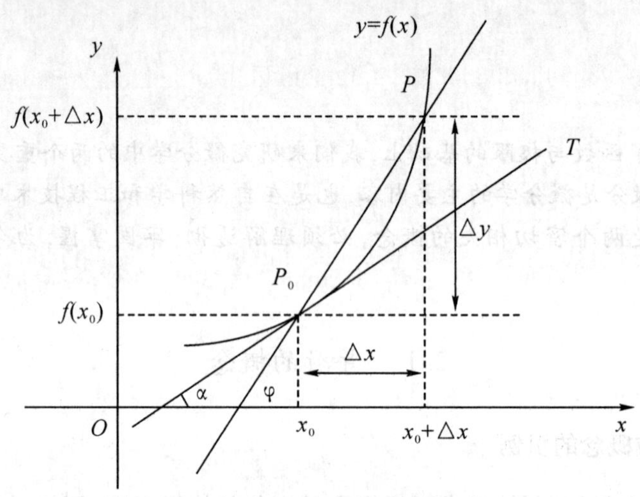

图 2 - 2

设割线 P_0P 的倾斜角为 φ,切线 P_0T 的倾斜角为 α,则割线 P_0P 斜率为:

$$\tan\varphi = \frac{\Delta y}{\Delta x} = \frac{f(x_0 + \Delta x) - f(x_0)}{\Delta x}$$

显然,$\Delta x \to 0 \Rightarrow$ 点 $P \to$ 点 $P_0 \Rightarrow$ 直线 $P_0P \to$ 直线 $P_0T \Rightarrow \varphi \to \alpha \Rightarrow \tan\varphi \to \tan\alpha$,因此有:

$$\tan\alpha = \lim_{\Delta x \to 0} \tan\varphi = \lim_{\Delta x \to 0} \frac{\Delta y}{\Delta x} = \lim_{\Delta x \to 0} \frac{f(x_0 + \Delta x) - f(x_0)}{\Delta x} \quad (\alpha \neq \frac{\pi}{2})$$

可以看出,上面两个实际问题的具体含义有很大区别,但从其抽象的数量关系来看却是一样的,它们的数学结构也完全相同,都能归纳为计算函数的增量与自变量增量之比在自变量的增量趋于零时的极限. 这类极限在实际问题中经常遇到,在数学中将这类极限称为函数的导数.

定义 2.1 设函数 $y = f(x)$ 在点 x_0 处及其某个邻域内有定义,当自变量 x 在 x_0 处取得增量 $\Delta x(\Delta x \neq 0)$ 时,函数 $f(x)$ 相应的增量为 $\Delta y = f(x_0 + \Delta x) - f(x_0)$,如果极限 $\lim\limits_{\Delta x \to 0} \dfrac{f(x_0 + \Delta x) - f(x_0)}{\Delta x}$ 有了导数的概念,对于变速直线运动在 t_0 时刻的瞬时速度,可以表示为 $\nu_0 = f'(t_0)$;对于平面曲线的切线斜率,可以表示为 $k = \tan\alpha = f'(x_0)(\alpha \neq \dfrac{\pi}{2})$. 这里 $\dfrac{\Delta y}{\Delta x} = \dfrac{f(x_0 + \Delta x) - f(x_0)}{\Delta x}$ 表示自变量 x 从 x_0 变到 $x_0 + \Delta x$ 时函数 $f(x)$ 的平均变化

速度,也称为函数的平均变化率;而导数 $f'(x_0)=\lim\limits_{\Delta x\to 0}\dfrac{\Delta y}{\Delta x}$ 反映的是函数在点 x_0 处的变化速度,称为函数在点 x_0 处的变化率,它们在经济问题中均有重要运用.

定义 2.2　若函数 $y=f(x)$ 在 $x\in(a,b)$ 内每一点 x 处都可导,则称 $y=f(x)$ 在 (a,b) 内可导,这时对于 (a,b) 内的每一个 x 值,都有唯一确定的导数值 $f'(x)$ 与之对应,因此,导数值 $f'(x)$ 是一个随 x 变化的函数,称为 x 的导函数,简称导数. 记为:

$$y',\quad f'(x),\quad \frac{\mathrm{d}y}{\mathrm{d}x},\quad 或\quad \frac{\mathrm{d}f(x)}{\mathrm{d}x}$$

即:

$$f'(x)=\lim_{\Delta x\to 0}\frac{f(x+\Delta x)-f(x)}{\Delta x}$$

在通常情况下,如果不特别说明,求函数的导数都是指求函数的导函数. 容易知道,利用导数定义求函数的导数的方法可以概括为以下 3 个步骤:

(1) 求函数增量.

$$\Delta y=f(x+\Delta x)-f(x)$$

(2) 算比值.

$$\frac{\Delta y}{\Delta x}=\frac{f(x+\Delta x)-f(x)}{\Delta x}$$

(3) 求极限.

$$y'=f'(x)=\lim_{\Delta x\to 0}\frac{f(x+\Delta x)-f(x)}{\Delta x}$$

下面举例说明求函数导数的方法.

例 1　求函数 $y=x^2$ 的导数.

解:

(1) 求增量.

$$\Delta y=(x+\Delta x)^2-x^2=2x\Delta x+(\Delta x)^2$$

(2) 算比值.

$$\frac{\Delta y}{\Delta x}=\frac{(x+\Delta x)^2-x^2}{\Delta x}=\frac{2x\Delta x+(\Delta x)^2}{\Delta x}=2x+\Delta x$$

(3) 求极限.

$$y'=\lim_{\Delta x\to 0}\frac{\Delta y}{\Delta x}=\lim_{\Delta x\to 0}(2x+\Delta x)=2x,\text{即}$$

$$(x^2)'=2x$$

例 2　求函数 $y=\sqrt{x}$ 的导数.

解:

$$y'=\lim_{\Delta x\to 0}\frac{\Delta y}{\Delta x}=\lim_{\Delta x\to 0}\frac{\sqrt{x+\Delta x}-\sqrt{x}}{\Delta x}=\lim_{\Delta x\to 0}\frac{1}{\sqrt{x+\Delta x}+\sqrt{x}}=\frac{1}{2\sqrt{x}},\quad \text{即}$$

$$(\sqrt{x})'=(x^{\frac{1}{2}})=\frac{1}{2}x^{-\frac{1}{2}}$$

一般地,对于幂函数 $y=x^{\alpha}$(α 为常数)有:

$$(x^{\alpha})'=\alpha x^{\alpha-1}$$

这就是幂函数的求导公式.

例 3　利用上述公式,求下列函数的导数.

(1) $y = x^{10}$　　(2) $y = \frac{1}{x}$　　(3) $y = \sqrt[4]{x^3}$

解:

(1) $y' = (x^{10})' = 10x^9$

(2) $y' = (\frac{1}{x})' = (x^{-1})' = -\frac{1}{x^2}$

(3) $y' = (\sqrt[4]{x^3})' = (x^{\frac{3}{4}})' = \frac{3}{4}x^{-\frac{1}{4}}$

例 4　求 $f(x) = c$(c 为常数)的导数.

解:

$$f'(x) = \lim_{\Delta x \to 0} \frac{f(x + \Delta x) - f(x)}{\Delta x} = \lim_{\Delta x \to 0} \frac{c - c}{\Delta x} = 0$$

即:

$$(c)' = 0$$

例 5　求函数 $y = \ln x$ 的导数.

解:

$$\Delta y = \ln(x + \Delta x) - \ln x = \ln(1 + \frac{\Delta x}{x})$$

$$\frac{\Delta y}{\Delta x} = \frac{1}{\Delta x}\ln(1 + \frac{\Delta x}{x}) = \frac{1}{x}\ln(1 + \frac{\Delta x}{x})^{\frac{x}{\Delta x}}$$

所以:

$$y' = \lim_{\Delta x \to 0} \frac{\Delta y}{\Delta x} = \lim_{\Delta x \to 0} \frac{1}{x}\ln(1 + \frac{\Delta x}{x})^{\frac{x}{\Delta x}} = \frac{1}{x}\ln e = \frac{1}{x}$$

即:

$$(\ln x)' = \frac{1}{x}$$

例 6　已知 $f(x) = \sin x$,求 $f'(x)$ 和 $f'(\frac{\pi}{3})$.

解:

$$\Delta y = \sin(x + \Delta x) - \sin(x)$$

$$f'(x) = \lim_{\Delta x \to 0} \frac{\Delta y}{\Delta x} = \lim_{\Delta x \to 0} \frac{\sin(x + \Delta x) - \sin x}{\Delta x} = \lim_{\Delta x \to 0} \frac{2\cos(x + \frac{\Delta x}{2}) \cdot \sin\frac{\Delta x}{2}}{\Delta x}$$

$$= \lim_{\Delta x \to 0} \frac{\sin(\frac{\Delta x}{2})}{\frac{\Delta x}{2}} \cdot \lim_{\Delta x \to 0} \cos(x + \frac{\Delta x}{2}) = \cos x$$

因此:

$$(\sin x)' = \cos x$$

所以:

$$f'\left(\frac{\pi}{3}\right) = \cos\frac{\pi}{3} = \frac{1}{2}$$

类似的可得：$(\cos x)' = -\sin x$

由例 6 可以看出，求 $f'(x_0)$ 时，就应先求出导函数 $f'(x)$.

2.1.2　导数的几何意义

由曲线切线斜率的讨论及导数定义可知，函数 $y = f(x)$ 在 x_0 处的导数 $f'(x_0)$ 就是曲线 $y = f(x)$ 在点 $P_0(x_0, y_0)$ 处的切线 P_0T 的斜率（如图 2－2 所示），即：

$$f'(x_0) = \tan\alpha \qquad \left(\alpha \neq \frac{\pi}{2}\right)（\alpha 为切线的倾斜角）$$

这就是导数的几何意义.

显然，若 $f'(x_0)$ 存在，则曲线 $y = f(x)$ 在点 $P_0(x_0, y_0)$ 处的切线方程为：

$$y - y_0 = f'(x_0)(x - x_0)$$

过切点 $P_0(x_0, y_0)$ 且与切线垂直的直线称为曲线 $y = f(x)$ 在点 $P_0(x_0, y_0)$ 处的法线.

若 $f'(x_0) \neq 0$，则过点 $P_0(x_0, y_0)$ 处的法线方程为：

$$y - y_0 = -\frac{1}{f'(x_0)}(x - x_0)$$

例 7　求曲线 $y = \dfrac{1}{x}$ 在点 $(1,1)$ 处的切线方程与法线方程.

解：

因为 $y' = -\dfrac{1}{x^2}$，

所以：

$$y'\big|_{x=1} = -1$$

所求的切线方程为：

$$y - 1 = -1 \cdot (x - 1)$$

即：

$$x + y - 2 = 0$$

所求的法线方程为：

$$y - 1 = -\frac{1}{-1}(x - 1)$$

即：

$$x - y = 0$$

2.1.3　左、右导数

定义 2.3　设函数 $y = f(x)$ 在点 x_0 的某个邻域内有定义，如果 $\lim\limits_{\Delta x \to 0^-} \dfrac{\Delta y}{\Delta x}$ 存在，则称为 $f(x)$ 在点 x_0 处的左导数存在；如果 $\lim\limits_{\Delta x \to 0^+} \dfrac{\Delta y}{\Delta x}$ 存在，则称为 $f(x)$ 在点 x_0 处的右导数存在，分别记为 $f'_-(x_0)$ 和 $f'_+(x_0)$，即：

$$f'_-(x_0) = \lim_{\Delta x \to 0^-} \frac{\Delta y}{\Delta x}, \quad f'_+(x_0) = \lim_{\Delta x \to 0^+} \frac{\Delta y}{\Delta x}$$

易知,函数在点 x_0 处可导的充分必要条件是当且仅当函数在点 x_0 处的左、右导数都存在并且相等. 若有 $f(x)$ 在开区间 (a,b) 内可导,且存在 $f'_+(a)$ 与 $f'_-(b)$,则称函数 $f(x)$ 在 $[a,b]$ 上可导.

2.1.4 可导与连续的关系

设 $y = f(x)$ 在点 $x = x_0$ 处可导,则 $\lim\limits_{\Delta x \to 0} \frac{\Delta y}{\Delta x} = f'(x_0)$,此时:

$$\lim_{\Delta x \to 0} \Delta y = \lim_{\Delta x \to 0} \frac{\Delta y}{\Delta x} \cdot \Delta x = \lim_{\Delta x \to 0} \frac{\Delta y}{\Delta x} \cdot \lim_{\Delta x \to 0} \Delta x = f'(x_0) \lim_{\Delta x \to 0} \Delta x = 0$$

这说明:若 $y = f(x)$ 在 $x = x_0$ 处可导,则 $y = f(x)$ 在 $x = x_0$ 处一定连续;若 $y = f(x)$ 在点 $x = x_0$ 处连续,则 $y = f(x)$ 在 $x = x_0$ 不一定可导.

例 8 设 $f(x) = |x| = \begin{cases} -x, & x < 0, \\ x, & x \geqslant 0, \end{cases}$ 判断 $f(x)$ 在点 $x = 0$ 处的连续性与可导性.

解:

(1) 讨论 $f(x)$ 在点 $x = 0$ 处的连续性:

$$\lim_{x \to 0^-} f(x) = \lim_{x \to 0^-} |x| = \lim_{x \to 0^-} (-x) = 0$$

$$\lim_{x \to 0^+} f(x) = \lim_{x \to 0^+} |x| = \lim_{x \to 0^+} x = 0$$

又 $f(0) = 0$,于是得:

$$\lim_{x \to 0} f(x) = f(0) = 0$$

所以,函数 $y = f(x)$ 在点 $x = 0$ 处是连续的.

(2) 讨论 $f(x)$ 在点 $x = 0$ 处的可导性:

因为:

$$f'_-(0) = \lim_{x \to 0^-} \frac{\Delta y}{\Delta x} = -1, f'_+(0) = \lim_{x \to 0^+} \frac{\Delta y}{\Delta x} = 1$$

所以:

$$f'_-(0) \neq f'_+(0)$$

即 $f'(0)$ 不存在,故 $f(x) = |x|$ 在点 $x = 0$ 处不可导,如图 2-3 所示.

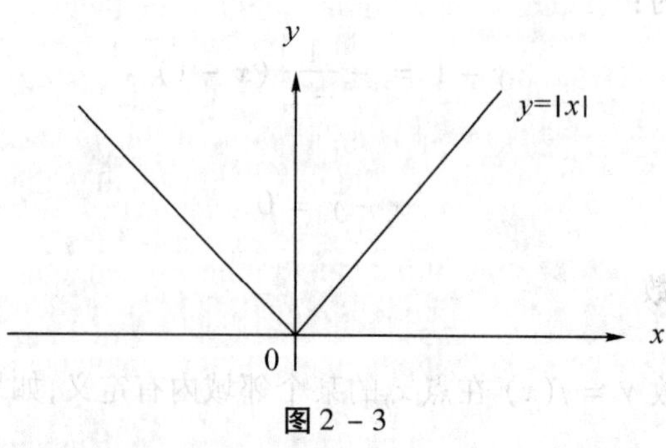

图 2-3

综上所述,函数 $f(x)$ 连续是可导的必要条件,即函数可导一定连续,但连续函数不一定可导. 根据这个结论,我们立即可以推得,函数在某点 x_0 不连续,则函数在该点一定不可导.

例 9　a,b 取得何值时，函数 $f(x)=\begin{cases}1+x, & x\leqslant 0\\ x^2+ax+b, & x>0\end{cases}$ 在点 $x=0$ 处可导？

解：

若 $f(x)$ 在 $x=0$ 处可导，其必要条件是 $f(x)$ 在 $x=0$ 处连续，即

$$\lim_{x\to 0^+}f(x)=\lim_{x\to 0^-}f(x)=f(0)$$

而 $f(0)=1$，即：

$$\lim_{x\to 0^-}f(x)=\lim_{x\to 0^-}(1+x)=1$$

$$\lim_{x\to 0^+}f(x)=\lim_{x\to 0^+}(x^2+ax+b)=b=1$$

又因 $f(x)$ 在 $x=0$ 处可导，故必有 $f'_-(0)=f'_+(0)$，因此有：

$$f'_-(0)=\lim_{x\to 0^-}\frac{f(x)-f(0)}{x}$$

$$=\lim_{x\to 0^-}\frac{1+x-1}{x}=1$$

$$f'_+(0)=\lim_{x\to 0^+}\frac{f(x)-f(0)}{x}$$

$$=\lim_{x\to 0^+}(x+a)=a$$

故：

$$a=1$$

得：

$$a=1,b=1$$

因此，当 $a=1,b=1$ 时，函数 $f(x)$ 在 $x=0$ 处可导.

例 10　求常数 a,b 使得 $f(x)=\begin{cases}e^x, & x\geqslant 0\\ ax+b, & x<0\end{cases}$ 在 $x=0$ 点可导.

解：

若使 $f(x)$ 在 $x=0$ 点可导，必使之连续，故：

$$\lim_{x\to 0^+}f(x)=\lim_{x\to 0^-}f(x)=f(0)\Rightarrow e^0=a\cdot 0+b\Rightarrow b=1.$$

又若使 $f(x)$ 在 $x=0$ 点可导，必使之左右导数存在，且相等，由函数知，左右导数是存在的，且：

$$f'_-(0)=\lim_{x\to 0^-}\frac{(ax+b)-e^0}{x-0}=a$$

$$f'_+(0)=\lim_{x\to 0^+}\frac{e^x-e^0}{x-0}=e^0=1$$

所以若有 $a=1$，则 $f'_-(0)=f'_+(0)$，此时 $f(x)$ 在 $x=0$ 点可导，所以所求常数为 $a=b=1$.

习题 2.1

1. 用导数定义求函数 $y=f(x)=\begin{cases}x^2\sin\dfrac{1}{x}, & x\neq 0\\ 0, & x=0\end{cases}$ 在点 $x_0=0$ 处的导数.

2. 用导数定义求下列函数的导数：

(1) $f(x) = 2x^2 - 3$； (2) $f(x) = \frac{1}{x^2}(x \neq 0)$.

3. 求下列函数的导数：

(1) $y = x^{12}$； (2) $y = x^{3.02}$； (3) $y = x\sqrt[3]{x^2}$； (4) $y = \frac{1}{\sqrt{x}}$； (5) $y = \frac{x\sqrt{x}}{\sqrt[3]{x}}$.

4. 求曲线 $y = f(x) = \frac{1}{x}$ 在点(1,1) 处的切线方程和法线方程.

5. 求立方抛物线 $y = x^3$ 上 $x = \frac{1}{2}$ 对应点处的切线方程.

6. 设函数 $f(x)$ 在点 $x = a$ 处可导，求下列极限：

(1) $\lim\limits_{\Delta x \to 0} \frac{f(a) - f(a + 2\Delta x)}{\Delta x}$； (2) $\lim\limits_{\Delta x \to 0} \frac{f(a + 3\Delta x) - f(a - 2\Delta x)}{\Delta x}$；

(3) $\lim\limits_{h \to 0} \frac{f(a + h) - f(a - h)}{2h}$.

7. 讨论函数 $y = f(x) = \begin{cases} x - 1, & x \leqslant 0 \\ x, & 0 < x \leqslant 1 \\ x^2, & 1 < x \leqslant 2 \\ 4x - 4, & 2 < x \end{cases}$ 在点 $x_0 = 0, x_1 = 1$ 和 $x_2 = 2$ 处的连续性与可导性.

2.2 导数的运算法则与基本公式

2.2.1 函数和、差、积、商的求导法则

上一节，我们学习了利用导数定义求一些简单函数导数的方法，计算是比较繁琐的. 本节我们将学习导数的运算法则和基本公式，从而大大简化初等函数的求导过程.

函数和、差、积、商的求导法则

设 $u = u(x)$ 与 $v = v(x)$ 都是可导函数，则：

(1) $(u \pm v)' = u' \pm v'$

(2) $(uv)' = u'v + uv'$

(3) $\left(\frac{u}{v}\right)' = \frac{u'v - uv'}{v^2}$ $(v \neq 0)$ （证明从略）

法则(1) 可以推广到任意有限个函数的情形. 例如：

$$(u + v + w)' = u' + v' + w'$$

法则(2) 中，令 $v = c$（c 为常数），得：

$$(c \cdot u)' = c \cdot u'$$

法则(2) 也可以推广到有限个函数乘积的情形. 例如：

$$(u \cdot v \cdot w)' = u' \cdot v \cdot w + u \cdot v' \cdot w + u \cdot v \cdot w'$$

例1 求函数 $f(x) = 5x^2 + \frac{3}{x^3} + 4\cos x - \sin\frac{\pi}{6}$ 的导数 $f'(x)$.

解：

$$f'(x) = (5x^2)' + (3x^{-3})' + (4\cos x)' - (\sin\frac{\pi}{6})'$$
$$= 5 \cdot 2x + 3(-3x^{-4}) + 4(-\sin x) - 0$$
$$= 10x - \frac{9}{x^4} - 4\sin x$$

例 2　设 $f(x) = (1+2x)(5x^2 - 3x + 1)$，求 $f'(x)$，$f'(2)$，$f'(-1)$.

解：

$$f'(x) = (1+2x)'(5x^2 - 3x + 1) + (1+2x)(5x^2 - 3x + 1)'$$
$$= 2(5x^2 - 3x + 1) + (1+2x)(10x - 3)$$
$$= 30x^2 - 2x - 1$$

从而：

$$f'(2) = 120 - 4 - 1 = 115$$
$$f'(-1) = 30 + 2 - 1 = 31$$

例 3　设 $f(x) = xe^x\ln x$，求 $f'(x)$.

解：

$$f'(x) = (xe^x\ln x)' = (x)'e^x\ln x + x(e^x)'\ln x + xe^x(\ln x)'$$
$$= e^x\ln x + xe^x\ln x + xe^x \cdot \frac{1}{x}$$
$$= e^x(1 + \ln x + x\ln x).$$

例 4　求 $y = \tan x$ 的导数.

解：

$$y' = (\frac{\sin x}{\cos x})' = \frac{(\sin x)'\cos x - \sin x(\cos x)'}{\cos^2 x}$$
$$= \frac{\cos^2 x + \sin^2 x}{\cos^2 x} = \sec^2 x$$

即：

$$(\tan x)' = \sec^2 x$$

类似可得：

$$(\cot x)' = -\csc^2 x$$
$$(\sec x)' = \sec x\tan x$$
$$(\csc x)' = -\csc x\cot x$$

例 5　求 $y = \log_a x$ 的导数（其中 $a > 0$，且 $a \neq 1$）.

解：

$$y' = (\log_a x)' = (\frac{\ln x}{\ln a})' = \frac{1}{\ln a}(\ln x)' = \frac{1}{x\ln a}$$

即：

$$(\log_a x)' = \frac{1}{x\ln a}$$

2.2.2　反函数的求导法则

若单调函数 $x = \varphi(y)$ 在 y 处可导，且 $\varphi'(y) \neq 0$，则它的反函数 $y = f(x)$ 在相应的

x 处可导,且有:

$$f'(x)=\frac{1}{\varphi'(y)},\quad y'_x=\frac{1}{x'_y}\text{ 或 }\frac{\mathrm{d}y}{\mathrm{d}x}=\frac{1}{\frac{\mathrm{d}x}{\mathrm{d}y}}$$

例 6 已知 $y=\arcsin x$,求 y'.

解:

$y=\arcsin x$ 是 $x=\sin y$ 在 $y\in\left[-\frac{\pi}{2},\frac{\pi}{2}\right]$ 上的反函数,而 $x=\sin y$ 在区间 $\left(-\frac{\pi}{2},\frac{\pi}{2}\right)$ 内单调、可导,且 $x'_y=\cos y>0$,则:

$$y'_x=\frac{1}{x'_y}=\frac{1}{\cos y}=\frac{1}{\sqrt{1-\sin^2 y}}=\frac{1}{\sqrt{1-x^2}}$$

即:

$$(\arcsin x)'=\frac{1}{\sqrt{1-x^2}}\quad(-1<x<1)$$

类似可得:

$$(\arccos x)'=-\frac{1}{\sqrt{1-x^2}}\quad(-1<x<1)$$

$$(\arctan x)'=\frac{1}{1+x^2}$$

$$(\operatorname{arccot} x)'=-\frac{1}{1+x^2}$$

例 7 已知 $y=a^x(a>0,a\neq 1)$,求 y'.

解:

$y=a^x$ 与 $x=\log_a y$ 互为反函数,而 $x'_y=\frac{1}{y\cdot\ln a}\neq 0$,则:

$y'=(a^x)'=\frac{1}{(\log_a y)'}=y\ln a=a^x\ln a$,即:

$$(a^x)'=a^x\ln a$$

特别地,当 $a=\mathrm{e}$ 时,有 $(\mathrm{e}^x)'=\mathrm{e}^x$.

2.2.3 复合函数的求导法则

如果函数 $u=\varphi(x)$ 在点 x 处可导,函数 $y=f(u)$ 在对应点 $u=\varphi(x)$ 处可导,那么复合函数 $y=f[\varphi(x)]$ 在点 x 处可导,且有:

$$\frac{\mathrm{d}y}{\mathrm{d}x}=\frac{\mathrm{d}y}{\mathrm{d}u}\cdot\frac{\mathrm{d}u}{\mathrm{d}x}=f'(u)\cdot\varphi'(x)\text{ 或 }y'_x=y'_u\cdot u'_x$$

证明:

设 x 有增量 Δx,则对应的 u、y 分别有增量 $\Delta u,\Delta y$,因为 $u=\varphi(x)$ 在 x 处可导,所以 $u=\varphi(x)$ 在 x 处连续,因此当 $\Delta x\to 0$ 时,有 $\Delta u\to 0$,当 $\Delta u\neq 0$ 时,由 $\frac{\Delta y}{\Delta x}=\frac{\Delta y}{\Delta u}\cdot\frac{\Delta u}{\Delta x}$ 及 $\lim\limits_{\Delta x\to 0}\frac{\Delta y}{\Delta u}=\lim\limits_{\Delta u\to 0}\frac{\Delta y}{\Delta u}$ 得 $\lim\limits_{\Delta x\to 0}\frac{\Delta y}{\Delta x}=\lim\limits_{\Delta x\to 0}\frac{\Delta y}{\Delta u}\cdot\frac{\Delta u}{\Delta x}=\lim\limits_{\Delta x\to 0}\frac{\Delta y}{\Delta u}\cdot\lim\limits_{\Delta x\to 0}\frac{\Delta u}{\Delta x}=$

$\lim\limits_{\Delta u\to 0}\frac{\Delta y}{\Delta u}\cdot\lim\limits_{\Delta x\to 0}\frac{\Delta u}{\Delta x}$. 即：

$$\frac{dy}{dx}=\frac{dy}{du}\cdot\frac{du}{dx}=f'(u)\cdot\varphi'(x)$$

或写成：

$$y'_x=y'_u\cdot u'_x$$

注：当 $\Delta u=0$ 时，可以证明公式仍然成立.

由上述法则可知，复合函数的导数等于此函数对中间变量的导数与中间变量对自变量的导数的乘积.

例 8　设 $y=\sin 5x$，求$\frac{dy}{dx}$.

解：

$y=\sin 5x$ 可以看作由 $y=\sin u, u=5x$ 复合而成，于是：

$$\frac{dy}{dx}=\frac{dy}{du}\cdot\frac{du}{dx}=(\sin u)'\cdot(5x)'=5\cos u=5\cos 5x$$

注意：复合函数的求导，虽然可设中间变量，但最后结果要换成原来的自变量.

例 9　已知 $y=(3x+2)^5$，求 y'.

设　$y=u^5, u=3x+2$

$$\begin{aligned}y'&=(u^5)'\cdot(3x+2)'\\&=5u^4\cdot 3=15(3x+2)^4\end{aligned}$$

复合函数的求导数法可以推广到多个中间变量的情形. 例如，由 $y=f(u), u=\varphi(\nu), \nu=\psi(x)$ 复合而成的函数 $y=f\{\varphi[\psi(x)]\}$，其导数为：

$$\frac{dy}{dx}=f'(u)\cdot\varphi'(\nu)\cdot\psi'(x)$$

例 10　已知 $y=\tan(3x+1)^2$，求 y'.

解：

设　$y=\tan u, u=\nu^2, \nu=3x+1$，则：

$$\begin{aligned}y'&=(\tan u)'\cdot(\nu^2)'\cdot(3x+1)'=\sec^2 u\cdot 2\nu\cdot 3\\&=6(3x+1)\sec^2(3x+1)^2\end{aligned}$$

例 11　求 $y=\arctan\frac{1}{x}$ 的导数.

解：

$y=\arctan\frac{1}{x}$ 可看成 $\arctan u$ 与 $u=\frac{1}{x}$ 复合而成，

$$(\arctan u)'=\frac{1}{1+u^2},\left(\frac{1}{x}\right)'=-\frac{1}{x^2},\Rightarrow y'=\left(\arctan\frac{1}{x}\right)'$$

$$=\frac{1}{1+\left(\frac{1}{x}\right)^2}\cdot\left(-\frac{1}{x^2}\right)=-\frac{1}{1+x^2}.$$

对复合函数的求导比较熟练以后，只要按复合函数所构成的层次，由外向内逐层求导，计算时不必将中间变量写出来.

例 12 已知 $y=\ln\sin x$，求 y'.

解：

$$y'=\frac{1}{\sin x}(\sin x)'=\frac{\cos x}{\sin x}=\cot x$$

例 13 $y=e^{\sqrt{1-\sin x}}$，求 y'.

解：

$$y'=(e^{\sqrt{1-\sin x}})'=e^{\sqrt{1-\sin x}}\cdot(\sqrt{1-\sin x})'=e^{\sqrt{1-\sin x}}\cdot\frac{1}{2}\cdot\frac{(1-\sin x)'}{\sqrt{1-\sin x}}$$

$$=\frac{1}{2}e^{\sqrt{1-\sin x}}\cdot\frac{-\cos x}{\sqrt{1-\sin x}}=-\frac{1}{2}\frac{\cos x}{\sqrt{1-\sin x}}e^{\sqrt{1-\sin x}}.$$

例 14 $y=\arcsin(2\cos(x^2-1))$，求 y'.

解：

$$y'=(\arcsin(2\cos(x^2-1)))'=\frac{1}{\sqrt{1-[2\cos(x^2-1)]^2}}(2\cos(x^2-1))'$$

$$=\frac{1}{\sqrt{1-4\cos^2(x^2-1)}}\cdot 2[-\sin(x^2-1)]\cdot(x^2-1)'$$

$$=\frac{-2\sin(x^2-1)}{\sqrt{1-4\cos^2(x^2-1)}}\cdot 2x=-\frac{4x\sin(x^2-1)}{\sqrt{1-4\cos^2(x^2-1)}}.$$

例 15 $y=\ln(\ln(\ln\tan\frac{x}{2}))$，求 y'.

解：

$$y'=\frac{1}{\ln(\ln\tan\frac{x}{2})}\cdot(\ln(\ln\tan\frac{x}{2}))'=\frac{1}{\ln(\ln\tan\frac{x}{2})}\cdot\frac{1}{\ln\tan\frac{x}{2}}(\ln\tan\frac{x}{2})'$$

$$=\frac{1}{\ln(\ln\tan\frac{x}{2})}\cdot\frac{1}{\ln\tan\frac{x}{2}}\cdot\frac{1}{\tan\frac{x}{2}}\cdot(\tan\frac{x}{2})'$$

$$=\frac{1}{\ln(\ln\tan\frac{x}{2})}\cdot\frac{1}{\ln\tan\frac{x}{2}}\cdot\frac{1}{\tan\frac{x}{2}}\cdot\frac{1}{\cos^2\frac{x}{2}}\cdot(\frac{x}{2})'$$

$$=\frac{1}{2}\cdot\frac{1}{\cos^2\frac{x}{2}}\cdot\frac{1}{\tan\frac{x}{2}}\cdot\frac{1}{\ln\tan\frac{x}{2}}\cdot\frac{1}{\ln(\ln\tan\frac{x}{2})}=\frac{1}{\sin x}\cdot\frac{1}{\ln\tan\frac{x}{2}}$$

$$\cdot\frac{1}{\ln(\ln\tan\frac{x}{2})}.$$

2.2.4 求导公式和运算法则

为了便于记忆和使用，现在将前面学过的导数公式和求导法则进行归纳，汇总如下：

1. 基本初等函数的导数公式.

(1) $(c)'=0$（c 为常数）； (2) $(x^\alpha)=\alpha\cdot x^{\alpha-1}$（$\alpha$ 为常数）；

(3) $(a^x)'=a^x\ln a(a>0,a\neq 1)$； (4) $(e^x)'=e^x$；

(5) $(\log_a x)' = \dfrac{1}{x\ln a}(a>0, a\neq 1)$;　(6) $(\ln x)' = \dfrac{1}{x}$;

(7) $(\sin x)' = \cos x$;　(8) $(\cos x)' = -\sin x$;

(9) $(\tan x)' = \sec^2 x$;　(10) $(\cot x)' = -\csc^2 x$;

(11) $(\sec x)' = \sec x\tan x$;　(12) $(\csc x)' = -\csc x\cot x$;

(13) $(\arcsin x)' = \dfrac{1}{\sqrt{1-x^2}}$;　(14) $(\arccos x)' = -\dfrac{1}{\sqrt{1-x^2}}$;

(15) $(\arctan x)' = \dfrac{1}{1+x^2}$;　(16) $(\text{arccot}\, x)' = -\dfrac{1}{1+x^2}$.

2. 函数和、差、积、商的求导法则

(1) $(u\pm v)' = u'\pm v'$;　(2) $(cu)' = c\cdot u'$;

(3) $(uv)' = u'v+uv'$;　(4) $\left(\dfrac{u}{v}\right)' = \dfrac{u'v-uv'}{v^2}\quad (v\neq 0)$.

3. 反函数的求导法则

设函数 $y=f(x)$ 与 $x=\varphi(y)$ 互为反函数,则:

$$f'(x) = \frac{1}{\varphi'(y)}(\varphi'(y)\neq 0)$$

4. 复合函数的求导法则

设 $y=f(u), u=\varphi(x)$, 则复合函数 $y=f[\varphi(x)]$ 的导数为:

$$\frac{\mathrm{d}y}{\mathrm{d}x} = \frac{\mathrm{d}y}{\mathrm{d}u}\cdot\frac{\mathrm{d}u}{\mathrm{d}x} = f'(u)\cdot\varphi'(x)$$

以上给出的公式与法则是求导的有力工具,请同学们记牢.

习题 2.2

1. 求下列简单函数的导数:

(1) $y = 3x^4-2x^2+\ln x-\sin\dfrac{\pi}{4}$;　(2) $y = 3^x\sin x-2\sqrt{3}$;

(3) $y = (x+2)\sqrt{x}$;　(4) $y = x(x+1)\tan x$;

(5) $y = \dfrac{x-1}{x+1}$;　(6) $y = \dfrac{1+\ln x}{1-\ln x}$;

(7) $y = \sqrt[3]{\sqrt{\sqrt{x^5}}}$;　(8) $y = \mathrm{e}^x\arctan x-\cos x$.

2. 求下列函数的导数:

(1) $y = (1-2x^2)^3$;　(2) $y = (3x+2)^3(4x+3)^4$;

(3) $y = \sqrt{2}x+\sqrt{2x}$;　(4) $y = \ln\sqrt{x}+\sqrt{\ln x}$;

(5) $y = \mathrm{e}^{\mathrm{e}^{x^2}}$;　(6) $y = \sin^3\dfrac{x}{2}$;

(7) $y = \ln(x+\sqrt{x^2-a^2})$;　(8) $y = \sin nx\cdot\sin^n x$;

(9) $y = \ln\ln x$;　(10) $y = \left(\arctan\dfrac{x}{3}\right)^2$;

(11) $y = \text{arccot}\dfrac{1}{x}$;　(12) $y = \arctan\dfrac{1-x}{1+x}$.

2.3 隐函数的导数

2.3.1 隐函数的导数

在实际问题中,经常会遇到用方程表示的函数关系. 例如 $2x+3y-1=0$, $x^2+y^2=9$ 等等,像这样由方程 $F(x,y)=0$ 确定的 y 是 x 的函数称为隐函数. 相应地,由 $y=f(x)$ 确定的 y 是 x 的函数称为显函数.

有的隐函数很容易化为显函数,例如 $2x+3y-1=0$, 可化为 $y=-\frac{2}{3}x+\frac{1}{3}$,这时可按显函数的求导方法求其导数;但有的隐函数很难化为显函数,例如 $x+y+e^{xy}=0$. 为此我们要学习隐函数的求导. 求隐函数导数的方法是:将方程两边同时对 x 求导,对含有 y 的项,把 y 看成以 y 为中间变量的 x 的复合函数,利用复合函数求导公式即可求出隐函数 y 对 x 的导数.

例 1 已知 $x^2+y^2=25$,求 y 的导数.

解:

将等式两边同时对 x 求导:

$$(x^2)'+(y^2)'=0$$

$$2x+2y\cdot y'=0$$

解出 y',得:

$$y'=-\frac{x}{y}$$

例 2 已知 $5x^2+4y-1=0$,求 $\frac{dy}{dx}$.

解:

在方程的两边同时对 x 求导,得: $10x+4\frac{dy}{dx}=0 \quad \Rightarrow \quad \frac{dy}{dx}=-\frac{10}{4}x=-\frac{5}{2}x$.

例 3 已知 $y=x\ln y+x$,求 y 的导数.

解:

将等式两边同时对 x 求导:

$$y'=\ln y+x\cdot\frac{1}{y}\cdot y'+1$$

解出 y',得:

$$y'=\frac{y(\ln y+1)}{y-x}$$

例 4 求圆 $x^2+y^2=1$ 在 $x=\frac{1}{2}$ 时的切线.

解:

具体如图 2 - 4 所示.

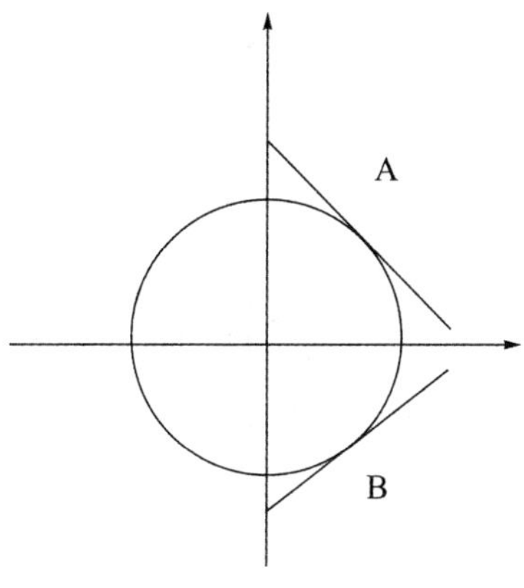

图2－4

因为 $x^2+y^2=1$ 可确定两个隐函数，$y=\sqrt{1-x^2}$ 和 $y=-\sqrt{1-x^2}\Rightarrow$ 在 $x=\frac{1}{2}$ 时，确定了周围上的两个点 $A(\frac{1}{2},\frac{\sqrt{3}}{2})$ 和 $B(\frac{1}{2},-\frac{\sqrt{3}}{2})$. 欲求 k_A 和 k_B，在方程两边求导，得：

$2x+2y\cdot\frac{\mathrm{d}y}{\mathrm{d}x}=0\qquad\Rightarrow\frac{\mathrm{d}y}{\mathrm{d}x}=-\frac{x}{y}$ 所以：

$$k_A=\frac{\mathrm{d}y}{\mathrm{d}x}\Big|_{A(\frac{1}{2},\frac{\sqrt{3}}{2})}=-\frac{\frac{1}{2}}{\frac{\sqrt{3}}{2}}=-\frac{1}{\sqrt{3}}=-\frac{\sqrt{3}}{3}$$

$$k_B=\frac{\mathrm{d}y}{\mathrm{d}x}\Big|_{B(\frac{1}{2},-\frac{\sqrt{3}}{2})}=-\frac{\frac{1}{2}}{-\frac{\sqrt{3}}{2}}=\frac{1}{\sqrt{3}}=\frac{\sqrt{3}}{3}$$

所以所求切线为：

$$y-\frac{\sqrt{3}}{2}=-\frac{\sqrt{3}}{3}(x-\frac{1}{2})$$

$$y+\frac{\sqrt{3}}{2}=\frac{\sqrt{3}}{3}(x-\frac{1}{2})$$

例5　求笛卡儿(Descartes)叶形线：$x^3+y^3-3axy=0$ 所确定的隐函数的一阶导数.

解：

在方程两边对 x 求导：

$$\Rightarrow 3x^2+3y^2\frac{\mathrm{d}y}{\mathrm{d}x}-3ay-3ax\frac{\mathrm{d}y}{\mathrm{d}x}=0$$

$$\Rightarrow (x^2-ay)+(y^2-ax)\frac{\mathrm{d}y}{\mathrm{d}x}=0$$

$$\Rightarrow\frac{\mathrm{d}y}{\mathrm{d}x}=\frac{ay-x^2}{y^2-ax}$$

具体如图2－5所示.

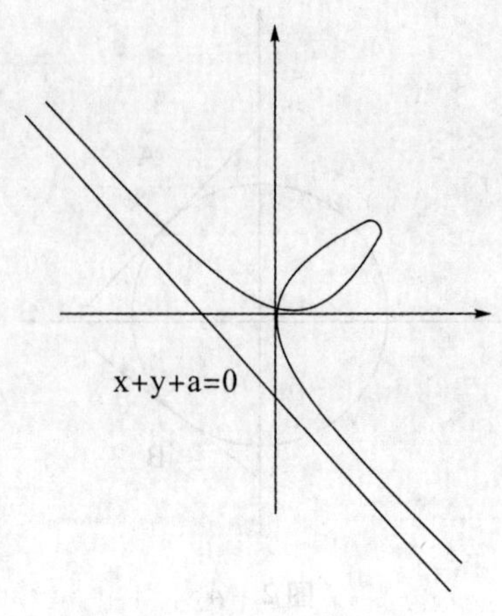

图 2－5

例 6　已知 $x^2+y^3=17$，求其曲线上点(4,1)处的切线方程与法线方程.

解：

将等式两边对 x 求导，

$$2x+3y^2\cdot y'=0,$$

整理得：
$$y'=-\frac{2x}{3y^2}$$

所以有：

$$y'\bigg|_{\substack{x=4\\y=1}}=-\frac{2\times 4}{3\times 1^2}=-\frac{8}{3}$$

即曲线在点(4,1)处的切线斜率 $k=-\frac{8}{3}$，所求切线方程为：

$$y-1=-\frac{8}{3}(x-4)\text{，即 }8x+3y-35=0$$

所求法线方程为：

$$y-1=\frac{3}{8}(x-4)\text{，即 }3x-8y-4=0$$

2.3.2　对数求导法

有些显函数直接求导比较复杂，可以利用先对两边取对数，将其化为隐函数后再求导，这种方法通常称为对数求导法.

例 7　求下列函数的导数.

(1) $y=x^{\sin x}$；　　(2) $y=\sqrt[3]{\dfrac{(x+1)(x+3)}{(x+2)(x+4)}}$.

解：

(1) 这里幂的底数和指数中都含有自变量，一般称这种函数为幂指函数. 对幂指函数的求导不能直接利用幂函数或指数函数的求导公式，我们可以利用对数求导法.

两边同时取自然对数，得：

$$\ln y=\sin x\ln x$$

两边同时对 x 求导,得:

$$\frac{1}{y}\cdot y' = (\sin x)'\ln x + \sin x(\ln x)'$$

即:

$$\frac{y'}{y} = \cos x\ln x + \frac{\sin x}{x}$$

所以:

$$y' = y(\cos x\ln x + \frac{\sin x}{x})$$

即:

$$y' = x^{\sin x}(\cos x\cdot\ln x + \frac{\sin x}{x})$$

另,此幂指函数也可以按下面的方法求导:

由于 $y = x^{\sin x} = e^{\sin x\ln x}$ 则:

$$\begin{aligned} y' &= (e^{\sin x\ln x})' \\ &= e^{\sin x\ln x}(\sin x\cdot\ln x)' \\ &= x^{\sin x}(\cos x\cdot\ln x + \frac{\sin x}{x}) \end{aligned}$$

(2) 在等式两边同时取对数,得:

$$\ln y = \frac{1}{3}[\ln(x+1) + \ln(x+3) - \ln(x+2) - \ln(x+4)]$$

在等式两边同时对 x 求导,得:

$$\frac{1}{y}\cdot y' = \frac{1}{3}(\frac{1}{x+1} + \frac{1}{x+3} - \frac{1}{x+2} - \frac{1}{x+4})$$

于是,得:

$$\begin{aligned} y' &= \frac{y}{3}(\frac{1}{x+1} + \frac{1}{x+3} - \frac{1}{x+2} - \frac{1}{x+4}) \\ &= \frac{1}{3}\sqrt[3]{\frac{(x+1)(x+3)}{(x+2)(x+4)}}(\frac{1}{x+1} + \frac{1}{x+3} - \frac{1}{x+2} - \frac{1}{x+4}) \end{aligned}$$

2.3.3　由参数方程所确定的函数的导数

在解析几何里,曲线常可用参数来表示:

$$\begin{cases} x = \varphi(t) \\ y = \psi(t) \end{cases}$$

一般讲,这个参数方程确定了 y 是 x 的函数,如果 $x = \varphi(t)$ 具有连续的单调的反函数 $t = \bar{\varphi}(x)$,那么所确定的函数就是 $y = \psi(t)$ 与 $t = \bar{\varphi}(x)$ 所复合的函数 $y = \psi[\bar{\varphi}(x)]$.

若 y 可表示成 x 的某个算式,这时求 y 对 x 的导数较容易,但一般地,$t = \bar{\varphi}(x)$ 不容易求,因此,我们寻找一种直接从参数方程来求导的方法.

由 $y = \psi[\bar{\varphi}(x)]$,两边求导,得:

$$\frac{dy}{dx} = \frac{dy}{dt}\cdot\frac{dt}{dx} = \frac{dy}{dt}\cdot\frac{1}{\frac{dx}{dt}} \Rightarrow \frac{dy}{dx} = \psi'(t)\cdot\frac{1}{\varphi'(t)} = \frac{\psi'(t)}{\varphi'(t)}$$

这就是直接从参数方程求$\frac{dy}{dx}$的公式,由此还有求二阶导数$\frac{d^2y}{dx^2}$,方法是在:$\frac{dy}{dx}=\frac{\psi'(t)}{\varphi'(t)}$两边再对 x 求导:

$$\frac{d^2y}{dx^2}=\frac{d}{dx}\left(\frac{dy}{dx}\right)=\frac{d}{dx}\left(\frac{\psi'(t)}{\varphi'(t)}\right)=\frac{d}{dt}\left(\frac{\psi'(t)}{\varphi'(t)}\right)\cdot\frac{1}{\frac{dx}{dt}}$$

$$=\frac{\varphi'(t)\psi''(t)-\varphi''(t)\psi'(t)}{(\varphi'(t))^2}\frac{1}{\varphi'(t)}=\frac{\varphi'(t)\psi''(t)-\varphi''(t)\psi'(t)}{[\varphi'(t)]^3}$$

例 8 设$\begin{cases}x=e^t\cos t\\y=e^t\sin t\end{cases}$,求$\left.\frac{dy}{dx}\right|_{t=\frac{\pi}{3}}$.

解:

$$\frac{dy}{dx}=\frac{e^t\sin t+e^t\cos t}{e^t\cos t-e^t\sin t}=\frac{\sin t+\cos t}{\cos t-\sin t}$$

所以$\left.\frac{dy}{dx}\right|_{t=\frac{\pi}{3}}=\frac{\frac{\sqrt{3}}{2}+\frac{1}{2}}{\frac{1}{2}-\frac{\sqrt{3}}{2}}=\frac{1+\sqrt{3}}{1-\sqrt{3}}=-\frac{4+2\sqrt{3}}{2}=-(2+\sqrt{3}).$

例 9 设$\begin{cases}x=a\cos t\\y=b\sin t\end{cases}$ $(0<t<\pi)$,求$\frac{dy}{dx}$与$\frac{d^2y}{dx^2}$.

解:

$$\frac{dy}{dx}=\frac{b\cdot\cos t}{-a\cdot\sin t}=-\frac{b}{a}\cdot\frac{\cos t}{\sin t}=-\frac{b}{a}\cdot\cot t$$

$$\frac{d^2y}{dx^2}=\frac{-a\cdot\sin t\cdot(-b\sin t)-(-a\cos t)\cdot(b\cos t)}{(-a\sin t)^3}=-\frac{ab}{a^3\sin^3t}=-\frac{b}{a^2\sin^3t}$$

习题 2.3

1. 求下列隐函数的导数:

(1) $x^2+xy+y^2=1$,求$\frac{dy}{dx}$; (2) $y=x+\ln y$,求$\frac{dy}{dx}$;

(3) $y=xe^y$,求$\frac{dy}{dx}$; (4) $y=\sin(x+y)$,求$\frac{dy}{dx}$.

2. 求曲线 $y^2+y^3=2x$ 在点(1,1)处的切线方程和法线方程.

3. 求下列函数的导数 y':

(1) $y^x=x^y$; (2) $y=(\sin x)^x$; (3) $y=x\sqrt{\frac{1+x}{1-x}}$; (4) $y=\frac{\sqrt{x+1}(2-x)^5}{(x+2)^4}$.

4. 求下列参数方程所确定函数的导数$\frac{dy}{dx}$:

(1) $\begin{cases}x=1-t^2,\\y=t^3-t^2;\end{cases}$ (2) $\begin{cases}x=e^t\cos t,\\y=e^t\sin t;\end{cases}$

(3) $\begin{cases}x=a(1-\cos t),\\y=a(t-\sin t);\end{cases}$ (4) $\begin{cases}x=t-\arctan t,\\y=\ln(1+t^2).\end{cases}$

2.4　高阶导数

在变速直线运动中,如果物体的运动方程为 $s = f(t)$,则 s 对 t 的导数为物体在时刻 t 的瞬时速度,即 $\nu = s' = f'(t)$;同样可以得到速度 ν 对 t 的导数为物体在时刻 t 的瞬时加速度,即 $a = \nu' = (s')'$,这种导数称为二阶导数,记为 s''.

例如,自由落体的运动方程为:

$$s = \frac{1}{2}gt^2$$

其瞬时速度为:

$$\nu = s' = gt$$

瞬时加速度为:

$$a = s'' = g$$

一般地,若函数 $y = f(x)$ 的导数 $y' = f'(x)$ 在点 x 处可导,则称 $y' = f'(x)$ 在点 x 处的导数为函数 $y = f(x)$ 在点 x 处的二阶导数,记为:

$$y'',\ f''(x) \text{ 或 } \frac{\mathrm{d}^2y}{\mathrm{d}x^2}$$

即:

$$y'' = (y')' = [f'(x)]' = \frac{\mathrm{d}}{\mathrm{d}x}\left(\frac{\mathrm{d}y}{\mathrm{d}x}\right) = \frac{\mathrm{d}^2y}{\mathrm{d}x^2}$$

相应地,把 $y'' = f''(x)$ 称为函数 $y = f(x)$ 的二阶导数.

类似地,$y = f(x)$ 的二阶导数的导数称为 $y = f(x)$ 的三阶导数,三阶导数的导数称为 $y = f(x)$ 的四阶导数,…,$(n-1)$ 阶导数的导数称为 $y = f(x)$ 的 n 阶导数,分别记为:

$$y''',y^{(4)},\cdots,y^{(n)};\quad f'''(x),\quad f^{(4)}(x),\quad \cdots,\quad f^{(n)}(x) \text{ 或 } \frac{\mathrm{d}^3y}{\mathrm{d}x^3},\quad \frac{\mathrm{d}^4y}{\mathrm{d}x^4},\quad \cdots,\quad \frac{\mathrm{d}^ny}{\mathrm{d}x^n}$$

二阶和二阶以上的导数统称为高阶导数.

由高阶导数的定义可知,求高阶导数就是逐次求导.

例 1　求下列函数的二阶导数.

(1) $y = ax + b$ (a,b 为常数);　　(2) $y = x\ln\frac{x}{2}$;

(3) $y = xe^x$;　　(4) $y = e^{-t}\cos t$.

解:

(1) $y' = a$,$y'' = 0$

(2) $y' = \ln\frac{x}{2} + x\cdot\frac{2}{x}\cdot\left(\frac{x}{2}\right)' = \ln\frac{x}{2} + 1$

$$y'' = \frac{1}{\frac{x}{2}}\cdot\frac{1}{2} = \frac{1}{x}$$

(3) $y' = e^x + xe^x$

$$\begin{aligned} y'' &= (e^x)' + (xe^x)' \\ &= e^x + e^x + xe^x = (2+x)e^x \end{aligned}$$

(4) $y' = -e^{-t}\cos t - e^{-t}\sin t = -e^{-t}(\sin t + \cos t)$

$$y'' = e^{-t}(\sin t + \cos t) - e^{-t}(\cos t - \sin t) = 2e^{-t}\sin t$$

例 2 求下列函数的 n 阶导数.

(1) $y = x^4$; (2) $y = a^x$; (3) $y = \sin x$.

解:

(1) $y' = 4x^3$ $\quad y'' = 12x^2$

$y''' = 24x$ $\quad y^{(4)} = 24$

$y^{(5)} = y^{(6)} = \cdots = y^{(n)} = 0$

(2) $y' = a^x \ln a$

$y'' = a^x(\ln a)^2$

$y''' = a^x(\ln a)^3$

……

$y^{(n)} = a^x(\ln a)^n$

(3) $y' = \cos x = \sin(x + \frac{\pi}{2})$

$y'' = \cos(x + \frac{\pi}{2}) = \sin(x + 2 \cdot \frac{\pi}{2})$

$y''' = \cos(x + 2 \cdot \frac{\pi}{2}) = \sin(x + \frac{3\pi}{2})$

……

$y^{(n)} = (\sin x)^{(n)} = \sin(x + \frac{n\pi}{2})$

同理得:

$$(\cos x)^{(n)} = \cos(x + \frac{n\pi}{2})$$

例 3 $y = e^x\cos x$,求 y'''.

解:

$$y' = e^x\cos x + e^x(-\sin x) = e^x(\cos x - \sin x)$$

$$y'' = e^x(\cos x - \sin x) + e^x(-\sin x - \cos x) = e^x(-2\sin x)$$

$$y''' = -2(e^x\sin x + e^x\cos x) = -2e^x(\sin x + \cos x)$$

注:高阶导数有如下运算法则:

(1) $[u(x) \pm v(x)]^{(n)} = u^{(n)}(x) \pm v^{(n)}(x)$;

(2) $(uv)' = u'v + uv'$, $(uv)'' = u''v + 2u'v' + uv''$, $(uv)''' = u'''v + 3u''v' + 3u'v'' + uv'''$, $\cdots$,

$[u(x)v(x)]^{(n)} = u^{(n)}v^{(0)} + C_n^1 u^{(n-1)}v' + C_n^2 u^{(n-2)}v'' + \cdots + C_n^k u^{(n-k)}v^{(k)} + \cdots + u^{(0)}v^{(n)}$. 其中 $u^{(0)} = u, v^{(0)} = v$.

例 4 上例中,求 $y^{(5)}$.

解:

$$y^{(5)} = (e^x\cos x)^{(5)} = (e^x)^{(5)} \cdot \cos x + C_5^1(e^x)^{(4)}(\cos x)' + C_5^2(e^x)'''(\cos x)'' + C_5^3(e^x)''(\cos x)''' + C_5^4(e^x)'(\cos x)^{(4)} + e^x(\cos x)^{(5)}$$

$= e^x\cos x + 5e^x(-\sin x) + 10e^x(-\cos x) + 10e^x\sin x + 5e^x\cos x + e^x(-\sin x)$
$= e^x(\cos x - 5\sin x - 10\cos x + 10\sin x + 5\cos x - \sin x)$
$= e^x(4\sin x - 4\cos x)$
$= 4e^x(\sin x - \cos x).$

例 5　验证 $y = \dfrac{x-3}{x-4}$ 满足关系式 $2y'^2 = (y-1)y''$.

解：

$$y = \frac{x-3}{x-4} = 1 + \frac{1}{x-4} \quad \Rightarrow \quad y' = -\frac{1}{(x-4)^2}, \quad y'' = \frac{1\cdot 2}{(x-4)^3}$$

又：

$$2y'^2 - (y-1)y'' = 2\cdot\frac{1}{(x-4)^4} - \frac{1}{x-4}\cdot\frac{2}{(x-4)^3} = 0$$

所以：

$$2y'^2 = (y-1)y''.$$

习题 2.4

1. 求下列函数的二阶导数：

(1) $y = x\ln x$;　　(2) $y = \ln\tan x$;　　(3) $y = (1+x^2)\arctan x$;

(4) $y = e^{\cos x}$;　　(5) $y = \sqrt{x^2+1} - \dfrac{x}{2}$.

2. 求 n 次多项式函数 $P_n(x) = a_0x^n + a_1x^{n-1} + \cdots + a_{n-1}x + a_n(a_0 \neq 0)$ 的 n 阶导数.

3. 计算下列各题：

(1) 设 $f(x) = (x-10)^5$，求 $f^{(3)}(11)$；　　(2) $f(x) = e^x\sin 3x$，求 $f''\left(\dfrac{\pi}{3}\right)$.

4. 若 $f(x) = (x+2)^5$，求 $f''(x-2)$.

5. 求下列函数的 n 阶导数：

(1) $y = x^\alpha(\alpha \in \mathbf{R})$;　　(2) $y = xe^x$;　　(3) $y = \dfrac{1}{x^2+x-2}$.

6. 设 $f(x)$ 的 $n-2$ 阶导数 $f^{(n-2)}(x) = \dfrac{x}{\ln x}$，求 $f^{(n)}(x)$.

2.5　函数的微分

2.5.1　函数微分的概念

前面我们讲过函数的导数，它表示函数在点 x 处的变化率，描述了函数在点 x 处变化的快慢程度. 但有时我们还需要计算当自变量在某一点处有一个微小增量时，函数取得相应增量的大小. 由于函数 $f(x)$ 增量的计算往往很麻烦，下面我们利用导数定义来研究近似代替函数增量 Δy 的量.

若函数 $y = f(x)$ 在点 x 处可导，由导数定义得：

$$\lim_{\Delta x\to 0}\frac{\Delta y}{\Delta x} = f'(x)$$

根据(具有极限的)函数与无穷小的关系,得:

$$\frac{\Delta y}{\Delta x} = f'(x) + \alpha(\alpha\text{是}\Delta x \to 0\text{时的无穷小})$$

于是:

$$\Delta y = f'(x)\Delta x + \alpha \cdot \Delta x$$

可见,函数增量可以表示为两项之和,第一项 $f'(x)\Delta x$ 是 Δy 的主要部分,通常把 $f'(x)\Delta x$ 称为 Δy 的线性主部;第二项 $\alpha\Delta x$ 是 Δx 的高阶无穷小,可以略去. 这样,当 $|\Delta x|$ 很小时,我们可以用 $f'(x)\Delta x$ 近似代替 Δy,即 $\Delta y \approx f'(x)\Delta x$,并称其为函数 $y = f(x)$ 的微分.

定义 2.4 若函数 $y = f(x)$ 在 x 处可导,则称 $f'(x)\Delta x$ 为函数 $y = f(x)$ 在点 x 处的微分,记为 $\mathrm{d}y$ 或 $\mathrm{d}f(x)$,即:

$$\mathrm{d}y = f'(x)\Delta x \quad \text{或} \quad \mathrm{d}f(x) = f'(x)\Delta x$$

这时也称函数 $y = f(x)$ 在点 x 处可微.

如果将自变量 x 看作它自己的函数 $y = x$,则有:

$$\mathrm{d}x = \mathrm{d}y = (x)'\Delta x = \Delta x$$

这说明自变量的微分 $\mathrm{d}x$ 等于它自己的增量,于是函数微分又可以写成:

$$\mathrm{d}y = f'(x)\mathrm{d}x$$

当 $x = x_0$ 时,函数微分记为 $\mathrm{d}y|_{x=x_0}$ 或 $\mathrm{d}f(x)|_{x=x_0}$,即:

$$\mathrm{d}y|_{x=x_0} = f'(x_0)\mathrm{d}x$$

同时,由 $\mathrm{d}y = f'(x)\mathrm{d}x$,得:

$$\frac{\mathrm{d}y}{\mathrm{d}x} = f'(x)$$

可见,函数 $y = f(x)$ 的微分 $\mathrm{d}y$ 与自变量 x 的微分 $\mathrm{d}x$ 之商等于函数 $f(x)$ 的导数 $f'(x)$,所以导数也称微商.

显然,函数 $y = f(x)$ 在 x 处可微与可导等价,即:

$$\mathrm{d}y = f'(x)\mathrm{d}x \quad \Leftrightarrow \quad \frac{\mathrm{d}y}{\mathrm{d}x} = f'(x)$$

这样求函数微分的问题就可以转化为求导数的问题,因此,求函数的导数与微分的方法统称为微分法.

例 1 求函数 $y = x^2 + 3$ 在 $x = 1, \Delta x = 0.01$ 时的 Δy 与 $\mathrm{d}y$.

解:

$$\Delta y = f(x + \Delta x) - f(x) = (x + \Delta x)^2 + 3 - (x^2 + 3) = 2x \cdot \Delta x + (\Delta x)^2$$

$$\mathrm{d}y = 2x\mathrm{d}x$$

当 $x = 1, \Delta x = \mathrm{d}x = 0.01$ 时,有:

$\Delta y = 2 \times 1 \times 0.01 + (0.01)^2 = 0.020\,1$

$\mathrm{d}y = 2 \times 1 \times 0.01 = 0.02$

从而 $\Delta y \approx \mathrm{d}y$.

由例 1 同学们可以看出函数微分的实际意义.

例 2 求函数 $y = \sin(3x + 2)$ 的微分.

解:

$$dy = [\sin(3x+2)]'dx = 3\cos(3x+2)dx$$

例 3　求 $y = \ln x$ 的微分.

解:

$$dy = \frac{1}{x}dx$$

例 4　求 $y = e^x \sin x$ 的微分.

解:

$$dy = (e^x \sin x)'dx = e^x(\sin x + \cos x)dx$$

例 5　求 $y = \sin^3 x$ 的微分.

解:

$$dy = 3\sin^2 x\cos x dx$$

2.5.2　微分的几何意义

在曲线 $y = f(x)$ 上取定一点 $P(x_0, y_0)$,过 P 点作曲线的切线,切线斜率为 $f'(x) = \tan\alpha$,当 x 有微小增量 Δx 时,可得曲线上一点 P',由图 2－6 可知:

$$PB = \Delta x, BP' = \Delta y, BA = dy$$

且:

$$\begin{aligned} BA &= PB \cdot \tan\alpha \\ &= \Delta x \cdot f'(x) = dy \end{aligned}$$

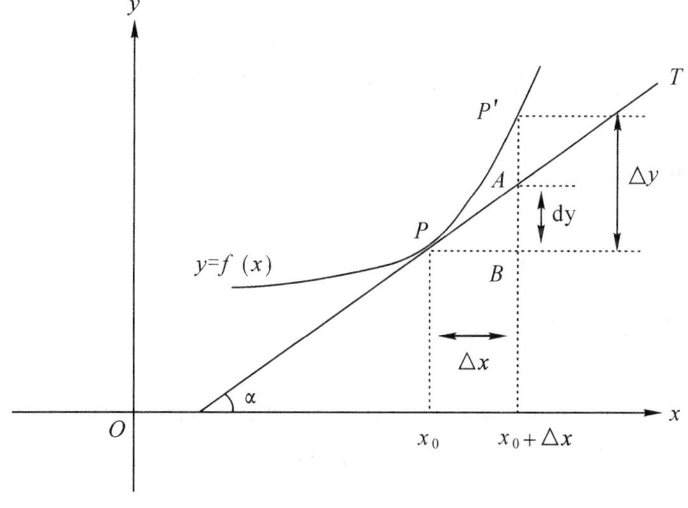

图 2－6

可见,函数微分的几何意义是:若 Δy 是曲线 $y = f(x)$ 上点的纵坐标的增量,则 dy 就是曲线在该点处切线上的点的纵坐标的增量.

2.5.3　微分公式和微分法则

由函数微分定义 $dy = f'(x)dx$ 可知,要求微分 dy,只要先求出导数 $f'(x)$,再乘以 dx 即可,因此我们得到下面的微分公式和运算法则:

1. 微分的基本公式(其中 a、c、α 为常数)

(1) $d(c)=0$;　　(2) $d(x^{\alpha})=\alpha x^{\alpha-1}dx$;

(3) $d(a^{x})=a^{x}\ln a dx$;　　(4) $d(e^{x})=e^{x}dx$;

(5) $d(\log_{a}x)=\frac{1}{x\ln a}dx$;　　(6) $d(\ln x)=\frac{1}{x}dx$;

(7) $d(\sin x)=\cos x dx$;　　(8) $d(\cos x)=-\sin x dx$;

(9) $d(\tan x)=\sec^{2}x dx$;　　(10) $d(\cot x)=-\csc^{2}x dx$;

(11) $d(\sec x)=\sec x\tan x dx$;　　(12) $d(\csc x)=-\csc x\cot x dx$;

(13) $d(\arcsin x)=\frac{dx}{\sqrt{1-x^{2}}}$;　　(14) $d(\arccos x)=-\frac{dx}{\sqrt{1-x^{2}}}$;

(15) $d(\arctan x)=\frac{dx}{1+x^{2}}$;　　(16) $d(\text{arccot} x)=-\frac{dx}{1+x^{2}}$.

2. 函数和、差、积、商的微分法则

(1) $d(u\pm\nu)=du\pm d\nu$;　　(2) $d(c\cdot u)=cdu$ (c 为常数);

(3) $d(u\cdot\nu)=\nu du+ud\nu$;　　(4) $d(\frac{u}{\nu})=\frac{\nu du-ud\nu}{\nu^{2}}$ ($\nu\neq0$).

3. 复合函数的微分法则

由函数 $y=f(u)$, $u=\varphi(x)$ 复合而成的函数 $y=f[\varphi(x)]$ 的微分为:

$$dy=\{f[\varphi(x)]\}'_{x}dx=f'(u)\varphi'(x)dx$$

当然也可以写成:

$$dy=f'(u)du$$

因此,不论 u 是自变量还是中间量,函数微分形式同样都是 $dy=f'(u)du$,这个性质称为一阶微分形式的不变性.

例 6 $y=\ln(2+e^{x})$,求 dy.

解:

$$dy=\frac{1}{2+e^{x}}d(2+e^{x})=\frac{e^{x}dx}{2+e^{x}}$$

例 7 $y=\sin(2x+5)$,求 dy.

解:

$$dy=\cos(2x+5)d(2x+5)=2\cos(2x+5)dx$$

在求函数的微分时,应用微分形式不变性,就可以很方便地求出复合函数的微分.

2.5.4 微分的应用

这里只介绍函数微分在近似计算中应用. 由微分概念可以知道,如果函数 $y=f(x)$ 在点 x_0 处可微($f'(x)\neq0$),则当 $|\Delta x|$很小时,有:

$$\Delta y\approx dy$$

此式也可以写成:

$$f(x_0+\Delta x)-f(x_0)\approx f'(x_0)dx$$

或 $f(x_0+\Delta x)\approx f(x_0)+f'(x_0)dx$ 或 $f(x_0+\Delta x)\approx f(x_0)+f'(x_0)\Delta x$

在上式中,令 $x_0+\Delta x=x$, 则 $\Delta x=x-x_0$ 于是,得:

$$f(x) \approx f(x_0) + f'(x_0)(x - x_0)$$

当 $x_0 = 0, |\Delta x|$ 很小时,则有:

$$f(x) \approx f(0) + f'(0)x$$

应用此公式,容易推得如下几个常用的近似公式:

(1) $\sqrt[n]{1+x} \approx 1 + \frac{1}{n} \cdot x$;　　(2) $e^x \approx 1 + x$;

(3) $\ln(1+x) \approx x$;　　(4) $\sin x \approx x$;

(5) $\tan x \approx x$.

其中(4)和(5)中的 x 用弧度作单位.

例8　求下列各式的近似值.

(1) $\sqrt[3]{1.03}$;　　(2) $\sin 30°30'$.

解:

(1) 设 $f(x) = \sqrt[3]{x}$,则

$$f'(x) = \frac{1}{3\sqrt[3]{x^2}},$$

已知 $f(x) \approx f(x_0) + f'(x_0)(x - x_0)$ 令 $x = 1.03, x_0 = 1$,则:

$f(1.03) \approx f(1) + f'(1)(1.03 - 1)$,所以:

$$\sqrt[3]{1.03} \approx 1 + \frac{1}{3} \times 0.03 = 1.01$$

(2) 设 $f(x) = \sin x$,则 $f'(x) = \cos x$,由 $f(x) \approx f(x_0) + f'(x_0)(x - x_0)$,令 $x_0 = 30° = \frac{\pi}{6}$, $x - x_0 = 30' = \frac{\pi}{360}$,则有:

$$\sin 30°30' = \sin\left(\frac{\pi}{6} + \frac{\pi}{360}\right) \approx \sin\frac{\pi}{6} + \cos\frac{\pi}{6} \cdot \frac{\pi}{360}$$

$$= \frac{1}{2} + \frac{\sqrt{3}}{2} \cdot \frac{\pi}{360} \approx 0.507\,6$$

例9　半径为8cm的金属球加热以后,其半径伸长了0.04cm,它的体积增大了多少?

解:

设球的半径与体积分别为 r, V,

$$V = \frac{4}{3}\pi r^3, \qquad dV = 4\pi r^2 \mathrm{d}r$$

这里 $r = 8\text{cm}$, $dr = 0.04\text{cm}$ 于是:

$$\Delta V \approx dV = 4\pi \times 8^2 \times 0.04 = 10.24\pi$$

即金属球加热后体积增大的近似值为 $10.24\ \pi\text{cm}^3$.

习题 2.5

1. 设函数 $y = f(x) = x^2 - 3x$,求当 $x = 1$, Δx 依次等于0.1和0.01时的改变量 Δy 和微分 $\mathrm{d}y$ 以及 $\Delta y - \mathrm{d}y$.

2. 求下列函数的微分:

(1) $y = 2^x + 3\sec x - 2e$;　　(2) $y = e^x \sin x$;　　(3) $y = \frac{1+x^2}{1-x^2}$;

(4) $y = \ln \sqrt{1+x^2}$;　　(5) $y = e^{\arctan \frac{1}{x}}$;　　(6) $y = e^{2x}\sin 3x$.

3. 求下列隐函数的微分：

(1) $x^2 + y^2 + x\ln y = 5$;　　(2) $y = \sin(x - y)$;　　(3) $y = 1 + xe^y$.

4. 计算下列各数的近似值：

(1) $\sqrt[4]{0.96}$;　　(2) $\tan 136^\circ$;　　(3) $e^{1.03}$;　　(4) $\arctan 1.03$.

5. 一个立方体的边长为3m,如果将其边长增加5cm,求此立方体体积增加的近似值.

＊2.6　边际函数与弹性函数

2.6.1　边际函数的概念

在经济问题中我们经常会遇到年产量的平均变化率、成本的平均变化率、利润的平均变化率等概念. 一般地,变化率分为平均变化率和瞬时变化率.

$$\frac{\Delta y}{\Delta x} = \frac{f(x_0 + \Delta x) - f(x_0)}{\Delta x}$$

称为函数$f(x)$在$(x_0, x_0 + \Delta x)$内的平均变化率,它表示$f(x)$在$(x_0, x_0 + \Delta x)$内的平均变化速度. 而瞬时变化率是指函数对自变量的导数,即:

$$\lim_{\Delta x \to 0} \frac{f(x_0 + \Delta x) - f(x_0)}{\Delta x} = f'(x_0)$$

设函数$y = f(x)$可导,导函数$f'(x)$在经济学中称为边际函数. $f'(x_0)$称为$f(x)$在x_0处的边际函数值,它表示$f(x)$在点x_0处的变化速度,其经济意义是:当$x = x_0$时,x改变一个单位,y相应地改变$f'(x_0)$个单位. 这是因为:

$$\Delta y\Big|_{\substack{x=x_0\\ \Delta x=1}} \approx dy\Big|_{\substack{x=x_0\\ \Delta x=1}} = f'(x)dx\Big|_{\substack{x=x_0\\ dx=1}} = f'(x_0)$$

例1　设函数$f(x) = 5x^2$,试求$f(x)$在$x = 10$时的边际函数值.

解:

$$y' = 10x,\qquad y'\big|_{x=10} = 100$$

它表示:当$x = 10$时,若x增加(减少)一个单位,则y增加(减少)100个单位.

2.6.2　常见的边际函数及边际分析

1. 边际成本与边际收益

设C表示成本,Q表示产品数量,R表示收益,P表示价格,则由于总成本C为固定成本C_1与可变成本$C_2(Q)$之和,即:

$$C = C(Q) = C_1 + C_2(Q)$$

此时平均成本为 $\overline{C}(Q) = \dfrac{C(Q)}{Q}$

总成本的导数(变化率)称为边际成本,即$C'(Q) = C'_2(Q)$. 显然,边际成本与固定成本无关.

总收益R为商品数量Q与价格$P(Q)$的乘积,即:

$$R = R(Q) = Q \cdot P(Q)$$

平均收益是指单位商品售价，即：

$$\bar{R} = \bar{R}(Q) = \frac{R(Q)}{Q} = P(Q)$$

总收益的导数（变化率）称为边际收益，即：

$$R'(Q) = P(Q) + Q \cdot P'(Q)$$

例 2　某厂生产 Q 单位某产品的总成本 C 为 Q 的函数，即：

$$C = C(Q) = 1\ 100 + \frac{1}{1\ 200}Q^2$$

求：（1）生产 900 单位时的总成本和平均单位成本；

（2）生产 900 单位到 1 000 单位时的总成本的平均变化率；

（3）生产 900 单位和 1 000 单位时的边际成本，并解释其经济意义.

解：

总成本函数为

$$C = C(Q) = 1\ 100 + \frac{1}{1\ 200}Q^2$$

（1）生产 900 单位时的总成本为：

$$C(900) = 1\ 100 + \frac{810\ 000}{1\ 200} = 1\ 775$$

平均单位成本为：

$$\bar{C}(900) = \frac{C(900)}{900} = \frac{1\ 775}{900} \approx 1.97$$

（2）生产 900 单位到 1 000 单位时的总成本的平均变化率为：

$$\frac{\triangle C}{\triangle Q} = \frac{C(1\ 000) - C(900)}{1\ 000 - 900} \approx 1.583$$

（3）边际成本函数为 $C'(Q) = \frac{Q}{600}$

当 $Q = 900$ 时的边际成本为 $C'(900) = \frac{900}{600} = 1.5$，它表示当产量为 900 个单位时，再增加（减少）一个单位，需要增加（减少）成本 1.5 个单位.

当 $Q = 1\ 000$ 时，边际成本为：

$$C'(1\ 000) = \frac{1\ 000}{600} \approx 1.67$$

它表示当产量为 1 000 个单位时，再增加（减少）一个单位，需要增加（减少）成本 1.67 个单位.

例 3　设某产品的需求函数为 $P = 20 - \frac{Q}{5}$，其中 P 为价格，Q 为销售量，求销售量为 10 个单位时的总收益、平均收益与边际收益.

解：

总收益为 $R(Q) = Q \cdot P(Q) = 20Q - \frac{Q^2}{5}$

$$R(10) = 180$$

平均收益为 $\bar{R}(Q) = P(Q) = 20 - \frac{Q}{5}$

$$\bar{R}(10) = 18$$

边际收益为 $R'(Q) = 20 - \frac{2}{5}Q$

$$R'(10) = 16$$

2. 边际需求与边际利润

需求函数 $Q = f(P)$ 的边际函数 $Q' = f'(P)$ 称为边际需求,应注意需求函数为单调减少函数.

总收益 $R(Q)$ 与总成本 $C(Q)$ 之差为总利润 $L(Q)$,即:

$$L(Q) = R(Q) - C(Q)$$

总利润的导数(变化率)称为边际利润,即:

$$L'(Q) = R'(Q) - C'(Q)$$

可见,边际利润由边际收益与边际成本决定.

例4 已知某商品的需求函数为 $Q(P) = 65 - P^2$,求 $P = 4$ 时的边际需求.

解:

$$Q'(P) = -2P$$

当 $P = 4$ 时,$Q'(4) = -8$.

其经济意义是:在价格为4时,价格再上涨(下降)1个单位,需求量将减少(增加)8个单位.

例5 某公司每月生产 Q 吨矿石的总收益函数为 $R(Q) = 100Q - Q^2$,而生产 Q 吨矿石的总成本函数为 $C(Q) = 40 + 111Q - 7Q^2 + \frac{1}{3}Q^3$(单位:万元),试求:

(1) 边际利润函数;

(2) 当产量 $Q = 10,11,12$ 吨时的边际利润.

解:

(1) 边际收益函数为 $R'(Q) = 100 - 2Q$

边际成本函数为 $C'(Q) = 111 - 14Q + Q^2$

边际利润函数为 $L'(Q) = -11 + 12Q - Q^2$

(2) 当 $Q = 10$ 时,$L'(10) = 9$

当 $Q = 11$ 时,$L'(11) = 0$

当 $Q = 12$ 时,$L'(12) = -11$

由以上结果可知:当产量 $Q = 10$ 时,再多生产一万吨,总利润就会增加 9 万元;当产量 $Q = 11$(万吨)时,再多生产,总利润不会增加;当产量 $Q = 12$(万吨)时,再多生产1万吨,总利润反而减少 11 万元.

2.6.3 弹性函数及弹性分析

引例:甲商品每单位价格为20元,后涨价1元;乙商品原每单位价格为200元,后也上涨1元. 两种商品价格的绝对改变量都是1元,但哪个商品涨价的幅度更大呢?只要各与其原价相比就能找到问题的答案. 甲商品涨了5%,乙商品涨了0.5%. 很明显,甲商品涨价幅度大于乙商品涨价的幅度. 因此,我们很有必要研究函数的相对改变量与相对变化率.

定义 2.5　设函数 $y=f(x)$ 在点 x_0 处可导，函数的相对改变量 $\frac{\triangle y}{y_0}=\frac{f(x_0+\triangle x)-f(x_0)}{y_0}$ 与自变量的相对改变量 $\frac{\triangle x}{x_0}$ 之比 $\frac{\triangle y/y_0}{\triangle x/x_0}$，称为函数 $f(x)$ 从 $x=x_0$ 到 $x=x_0+\triangle x$ 两点间的平均相对变化率或称为两点间的弹性. 若极限 $\lim\limits_{\triangle x\to 0}\frac{\triangle y/y_0}{\triangle x/x_0}$ 存在，则称此极限值为函数 $f(x)$ 在 x_0 处的相对变化率或称为 $f(x)$ 在 x_0 处的弹性. 记为 $\left.\frac{Ey}{Ex}\right|_{x=x_0}$ 或 $\frac{E}{Ex}f(x_0)$. 即：

$$\left.\frac{Ey}{Ex}\right|_{x=x_0}=\lim_{\triangle x\to 0}\frac{\triangle y/y_0}{\triangle x/x_0}=f'(x_0)\frac{x_0}{f(x_0)}$$

若对于一般的 x，且 $f(x)$ 可导，则 $\frac{Ey}{Ex}=f'(x)\frac{x}{f(x)}=y'\cdot\frac{x}{y}$，称为 $f(x)$ 的弹性函数.

$\frac{Ey}{Ex}$ 反映了 $f(x)$ 对 x 变化反应的强烈程度或灵敏度. 例如，当 $\frac{Ey}{Ex}=3$ 时，表明当 x 变化 1%，$f(x)$ 就会变化 3%.

例 6　求函数 $y=5+4x$ 在 $x=3$ 处的弹性.

解：

由题知

$$y'=4$$

$$\frac{Ey}{Ex}=y'\frac{x}{y}=\frac{4x}{5+4x}$$

$$\text{故}\quad\left.\frac{Ey}{Ex}\right|_{x=3}=\frac{12}{17}$$

定义 2.6　某商品需求函数 $Q=f(P)$ 在 $P=P_0$ 处可导，$-\frac{\triangle Q/Q_0}{\triangle P/P_0}$ 则称为该商品在 $P=P_0$ 与 $P=P_0+\triangle P$ 两点间的需求弹性，并称极限 $\lim\limits_{\triangle p\to 0}\left(-\frac{\triangle Q/Q_0}{\triangle P/P_0}\right)=-f'(P_0)\cdot\frac{P_0}{f(P_0)}$ 为该商品在 $P=P_0$ 处的需求弹性，记为 $\eta(P_0)$，即：

$$\eta(P_0)=-f'(P_0)\cdot\frac{P_0}{f(P_0)}$$

由于需求函数 $Q=f(P)$ 为单调减少函数，且 $\triangle P$ 与 $\triangle Q$ 异号，于是 $\frac{\triangle Q/Q_0}{\triangle P/P_0}$ 与 $f'(P_0)\cdot\frac{(P_0)}{f(P_0)}$ 均为负数.

类似的，某商品供给函数 $Q=\varphi(P)$ 在 $P=P_0$ 处的供给弹性表示为：

$$\varepsilon(P_0)=\varphi'(P_0)\frac{P_0}{\varphi(P_0)}$$

一般供给函数 $Q=f(P)$ 为单调增加函数.

例 7　某需求曲线（表示需求函数的曲线）为 $Q=-100P+3\,000$，求当 $P=10$ 时的弹性.

解：

由题，知：

$$Q'_P = -100$$

当 $P = 10$ 时，$Q = 2\,000$

由 $\eta(P_0) = -f'(P_0)\dfrac{P_0}{f(P_0)}$ 得：

$$\eta(10) = -(-100)\cdot\frac{10}{2\,000} = \frac{1}{2}，为所求弹性.$$

例 8　设某商品需求函数为 $Q = e^{-\frac{P}{4}}$，求：

(1) 需求弹性函数；

(2) 求当 $P = 3, P = 4, P = 5$ 时的需求弹性.

解：

(1) $Q' = \dfrac{-1}{4}e^{-\frac{P}{4}}$

$$需求弹性\ \eta(P) = \frac{1}{4}e^{-\frac{P}{4}}\cdot\frac{P}{e^{-\frac{P}{4}}} = \frac{P}{4}$$

(2) $\eta(3) = \dfrac{3}{4} = 0.75$　　$\eta(4) = 1$　　$\eta(5) = \dfrac{5}{4} = 1.25$

$\eta(4) = 1$，表明当 $P = 4$ 时，价格与需求变动幅度相同.

$\eta(3) = 0.75 < 1$，表明当 $P = 3$ 时，需求变动的幅度小于价格变动的幅度，即 $P = 3$ 时，价格上涨 1%，需求仅减少 0.75%.

$\eta(5) = 1.25 > 1$，表明当 $P = 5$ 时，需求变动幅度大于价格变动的幅度，即 $P = 5$ 时，价格上涨 1%，需求就会减少 1.25%.

一般地，$R = P\cdot Q = P\cdot f(P)$

$$R' = f(P) + Pf'(P) = f(P)\left[1 + f'(P)\cdot\frac{P}{f(P)}\right] = f(P)(1-\eta)$$

(1) 若 $R' > 0$，则 $\eta < 1$，需求变动的幅度小于价格变动的幅度，此时，R 单调增加，即价格上涨，总收益增加.

(2) 若 $R' < 0$，则 $\eta > 1$，需求变动的幅度大于价格变动的幅度，此时，R 单调减少，即价格上涨，总收益减少.

(3) 若 $R' = 0$，则 $\eta = 1$，需求变动的幅度与价格变动的幅度相等，此时，R 将要达到最大值.

例 9　某商品的需求函数为：

$$Q = Q(P) = 75 - P^2$$

(1) 求 $P = 4$ 时的边际需求，并说明其经济意义.

(2) 求 $P = 4$ 时的需求弹性，并说明其经济意义.

(3) 当 $P = 4$ 时，若价格 P 上涨 1%，总收益将变化百分之几？

(4) 当 $P = 6$ 时，若价格 P 上涨 1%，总收益将变化百分之几？

解：

(1)　$Q = Q(P) = 75 - P^2$

边际需求函数为 $Q' = Q'(P) = -2P$，$Q'(4) = -8$

这说明当价格 $P = 4$ 时，若价格上涨一个单位则，需求就会减少 8 个单位.

（2）需求弹性函数为：

$$\eta(P) = -Q' \cdot \frac{P}{Q} = \frac{2P^2}{75 - P^2}$$

$$\eta(4) = \frac{32}{75 - 16} \approx 0.54$$

这说明当价格 $P = 4$ 时，若价格上涨 1%，则需求仅减少 0.54%，但这时总收益将增加.

（3）总收益函数为 $R = P \cdot Q = 75P - P^3$

得：

$$R' = 75 - 3P^2$$

$$\frac{ER}{EP} = R' \cdot \frac{P}{R} = (75 - 3P^2)\frac{P}{75P - P^3} = \frac{75 - 3P^2}{75 - P^2}$$

$$\left.\frac{ER}{EP}\right|_{P=4} = \frac{75 - 3 \times 16}{75 - 16} = \frac{27}{59} \approx 0.46$$

这说明当价格 $P = 4$ 时，若价格上涨 1%，则总收益将增加 0.46%.

（4）$\left.\frac{ER}{EP}\right|_{P=6} = \frac{75 - 3 \times 36}{75 - 36} = -\frac{33}{39} = -0.85$

这说明当价格 $P = 6$ 时，若价格上涨 1%，则总收益将减少 0.85%.

习题 2.6

1. 若某产品的总成本函数为 $C(q) = 1\,500 + 0.01q^2$，求：

（1）生产 120 个单位时的总成本和平均单位成本；

（2）生产 120 个单位时的边际成本，并解释其经济意义.

2. 若某公司生产某产品的固定成本为 50 000 元，可变成本为每件 25 元，价格函数为 $p = P(q) = 70 - 0.005q$，其中 q 为销售量．假设供销平衡，求：

（1）边际利润函数；

（2）当产量 q 为 3 000 件时的边际利润，并做相应的经济解释.

3. 求下列函数的边际函数和弹性函数：

（1）$y = ax + b$；　（2）$y = 4x^2 - 2x^3$；　（3）$y = 100a^{-x}(a > 0,\ a \neq 1)$.

4. 已知某商品的需求函数为 $q = D(p) = 100e^{-\frac{p^2}{4}}$，求：

（1）需求价格弹性函数；

（2）需求价格弹性函数值 $\eta(2)$，并解释其经济意义.

5. 已知某商品的供给函数为 $q = S(p) = 3p^2 - p$，求：

（1）供给价格弹性函数；

（2）供给价格弹性函数值 $\varepsilon(2)$，并解释其经济意义.

6. 已知某商品的需求函数为 $q = D(p) = 150 - \frac{p^2}{6}$，求：

（1）需求价格弹性函数和收益价格弹性函数；

（2）当 $p = 10$ 个单位时的需求价格弹性，并解释其经济意义；

(3) 当 $p=10$ 个单位时,若价格 p 上涨1%,总收益增加还是减少?将变化百分之几?

(4) 当 $p=20$ 个单位时,若价格 p 上涨1%,总收益增加还是减少?将变化百分之几?

习题二

一、单项选择题

1. 导数值 $f'(x_0)$ 在几何上表示(即其几何意义)(　　).

A. 曲线 $y=f(x)$ 在点 $(x_0,y_0)=(x_0,f(x_0))$ 处的切线

B. 曲线 $y=f(x)$ 在点 $(x_0,y_0)=(x_0,f(x_0))$ 处的切线的斜率

C. 曲线 $y=f(x)$ 在点 $(x_0,y_0)=(x_0,f(x_0))$ 处的法线

D. 曲线 $y=f(x)$ 在点 $(x_0,y_0)=(x_0,f(x_0))$ 处的法线的斜率

2. 若函数 $f(x)$ 在点 (x_0,y_0) 处可导且 $f'(x_0)\neq 0$,则曲线 $y=f(x)$ 上过点 (x_0,y_0) 处的切线方程和法线方程分别为(　　).

A. $y-y_0=f'(x_0)(x-x_0),y-y_0=-\dfrac{1}{f'(x_0)}(x-x_0)$

B. $y-y_0=-f'(x_0)(x-x_0),y-y_0=\dfrac{1}{f'(x_0)}(x-x_0)$

C. $y-y_0=-f'(x_0)(x-x_0),y-y_0=-\dfrac{1}{f'(x_0)}(x-x_0)$

D. $y-y_0=f'(x_0)(x-x_0),y-y_0=\dfrac{1}{f'(x_0)}(x-x_0)$

3. "函数 $f(x)$ 在点 x_0 处连续"是"函数 $f(x)$ 在点 x_0 处可导"的(　　)条件.

A. 充分条件　　B. 必要条件　　C. 充要条件　　D. 无关条件

4. 若 $f(x)=\ln(1+3^{-3x})$,则 $f'(0)=$(　　).

A. $\ln 3$　　B. $\dfrac{3}{2}$　　C. $\dfrac{3}{2}\ln 3$　　D. $-\dfrac{3}{2}\ln 3$

5. 若 $f(x)=x^n$(为正整数),则 $f(n+1)(x)=$(　　).

A. 0　　B. $(n+1)!$　　C. $n!$　　D. ∞

6. 若 $y=\dfrac{\ln x}{x}$,则 $dy=$(　　).

A. $\dfrac{1-\ln x}{x^2}$　　B. $\dfrac{1-\ln x}{x^2}dx$　　C. $\dfrac{\ln x-1}{x^2}$　　D. $\dfrac{\ln x-1}{x^2}dx$

7. 若 $d(\qquad)=\left(\dfrac{2x}{1+x^4}+\dfrac{1}{\sqrt{x}}\right)dx$,则括号里面的函数是(　　).

A. $\arctan x+2\sqrt{x}$　　B. $\arctan x+\sqrt{x}$

C. $\arctan x^2+2\sqrt{x}$　　D. $\arctan x^2+\sqrt{x}$

8. 当 $|x|$ 很小(即 $|x|\ll 1$)时,$e^x\approx$(　　).

A. $1+x$　　B. x　　C. $1+\dfrac{1}{2}x$　　D. $1-x$

9. 若某商品的收益函数为 $R(x)=150x-0.01x^2$(元),则当产量 $x=100$ 时的边际收

益是(　　).

A. 148 元　　B. 149 元　　C. 150 元　　D. 50 元

10. 下列函数的弹性函数为常数的是(　　),其中 a、b 是常数.

A. $y = ba^x$　　B. $y = ax + b$　　C. $y = ax$　　D. $y = x^a + B$

二、填空题

1. 若直线 $y = 2x + b$ 是曲线 $y = x^2 + 4x + 3$ 的一条切线,则 $b =$ ______.

2. 过曲线 $y = \dfrac{4+x}{4-x}$ 上点(2,3)处的切线的斜率是______.

3. 若函数 $f(x)$ 在点 x_0 处可导,则 $\lim\limits_{h \to 0} \dfrac{f(x_0 + 2h) - f(x_0 - 2h)}{h} =$ ______.

4. 函数 $f(x)$ 在点 x_0 处可微是函数 $f(x)$ 在点 x_0 处可导______ 的条件.

5. 若 $f(x) = x(x+1)(x+2)\cdots(x+n)$,则 $f'(0) =$ ______.

6. $\left(\dfrac{1}{x-1}\right)^{(n)} =$ __________.

7. 若函数 $f(x)$ 二阶可导且 $y = f(x^2)$,则 $y'' =$ ______.

8. 若函数 $f(x)$ 在点 x_0 处可导,则边际函数值 $f'(x_0)$ 的经济意义是:在点 $x = x_0$ 处,当自变量 x 产生一个单位的改变量(即 $\Delta x = 1$ 或 $\Delta x = -1$)时,相应的函数值 y 近似地改变______ 个单位.

9. 若某商品的总成本函数为 $C(q) = 12 + \dfrac{q^3}{15}$,则生产 5 单位产品的边际成本为______.

10. 若 $q = D(p)$ 为某商品在常规意义(即递减函数)下的可导需求函数(其中 p 为价格,q 为销售量),则该商品的需求价格弹性函数 $\eta(p) =$ ___________.

三、解答题

1. 设函数 $f(x) = ax^2 + bx + c$,其中 a、b、c 为常数且 $a \neq 0$,求:$f'(x)$,$f'(x^2)$,$f'\left(-\dfrac{1}{2}\right)$,$f'\left(-\dfrac{b}{2a}\right)$.

2. 求曲线 $y = 2 + x^2$ 上横坐标为 1 对应的点处的切线方程和法线方程.

3. 已知函数 $f(x) = (x^2 - 1)\varphi(x)$,且函数 $\varphi(x)$ 在点 $x = 1$ 处连续,求 $f'(1)$.

4. 讨论函数 $f(x) = x|x|$ 在点 $x = 0$ 处的连续性与可导性.

5. 讨论函数 $f(x) = \begin{cases} -1, & x \leqslant 0, \\ 2x - 1, & 0 < x \leqslant 1, \\ x^2, & 1 < x \leqslant 2, \\ x, & 2 < x, \end{cases}$ 在点 $x = 0$,$x = 1$ 和 $x = 2$ 处的连续性与可导性.

6. 求下列函数的导数:

(1) $y = \arcsin(\sin x)$;　　(2) $y = \ln\left(\tan \dfrac{x}{2}\right)$;　　(3) $y = \left(\dfrac{1}{x}\right)^{\sin x}$.

7. 设$f\left(\frac{1}{x}\right)=\frac{x}{x+1}$,求$f'[f(x)]$和$\{f[f(x)]\}'$.

8. 若函数$f(u)$可导,求下列隐函数的导数y'或微分dy:

(1) $y=f(e^x)e^{f(x)}$,求y'; (2) $y=f(\sin^2x)+f(\cos^2x)$,求y';

(3) $y=f\left(\arctan\frac{1}{x}\right)$,求$dy$.

9. 求下列函数的二阶导数:

(1) $y=x\cos^2x$; (2) $y=\sqrt{(1-x^2)^3}$; (3) $\begin{cases}x=\sin t,\\ y=\cos t.\end{cases}$

10. 求函数$y=x\ln x$的n阶导数.

11. 求下列函数的微分dy:

(1) $y=e^{\arctan\sqrt{x}}$; (2) $y=\arctan\frac{x+1}{x-1}$; (3) $y=1+xe^x$.

12. 求下列隐函数的导数y'或微分dy:

(1) $x=y+\arctan y$,求y'; (2) $\arcsin y=e^{x+y}$,求y'; (3) $xy=e^{x+y}$,求dy.

13. 求函数$y=xe^{-5x}$的边际函数与弹性函数.

14. 若某商品的总成本函数和总收益函数分别为$C(q)=2q^2+3q+70$(元)和$R(q)=q^2+300q$(元),求:

(1) 边际成本函数,边际收益函数和边际利润函数;

(2) 已生产并销售了50个单位的产品,那么生产第51个单位产品的利润是多少元?

15. 若生产某商品的固定成本为6万元,可变成本为每件35元,需求函数为$p=P(q)=100-\frac{q}{500}$,其中p为价格,q为销售量. 求:

(1) 边际利润函数;

(2) 生产250个单位时的边际利润,并解释其经济意义.

16. 已知某商品的需求函数为$q=D(p)=800e^{-0.02p}$,求当$p=100$单位时的需求价格弹性,并解释其经济意义.

17. 若某商品的需求函数为$p=e^{2q}$,总成本函数为$C(q)=\frac{1}{2}q^2+4q+500$,求:

(1) 边际利润函数;

(2) 收益价格弹性函数.

第三章
导数的应用

在第二章中我们已经学习了导数的概念和导数的计算方法. 本章将讨论导数的几个重要应用，即洛必达法则，函数的单调性与极值，函数的最值及其在经济中的应用，曲线的凹凸性与函数图形.

3.1 中值定理

为了利用导数的知识研究函数在区间上的性质，首先介绍罗尔定理和拉格朗日定理，它们是微积分的重要定理.

3.1.1 罗尔中值定理

定理1 如果函数 $f(x)$ 满足以下条件：

(1) 在闭区间 $[a,b]$ 上连续；

(2) 在开区间 (a,b) 内可导；

(3) 在区间两个端点的函数值相等，即 $f(a)=f(b)$.

则在区间 (a,b) 内至少存在一点 ξ，使得 $f'(\xi)=0(a<\xi<b)$.

罗尔定理的几何意义是：如果一条连续、光滑曲线 $y=f(x)$ 在两个端点 A、B 处的纵坐标相等，则在弧线 AB 上至少有一点 $C(\xi,f(\xi))$，使曲线在 C 点处的切线平行于 x 轴，如图 3－1 所示.

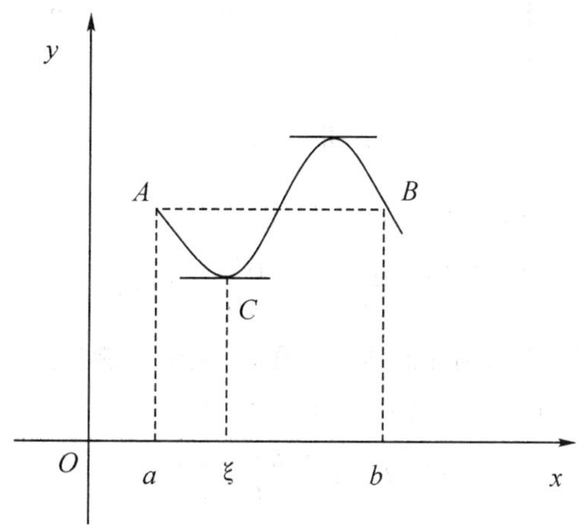

图 3－1

例 1 验证函数 $f(x)=2x^2-x-3$ 在区间 $[-1,1.5]$ 上满足罗尔定理.

证明:

$f(x)=2x^2-x-3$ 定义域为 $(-\infty,+\infty)$ 且 $f'(x)=4x-1$,

所以 $f(x)=2x^2-x-3$ 在 $[-1,1.5]$ 上连续,且在 $(-1,1.5)$ 内可导,又

$$f(-1)=f(1.5)=0,$$

所以 $f(x)$ 在 $[-1,1.5]$ 上满足罗尔定理条件.

若令 $f'(x)=4x-1=0$,得 $x=\frac{1}{4}\in(-1,1.5)$,即 $\xi=\frac{1}{4}$.

3.1.2 拉格朗日中值定理

定理 2 如果函数 $f(x)$ 满足以下条件:

(1) 在闭区间 $[a,b]$ 上连续;

(2) 在开区间 (a,b) 内可导.

则至少存在一点 $\xi\in(a,b)$,使得:

$$f'(\xi)=\frac{f(b)-f(a)}{b-a}$$

或 $f(b)-f(a)=f'(\xi)(b-a)$

此定理的几何意义是:函数 $f(x)$ 在区间 (a,b) 上的图形是连续光滑的曲线弧,如图 3-2 所示.

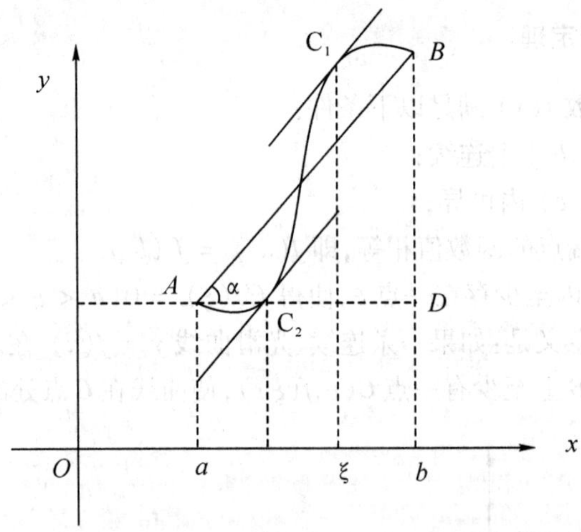

图 3-2

其端点为 $A(a,f(a))$ 和 $B(b,f(b))$,于是:

$$\frac{f(b)-f(a)}{b-a}=\frac{BD}{AD}=\tan\alpha$$

而上式恰是弦 AB 的斜率,则在曲线 $y=f(x)$ 上至少能找到一点 $C(\xi,f(\xi))$,使过 C 点的切线与线段 AB 平行,即 $f'(\xi)=\tan\alpha$,且有:

$$f'(\xi)=\frac{f(b)-f(a)}{b-a}$$

在拉格朗日定理中,当 $f(a)=f(b)$ 时,则有 $f'(\xi)=0$,此为罗尔定理的结论. 由此

可知,拉格朗日定理的特例是罗尔定理.

由拉格朗日定理立即可以得到下面两个重要推论:

推论1　若函数$f(x)$在区间(a,b)内可导,且恒有$f'(x)=0$,则在(a,b)内$f(x)$是一个常数.

推论2　若函数$f(x)$与$g(x)$在区间(a,b)内可导,且对于任意的$x\in(a,b)$,恒有$f'(x)=g'(x)$,则:

$$f(x)=g(x)+c,x\in(a,b)(\text{其中 } c \text{ 为常数}).$$

例2　验证函数$f(x)=\ln x$在区间$[1,\mathrm{e}]$上满足拉格朗日定理.

证明:

$f(x)=\ln x$定义域为$(0,+\infty)$,且$f'(x)=\dfrac{1}{x}$. 所以$f(x)=\ln x$在$[1,\mathrm{e}]$连续,在$(1,\mathrm{e})$内可导,$f(x)$在$[1,\mathrm{e}]$上满足拉格朗日定理.

又:

$$f(1)=0,f(\mathrm{e})=1,f'(\xi)=\frac{1}{\xi}$$

由$\dfrac{\ln \mathrm{e}-\ln 1}{\mathrm{e}-1}=\dfrac{1}{\xi}$,得$\xi=\mathrm{e}-1\in(1,\mathrm{e})$若取$\xi=\mathrm{e}-1$,则$f'(\xi)=\dfrac{f(\mathrm{e})-f(1)}{\mathrm{e}-1}$成立.

例3　证明不等式$|\sin x_2-\sin x_1|\leqslant|x_2-x_1|$.

证明:

设$f(x)=\sin x$,取任意的$x_1,x_2\in(-\infty,+\infty)$,且$x_1<x_2$,则$f(x)$在$[x_1,x_2]$上连续,在$(x_1,x_2)$内可导,根据拉格朗日定理,有:

$$\sin x_2-\sin x_1=f'(\xi)(x_2-x_1)\quad(x_1<\xi<x_2)$$

$$f'(\xi)=\cos\xi$$

所以:

$$\sin x_2-\sin x_1=(x_2-x_1)\cos\xi\quad(x_1<\xi<x_2)$$

由于$|\cos\xi|\leqslant 1$,　因此可得:

$$|\sin x_2-\sin x_1|\leqslant|x_2-x_1|$$

习题3.1

1. 判断下列函数在给定闭区间上是否满足罗尔中值定理的全部条件. 若满足,则求出定理结论中相应的ξ值.

(1) $f(x)=\ln\cos x$在$\left[-\dfrac{\pi}{3},\dfrac{\pi}{3}\right]$上;　　(2) $f(x)=|x|$在$[-1,1]$上.

2. 不用求出函数$f(x)=(x-1)(x-2)(x-3)$的导数,判断方程$f'(x)=0$有几个实根,并指出这些根所在的区间.

3. 证明:若函数$f(x)$在闭区间$[1,2]$上连续,在开区间$(1,2)$内可导且$f(1)=f(2)=0$,则$\exists\xi\in(1,2)$,使得$\dfrac{f(\xi)}{\xi}=2\,012f'(\xi)$.

4. 判断下列函数在给定闭区间上是否满足拉格朗日中值定理的全部条件. 若满足,则求出定理结论中相应的ξ值.

(1) $f(x)=x^3+x$ 在$[0,1]$上；　　(2) $f(x)=\sqrt[3]{x}$ 在$[-1,2]$上.

5. 证明推论 4.1 和推论 4.2.

6. 证明恒等式：$\arcsin x+\arccos x=\frac{\pi}{2}(-1\leqslant x\leqslant 1)$.

7. 证明：当 $x>1$ 时，不等式 $e^x>e\cdot x$ 恒成立.

3.2 洛必达法则

在第一章里我们已经学过利用极限运算法则求极限的方法，这一节中我们将研究一种借助导数求极限的方法.

当 $x\to a(x\to\infty)$ 时，若函数 $f(x)$、$g(x)$ 都趋于零或无穷大，则极限 $\lim\limits_{x\to a}\frac{f(x)}{g(x)}$ $\left(\lim\limits_{x\to\infty}\frac{f(x)}{g(x)}\right)$ 不一定存在，一般称这类极限为未定式，记为 $\frac{0}{0}\left(\frac{\infty}{\infty}\right)$ 型. 对于未定式，它不能直接运用商的极限运算法则. 下面介绍计算未定式极限的简捷有效的方法 —— 洛必达法则.

3.2.1 $\frac{0}{0}$ 型未定式

定理 3 （洛必达法则 1）设函数 $f(x)$ 与 $g(x)$ 满足以下条件：

(1) $\lim\limits_{x\to a}f(x)=\lim\limits_{x\to a}g(x)=0$；

(2) 在点 a 的某个邻域内（点 a 可以除外）可导，且 $g'(x)\neq 0$；

(3) $\lim\limits_{x\to a}\frac{f'(x)}{g'(x)}=A(\infty)$.

则 $$\lim_{x\to a}\frac{f(x)}{g(x)}=\lim_{x\to a}\frac{f'(x)}{g'(x)}=A(\infty)$$

注：上述定理中，把 $x\to a$ 改为 $x\to\infty$ 仍然成立.

例 1 求 $\lim\limits_{x\to 4}\frac{x^3-64}{x-4}$.

解：

当 $x\to 4$ 时，$(x^3-64)\to 0$，$(x-4)\to 0$，这是 $\frac{0}{0}$ 型未定式，且满足定理的条件，

$$\lim_{x\to 4}\frac{x^3-64}{x-4}=\lim_{x\to 4}\frac{3x^2}{1}=48$$

例 2 求 $\lim\limits_{x\to+\infty}\frac{\pi-2\arctan x}{\ln\left(1+\frac{1}{x}\right)}$.

解：

$$\lim_{x\to+\infty}\frac{\pi-2\arctan x}{\ln\left(1+\frac{1}{x}\right)}=\lim_{x\to+\infty}\frac{2(x^2+x)}{1+x^2}=2$$

例 3 求 $\lim\limits_{x\to 0}\frac{x-\sin x}{x^3}$.

解：

$$\lim_{x\to0}\frac{x-\sin x}{x^3}=\lim_{x\to0}\frac{1-\cos x}{3x^2}=\lim_{x\to0}\frac{\sin x}{6x}=\lim_{x\to0}\frac{\cos x}{6}=\frac{1}{6}$$

例 4　求$\lim\limits_{x\to0}\dfrac{\sin x}{x}$.

解：

$$\lim_{x\to0}\frac{\sin x}{x}=\lim_{x\to0}\frac{\cos x}{1}=\lim_{x\to0}\cos x=1$$

例 5　求$\lim\limits_{x\to\pi}\dfrac{1+\cos x}{\tan^2 x}$.

解：

$$\lim_{x\to\pi}\frac{1+\cos x}{\tan^2 x}=\lim_{x\to\pi}\frac{-\sin x}{2\tan x\dfrac{1}{\cos^2 x}}=\lim_{x\to\pi}\left(-\frac{\cos^3 x}{2}\right)=\frac{1}{2}$$

例 6　求$\lim\limits_{x\to0}\dfrac{e^x-1}{\sin x}$.

解：

$$\lim_{x\to0}\frac{e^x-1}{\sin x}=\lim_{x\to0}\frac{e^x}{\cos x}=1$$

注：只要满足洛必达法则的条件，可以连续多次使用洛必达法则.

3.2.2　$\dfrac{\infty}{\infty}$ 型未定式

定理 4　（洛必达法则 2）设函数$f(x)$与$g(x)$满足以下条件：

（1）$\lim\limits_{x\to a}f(x)=\lim\limits_{x\to a}g(x)=\infty$；

（2）在点a的某个邻域内（点a可以除外）可导，且$g'(x)\neq0$；

（3）$\lim\limits_{x\to a}\dfrac{f'(x)}{g'(x)}=A(\infty)$.

则：

$$\lim_{x\to a}\frac{f(x)}{g(x)}=\lim_{x\to a}\frac{f'(x)}{g'(x)}=A(\infty)$$

注：上述定理中，把$x\to a$改为$x\to\infty$仍然成立.

例 7　求$\lim\limits_{x\to+\infty}\dfrac{\ln x}{\sqrt{x}}$.

解：

这是$\dfrac{\infty}{\infty}$型未定式，满足洛必达法则条件.

则：

$$\lim_{x\to+\infty}\frac{\ln x}{\sqrt{x}}=\lim_{x\to+\infty}\frac{\dfrac{1}{x}}{\dfrac{1}{2}x^{-\frac{1}{2}}}=\lim_{x\to+\infty}\frac{2}{x^{\frac{1}{2}}}=0$$

例 8　求$\lim\limits_{x\to\frac{\pi}{2}}\dfrac{\tan x}{\tan 3x}$.

解:

$$\lim_{x\to 5}\frac{\tan x}{\tan 3x}=\lim_{x\to\frac{\pi}{2}}\frac{\sec^2 x}{3\sec^2 3x}=\frac{1}{3}\lim_{x\to\frac{\pi}{2}}\frac{\frac{1}{\cos^2 x}}{\frac{1}{\cos^2(3x)}}=\frac{1}{3}\lim_{x\to\frac{\pi}{2}}\frac{2\cdot\cos(3x)\cdot 3\cdot\sin 3x}{2\cdot\cos x\cdot\sin x}$$

$$=\lim_{x\to\frac{\pi}{2}}\frac{\sin 6x}{\sin 2x}=\lim_{x\to\frac{\pi}{2}}\frac{6\cdot\cos 6x}{2\cdot\cos 2x}$$

$$=3$$

例 9 求$\lim\limits_{x\to+\infty}\frac{\ln x}{x^n}\ (n>0)$.

解:

$$\lim_{x\to+\infty}\frac{\ln x}{x^n}=\lim_{x\to+\infty}\frac{\frac{1}{x}}{nx^{n-1}}=\lim_{x\to+\infty}\frac{1}{nx^n}=0$$

例 10 求$\lim\limits_{x\to+\infty}\frac{x^n}{e^{\lambda x}}$,($n$ 为正整数,$\lambda>0$).

解:

$$\lim_{x\to+\infty}\frac{x^n}{e^{\lambda x}}=\lim_{x\to+\infty}\frac{nx^{n-1}}{\lambda e^{\lambda x}}=\lim_{x\to+\infty}\frac{n(n-1)x^{n-2}}{\lambda^2 e^{\lambda x}}=\cdots=\lim_{x\to+\infty}\frac{n!}{\lambda^n e^{\lambda x}}=0$$

注意:(1) 每次使用洛必达法则,都应检查一下所求极限是否是未定式,如果不是,就不能再应用洛必达法则,否则会引出错误结果;做题一旦熟练,未定式类型判定记号可省略.

(2) 有些极限虽是未定式,但利用洛必达法则无法求出其结果,这时就应考虑改用其他方法进行计算.

例 11 求$\lim\limits_{x\to\infty}\frac{x+\sin x}{x}$.

解:

$$\lim_{x\to\infty}\frac{x+\sin x}{x}\left(\frac{\infty}{\infty}\right)=\lim_{x\to\infty}\frac{1+\cos x}{1}=\lim_{x\to\infty}(1+\cos x)$$

而后一项的极限不存在,这时应改用其他方法.

即:

$$\lim_{x\to\infty}\frac{x+\sin x}{x}=\lim_{x\to\infty}\left(1+\frac{\sin x}{x}\right)=1$$

3.2.3 其他类型的未定式

未定式除$\frac{0}{0}$和$\frac{\infty}{\infty}$型以外,还有$0\cdot\infty$,$\infty-\infty$,0^0,1^∞,∞^0等类型,求$0\cdot\infty$及$\infty-\infty$这两种未定式的极限时,应考虑先把它转化成$\frac{0}{0}$或$\frac{\infty}{\infty}$型,再利用洛必达法则求极限.

例 12 求$\lim\limits_{x\to 1}\left(\frac{3}{1-x^3}-\frac{1}{1-x}\right)$.

解:

$$\lim_{x\to1}\left(\frac{3}{1-x^3}-\frac{1}{1-x}\right)=\lim_{x\to1}\frac{3-(1+x+x^2)}{1-x^3}$$
$$=\lim_{x\to1}\frac{2-x-x^2}{1-x^3}$$
$$=\lim_{x\to1}\frac{-1-2x}{-3x^2}=1$$

例 13　求 $\lim\limits_{x\to0^+}x\ln x$.

解：

$$\lim_{x\to0^+}x\ln x(0\cdot\infty)=\lim_{x\to0^+}\frac{\ln x}{\frac{1}{x}}\left(\frac{\infty}{\infty}\right)=\lim_{x\to0^+}(-x)=0$$

例 14　求 $\lim\limits_{x\to0^+}x^x$.

解：

$$\lim_{x\to0^+}x^x(0^0)=\lim_{x\to0^+}e^{x\ln x}=e^{\lim\limits_{x\to0^+}x\ln x}$$

而：

$$\lim_{x\to0^+}x\ln x=\lim_{x\to0^+}\frac{\ln x}{\frac{1}{x}}=\lim_{x\to0^+}\frac{\frac{1}{x}}{-\frac{1}{x^2}}=\lim_{x\to0^+}(-x)=0$$

所以：

$$\lim_{x\to0^+}x^x=e^0=1$$

一般地，对于 $0\cdot\infty$，$\infty-\infty$ 型未定式，经过适当变换，即可化为 $\frac{0}{0}$ 或 $\frac{\infty}{\infty}$ 型. 对于 0^0，1^∞，∞^0 等类型未定式，可以先化为以 e 为底的指数函数的极限，再应用指数函数的连续性化为求指数部分的极限（有时还需要与别的求极限的方法相结合），才能求出所要求的极限.

习题 3.2

1. 用洛必达法则计算下列 $\frac{0}{0}$ 型未定式的极限：

（1）$\lim\limits_{x\to-3}\frac{x^3+27}{x+3}$；　（2）$\lim\limits_{x\to0}\frac{(1+x)^{\sqrt{3}}-1}{x}$；　（3）$\lim\limits_{x\to0}\frac{e^x-e^{-x}}{\sin x}$；

（4）$\lim\limits_{x\to0}\frac{e^x-e^{-x}-2x}{x-\sin x}$；　（5）$\lim\limits_{x\to+\infty}\frac{\pi-2\arctan x}{\ln\left(1+\frac{1}{x}\right)}$；　（6）$\lim\limits_{x\to a}\frac{x^n-a^n}{x^m-a^m}$.

2. 用洛必达法则计算下列 $\frac{\infty}{\infty}$ 型未定式的极限：

（1）$\lim\limits_{x\to+\infty}\frac{\ln(x\ln x)}{x+1}$；　（2）$\lim\limits_{x\to+\infty}\frac{e^x}{x^n}$；　（3）$\lim\limits_{x\to0^+}\frac{\ln\sin x}{\ln x}$；

（4）$\lim\limits_{x\to+\infty}\frac{e^x-x}{e^x+x}$；　（5）$\lim\limits_{x\to+\infty}\frac{\ln(1+e^x)}{\sqrt{1+x^2}}$；　（6）$\lim\limits_{x\to0^+}\frac{\cot x}{e^{\frac{1}{x}}}$.

3. 计算下列未定式的极限：

(1) $\lim\limits_{x\to0} x\cot3x$； (2) $\lim\limits_{x\to0} x^2 e^{\frac{1}{x^2}}$； (3) $\lim\limits_{x\to\infty} x\ln\frac{x-1}{x+1}$；

(4) $\lim\limits_{x\to1}\left(\frac{1}{x-1}-\frac{2}{x^2-1}\right)$； (5) $\lim\limits_{x\to0}\left(\frac{1}{x}-\frac{1}{e^x-1}\right)$； (6) $\lim\limits_{x\to0^+} x^{\sin x}$；

(7) $\lim\limits_{x\to0}\left(1+\frac{1}{x^2}\right)^x$； (8) $\lim\limits_{x\to0^+}\left(\frac{1}{x}\right)^{\sin x}$.

4. 验证极限$\lim\limits_{x\to0}\frac{x^2\sin\frac{1}{x}}{\sin x}$存在,但不能用洛必达法则求出.

3.3　函数的单调性

函数的单调性是函数的一个重要特性,下面研究利用导数判定函数单调性的方法. 从图3－3可以看出,函数$f(x)$在区间$[a,b]$上单调增加时,沿x轴正方向曲线上升. 这时曲线上每一点处切线的斜率为正,即$f'(x)>0$;从图3－4可以看出,函数$f(x)$在区间$[a,b]$上单调减少时,沿x轴正方向曲线下降,这时曲线上每一点处切线的斜率为负,即$f'(x)<0$.

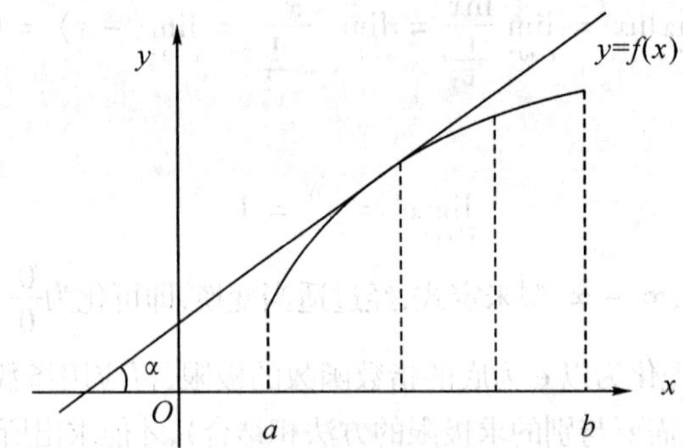

图3－3

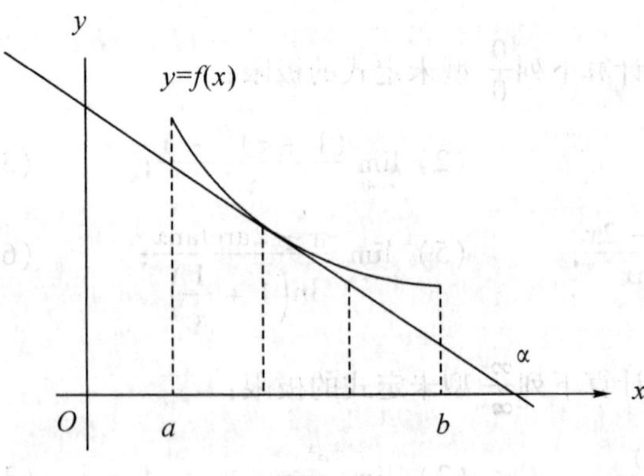

图3－4

因此,我们可以利用导数的符号来判定函数的单调性.

定理5　设函数$y=f(x)$在$[a,b]$上连续,在(a,b)内可导.

(1) 如果$f'(x)>0$, $x\in(a,b)$,则函数$f(x)$在(a,b)内单调增加;

(2) 如果 $f'(x)<0,\ x\in(a,b)$,则函数 $f(x)$ 在 (a,b) 内单调减少.

证明:

任取两点 $x_1,\ x_2\in(a,b)$,且 $x_1<x_2$,由拉格朗日中值定理可知,存在一点 $\xi\in(x_1,x_2)$,使得:

$$\frac{f(x_2)-f(x_1)}{x_2-x_1}=f'(\xi)$$

即:

$$f(x_2)-f(x_1)=f'(\xi)(x_2-x_1)$$

(1) 如果在区间 (a,b) 内 $f'(x)>0$,则 $f'(\xi)>0$,故 $f(x_2)>f(x_1)$ 即函数 $f(x)$ 在 (a,b) 内单调增加.

(2) 如果在区间 (a,b) 内 $f'(x)<0$,则 $f'(\xi)<0$,故 $f(x_2)<f(x_1)$ 即函数 $f(x)$ 在 (a,b) 内单调减少.

注:若将开区间 (a,b) 改为闭区间 $[a,b]$,定理 5 仍然成立.

例 1　确定函数 $f(x)=(x+3)^2$ 的单调区间.

解:

函数 $f(x)$ 定义域为 $(-\infty,+\infty)$,

$$f'(x)=2(x+3)$$

令:

$$f'(x)=0,\text{得 } x=-3$$

当 $x\in(-\infty,-3)$ 时,$f'(x)<0$,即函数 $f(x)$ 在 $(-\infty,-3)$ 内单调减少;

当 $x\in(-3,+\infty)$ 时,$f'(x)>0$,即函数 $f(x)$ 在 $(-3,+\infty)$ 内单调增加.

这里 $x=-3$ 为函数 $f(x)$ 单调减少区间与单调增加区间的分界点.

例 2　讨论 $f(x)=3x-x^3$ 单调性.

解:

$$f'(x)=3-3x^2=3(1-x)(1+x)$$

(1) 当 $-\infty<x<-1$ 时,$f'(x)<0$,所以 $f(x)$ 在 $(-\infty,-1)$ 上严格递减;

(2) 当 $-1<x<1$ 时,$f'(x)>0$,所以 $f(x)$ 在 $[-1,1]$ 上严格递增;

(3) 当 $1<x<+\infty$ 时,$f'(x)<0$,所以 $f(x)$ 在 $[1,+\infty)$ 上严格递减.

例 3　讨论函数 $f(x)=x^{\frac{2}{3}}$ 的单调性.

解:

函数 $f(x)$ 定义域为 $(-\infty,+\infty)$,$f'(x)=\dfrac{2}{3}x^{-\frac{1}{3}}$

当 $x=0$ 时,$f'(x)$ 不存在. 所以,当 $x\in(-\infty,0)$ 时,$f'(x)<0$,函数 $f(x)$ 在 $(-\infty,0)$ 内单调减少,当 $x\in(0,+\infty)$ 时,$f'(x)>0$,函数 $f(x)$ 在 $(0,+\infty)$ 内单调增加.

这里 $x=0$ 为 $f(x)$ 单调减少区间 $(-\infty,0)$ 与单调增加区间 $(0,+\infty)$ 的分界点.

由例 1 和例 2 可知,函数的单调减少区间与单调增加区间的分界点可能是导数等于零的点或导数不存在的点. 导数等于零的点称为函数的驻点. 例 1 中 $x=-3$ 是驻点.

一般地,判定函数单调性的步骤如下:

(1) 确定 $f(x)$ 的定义域;

(2) 求 $f'(x)$,令 $f'(x)=0$,求出 $f(x)$ 的驻点和导数 $f'(x)$ 不存在的点,并用这些

点作为分界点,把定义域划分成若干个子区间;

(3) 考察每个子区间内 $f'(x)$ 的符号,或者通过列表分析得出结果,这样比较清晰简洁.

例 4 确定函数 $f(x) = x^3 - 6x^2 + 9x - 3$ 的单调区间.

解:

(1) 函数 $f(x)$ 的定义域为 $(-\infty, +\infty)$

(2) $f'(x) = 3x^2 - 12x + 9 = 3(x-1)(x-3)$

令 $f'(x) = 0$,得驻点 $x_1 = 1$, $x_2 = 3$,这两个点把 $(-\infty, +\infty)$ 分成 3 个子区间.

(3) 列表分析,如表 3-1 所示。

表 3-1

x	$(-\infty, 1)$	1	$(1, 3)$	3	$(3, +\infty)$
$f'(x)$	+	0	−	0	+
$f(x)$	↗		↘		↗

其中:表中的符号"↗"表示单调增加,"↘"表示单调减少.

由表 3-1 得,函数 $f(x)$ 在 $(-\infty, 1)$ 和 $(3, +\infty)$ 区间内单调增加,在 $(1, 3)$ 区间内单调减少.

习题 3.3

1. 判断函数 $f(x) = x - \sin x$ 的单调性.

2. 求下列函数的单调区间:

(1) $y = x^3 - 3x + 2$;　　(2) $y = e^x - x$;　　(3) $y = 2x + \dfrac{8}{x}$;

(4) $y = \dfrac{x}{2} - \ln x$;　　(5) $y = (x-2)\sqrt[3]{x}$.

3. 证明下列不等式:

(1) $2\sqrt{x} > 3 - \dfrac{1}{x}$ $(x > 1)$;　　(2) $2^x > x^2$ $(x > 4)$.

3.4 函数的极值

3.4.1 极值的定义

观察图 3-5,函数 $f(x)$ 在点 c_1, c_3 处的函数值 $f(c_1), f(c_3)$ 分别比它们左、右邻近各点的函数值都大,而在点 c_2, c_4 处的函数值 $f(c_2), f(c_4)$ 分别比它们左、右邻近各点的函数值都小. 对于这种性质的点和对应的函数值,给出如下极值的定义:

定义 3.1 设函数 $f(x)$ 在点 x_0 的某个邻域内有定义,对于该邻域内任意的 $x(x \neq x_0)$,如果:

(1) 恒有 $f(x) < f(x_0)$,则称 $f(x_0)$ 为函数 $f(x)$ 的极大值, x_0 为 $f(x)$ 的极大值点;

(2) 恒有 $f(x) > f(x_0)$,则称 $f(x_0)$ 为函数 $f(x)$ 的极小值, x_0 为 $f(x)$ 的极小值点.

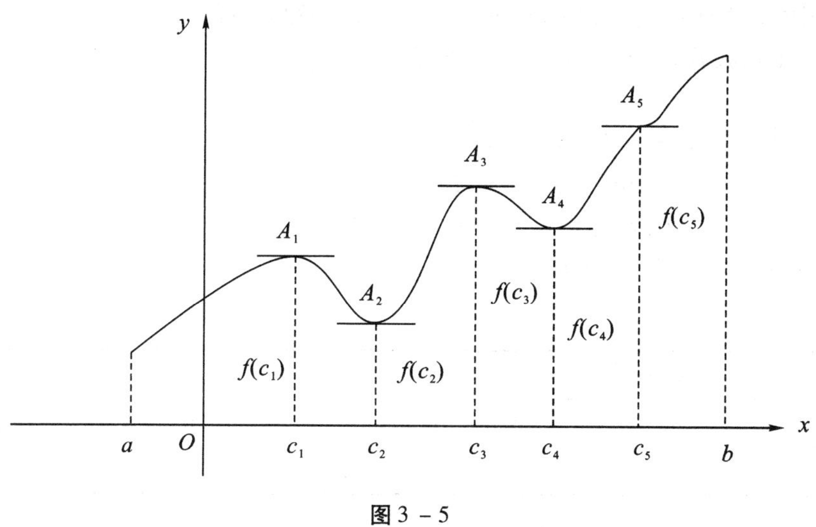

图 3 - 5

函数的极大值和极小值统称为极值,极大值点和极小值点统称为极值点.

注:(1) 极值是一个局部概念,它只是与极值点左、右邻近各个点的函数值相比较而言,而函数的最大值与最小值才是一个全局性概念.

(2) 要区别极值与极值点. 极值是指函数值,极值点是指自变量的值.

3.4.2　极值的判定与求法

由图 3 - 5 可以看出,在函数取得极值处(函数的导数为零),曲线上的切线是水平的,但是曲线上有水平切线处,函数不一定取得极值. 例如,点 c_5 处曲线的切线是水平的,即 $f'(c_5)=0$, 但 $f(c_5)$ 并不是极值,c_5 也不是极值点.

定理 6　如果函数 $f(x)$ 在点 x_0 处取得极值,且在点 x_0 处可导,则有:

$$f'(x_0)=0$$

定理 6 给出函数极值存在的必要条件,它表明可导函数的极值点一定是它的驻点;函数的驻点不一定是其极值点. 例如,$x=0$ 是函数 $y=x^3$ 的驻点,但不是它的极值点.

有些函数的不可导点也可能是其极值点. 例如 $f(x)=|x|$ 在点 $x=0$ 处不可导,却在 $x=0$ 处有极小值 $f(0)=0$. 那么如何判定函数在驻点或不可导点是否取得极值呢?下面给出求函数极值的具体方法.

定理 7　(极值判别法一) 设函数 $f(x)$ 在点 x_0 处连续,且在 x_0 的邻域内可导,且 $f'(x)=0$ 或 $f'(x)$ 不存在,若在该邻域内当 x 从 x_0 的左边变到 x_0 的右边时,有:

(1) 如果 $f'(x)$ 的符号由正变负,则 $f(x_0)$ 是 $f(x)$ 的极大值;

(2) 如果 $f'(x)$ 的符号由负变正,则 $f(x_0)$ 是 $f(x)$ 的极小值;

(3) 如果 $f'(x)$ 的符号不变,则 $f(x_0)$ 不是 $f(x)$ 的极值.

定理 7 是函数取得极值的充分条件. 根据上面的定理,求函数极值的一般步骤归纳如下:

(1) 确定函数定义域;

(2) 求 $f'(x)$;

(3) 令 $f'(x)=0$,求出函数 $f(x)$ 的所有驻点和不可导点,并用这些点(按从小到大的顺序) 把函数定义域分成若干个子区间;

(4) 考察每个子区间内 $f'(x)$ 的符号,并求出函数的极值.

例1 求函数 $f(x)=x^3-3x^2+7$ 的极值.

解:

(1) $f(x)$ 的定义域为 $(-\infty,+\infty)$.

(2) $f'(x)=3x^2-6x=3x(x-2)$

(3) 令 $f'(x)=0$,解得驻点 $x_1=0$, $x_2=2$.

(4) 列表分析,如表 3-2 所示。

表 3-2

x	$(-\infty,0)$	0	$(0,2)$	2	$(2,\infty)$
$f'(x)$	+	0	−	0	+
$f(x)$	↗	7	↘	3	↗

由表 3-2 得,函数 $f(x)$ 极大值为 $f(0)=7$,极小值为 $f(2)=3$.

例2 求函数 $f(x)=(x-1)^2(x+1)^3$ 的极值.

解:

(1) 函数定义域为 $(-\infty,+\infty)$.

(2) $f'(x)=(x-1)(x+1)^2(5x-1)$

(3) 令 $f'(x)=0$,得驻点 $x_1=-1$, $x_2=\frac{1}{5}$, $x_3=1$.

(4) 列表分析,如表 3-3 所示。

表 3-3

x	$(-\infty,-1)$	−1	$(-1,\frac{1}{5})$	$\frac{1}{5}$	$(\frac{1}{5},1)$	1	$(1,+\infty)$
$f'(x)$	+	0	+	0	−	0	+
$f(x)$	↗	0	↗	$\frac{3\,456}{3\,125}$	↘	0	↗

由表 3-3 得,函数 $f(x)$ 的极大值为 $f(\frac{1}{5})=\frac{3\,456}{3\,125}$,极小值为 $f(1)=0$.

注意:函数 $f(x)$ 在 $x=-1$ 处无极值,即 $f(-1)=0$ 不是函数的极值. 同学们想一想为什么?

例3 确定函数 $f(x)=x-\frac{3}{2}\sqrt[3]{x^2}$ 的单调区间,并求其极值.

解:

$f(x)$ 定义域为 $(-\infty,+\infty)$,且:

$$f'(x)=1-x^{-\frac{1}{3}}=\frac{\sqrt[3]{x}-1}{\sqrt[3]{x}}$$

令 $f'(x)=0$,得驻点 $x=1$ 又当 $x=0$ 时, $f'(x)$ 不存在.

列表分析,如表 3-4 所示。

表 3－4

x	$(-\infty,0)$	0	$(0,1)$	1	$(1,+\infty)$
$f'(x)$	+	不存在	－	0	+
$f(x)$	↗	0	↘	$-\frac{1}{2}$	↗

由表3－4得，函数$f(x)$在区间$(-\infty,0)$，$(1,+\infty)$内单调增加，在区间$(0,1)$内单调减少，函数$f(x)$的极大值为$f(0)=0$，极小值为$f(1)=-\frac{1}{2}$.

当函数在驻点处的二阶导数存在时，有下面的极值判定定理：

定理8　（极值判别法二）设函数$f(x)$在点x_0处具有二阶导数，且：

$$f'(x_0)=0\qquad f''(x_0)\neq 0$$

(1) 若$f''(x_0)>0$，则$f(x_0)$为$f(x)$的极小值；

(2) 若$f''(x_0)<0$，则$f(x_0)$为$f(x)$的极大值.

注：当$f''(x_0)=0$时，极值判别法二失效，这时应改用极值判别法一.

例4　求函数$f(x)=x^3-3x+5$的极值.

解：

$$f'(x)=3x^2-3=3(x+1)(x-1),\ f''(x)=6x$$

令$f'(x)=0$，得驻点$x_1=-1$，$x_2=1$，又$f''(-1)=-6<0$，所以$f(-1)=7$为函数$f(x)$的极大值.

$f''(1)=6>0$，所以$f(1)=3$为函数$f(x)$的极小值.

习题3.4

1. 求下列函数的极值（用一阶导数判断）：

(1) $y=\dfrac{x}{1+x^2}$；　(2) $y=x^2e^{-x}$；　(3) $y=(x+1)(x-1)^3$；

(4) $y=\ln(x-1)-x$；　(5) $y=(x-2)\sqrt[3]{x^2}$.

2. 求下列函数的极值（用二阶导数判断）：

(1) $y=x^3+3x^2-9x+8$；　(2) $y=e^x+e^{-x}$；　(3) $y=xe^{-x^2}$.

3.5　函数的最值与最值在经济中的应用

3.5.1　函数的最值

前面第一章中已经学过，如果函数$f(x)$在闭区间$[a,b]$上连续，则它在$[a,b]$上一定有最大值和最小值. 函数的最大值与最小值统称为最值. 显然，函数$f(x)$的最大值和最小值只能在区间内的极值处或区间端点处取得. 因此，求连续函数$f(x)$在$[a,b]$上的最值的步骤归纳如下：

(1) 求出$f(x)$在(a,b)内的所有的驻点和不可导点；

(2) 计算$f(x)$在各驻点、不可导点与区间端点处的函数值；

(3) 通过比较以上函数值的大小,确定函数 $f(x)$ 的最值.

例1 求函数 $y = \ln(x^2+1)$ 在$[-1,2]$ 上的最值.

解:

(1) $y = y(x) = \ln(x^2+1) \quad x \in [-1,2]$

$y' = \dfrac{2x}{x^2+1}$, 令 $y' = 0$,得驻点 $x = 0$.

(2) $y(-1) = \ln 2$, $y(0) = 0$, $y(2) = \ln 5$

(3) 函数 y 在$[-1,2]$ 上的最大值为 $y(2) = \ln 5$,最小值为 $y(0) = 0$.

例2 求函数 $f(x) = 2x^3 - 12x^2 + 4$ 在$[-1,7]$ 上的最大值与最小值.

解:

$$f'(x) = 6x^2 - 24x = 6x(x-4)$$

令 $f'(x) = 0$,解得驻点 $x_1 = 0$, $x_2 = 4$.

$$f(-1) = -10, f(0) = 4, f(4) = -60, f(7) = 102$$

函数$f(x)$ 在 $[-1,7]$ 上的最大值为$f(7) = 102$,最小值为$f(4) = -60$.

3.5.2 函数最值的应用

在工农业生产、各种工程技术和其他各类经济活动中,经常会遇到在一定条件下,如何使"用料最省""产品最多""成本最低""利润最大" 等实际问题. 这类问题在数学上往往归纳为求某函数的最值问题.

在实际问题中,如果函数 $f(x)$ 在(a,b) 内只有一个驻点 x_0,而且从实际问题考虑,可以判定$f(x)$ 在(a,b) 内必存在最值,则$f(x_0)$ 就是所要求的最大值或最小值.

例3 (成本最低) 欲造一个容积为 300m^3 的无盖圆柱形蓄水池,已知池底的单位造价为周围单位造价的两倍,蓄水池的尺寸应怎样设计,才能使总造价最低?

解:

设蓄水池的底圆半径为 r,高为 h ,则 $h = \dfrac{300}{\pi r^2}$;设周围单位造价为 k 元,此时池底单位造价为 $2k$ 元,再设总造价为 W 元,则有:

$W = \pi r^2 \cdot 2k + 2\pi r \cdot \dfrac{300}{\pi r^2} \cdot k = 2k\pi r^2 + 2k \cdot \dfrac{300}{r}$ ($r > 0$, $k > 0$ 且 k 为常数)

$W' = 4k\pi r - \dfrac{600k}{r^2}$

令 $W' = 0$ 得:

$$r = \sqrt[3]{\frac{150}{\pi}}$$

因驻点唯一, 极值唯一, W 取得最小值, 此时 $h = 2r$, 即当蓄水池底圆半径为 $\sqrt[3]{\dfrac{150}{\pi}}$m,高等于底圆直径时,总造价最低.

例4 (运费最省) 铁路线上 AB 段距离为 100km,工厂 C 距 B 处 20km,且 $AB \perp BC$,如图3-6所示,需要在铁路线上选定一点 D,向工厂 C 修筑一条公路. 已知铁路上每千米运费与公路上每千米运费之比为3∶5. 为了使货物从供应站 A 运到工厂 C 处的运费最省,

点 D 应选什么位置比较恰当?

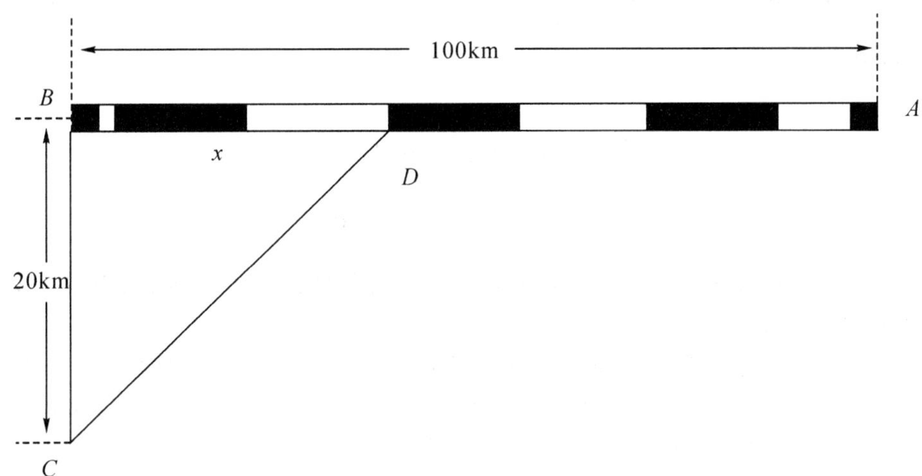

图3－6

解:

设 $BD = x$,则 $AD = 100 - x$,$CD = \sqrt{x^2 + 400}$,又设铁路每千米运费为 $3k$,公路每千米运费为 $5k$(k 为常数,$k > 0$);再设从 A 到 C 所需要的总运费为 W,则:

$$W = 3kAD + 5kCD = 3k(100 - x) + 5k\sqrt{x^2 + 400} \qquad (0 \leqslant x \leqslant 100)$$

$$W' = -3k + \frac{5kx}{\sqrt{x^2 + 400}} = \frac{-3\sqrt{x^2 + 400} + 5x}{\sqrt{x^2 + 400}} \cdot k$$

令 $W' = 0$,得驻点 $x_1 = 15$, $x_2 = -15 \notin [0, 100]$,将其舍去,取 $x = 15$ 于是有:

$W|_{x=0} = 400k$, $W|_{x=15} = 380k$, $W|_{x=100} = 5k\sqrt{10\,400} > 500k$

所以,当 $x = 15$ 时,W 取得最小值. 即点 D 应选在距 B 点 15km 处,总运费最省.

例5　(最大利润问题) 某工厂生产某种商品 x 单位的费用为 $C(x) = 5x + 200$,得到的收益是 $R(x) = 10x - 0.01x^2$,生产多少单位时才能使利润最大化?

解:

利润函数 $L(x) = R(x) - C(x) = 5x - 0.01x^2 - 200$

$$L'(x) = 5 - 0.02x, \qquad L''(x) = -0.02 < 0$$

令 $L'(x) = 0$,得 $x = 250$,且 $L''(250) < 0$,所以当 $x = 250$ 时,$L(x)$ 取得极大值(极值唯一).

因此生产 250 单位时,才能使利润最大.

下面介绍最大利润原则:

设总利润为 $L(Q)$,则:

$$L(Q) = R(Q) - C(Q)$$
$$L'(Q) = R'(Q) - C'(Q)$$

令 $L'(Q) = 0$ 得 $R'(Q) = C'(Q)$. 这说明:边际收益等于边际成本是取得最大利润的必要条件.

由 $L''(Q) < 0$,得 $R''(Q) < C''(Q)$.

这说明:边际收益的变化率小于边际成本的变化率是取得最大利润的充分条件.

例 6 （最大收益问题）某商品的价格 P 与需求量 Q 关系为 $P=10-\frac{Q}{5}$，Q 为多少时总收益最大？

解：

$$R(Q)=P\cdot Q=10Q-\frac{Q^2}{5}$$

$$R'(Q)=10-\frac{2}{5}Q \qquad R''(Q)=-\frac{2}{5}<0$$

令 $R'(Q)=0$，得 $Q=25$，此时 $R(Q)$ 取得极大值，且极值唯一，所以，当 $Q=25$ 时，总收益 $R(Q)$ 最大.

例 7 （最大税收问题）某种商品的平均成本 $\bar{C}(x)=2$，价格函数为 $P(x)=20-4x$，其中 x 为商品数量，国家向企业每件商品征税为 t. 问题：① 工厂销售多少商品时才使利润最大？② 若工厂获最大利润，t 取什么值才能使总税收最大？

解：

总收益函数 $R(x)=x\cdot P(x)=20x-4x^2 \qquad (x>0)$

总成本函数 $C(x)=x\cdot\bar{C}(x)=2x$

总税收函数 $\nu(x)=tx \qquad (t>0)$

总利润函数 $L(x)=R(x)-C(x)-\nu(x)=(18-t)x-4x^2$

$L'(x)=18-t-8x,\ L''(x)=-8<0$

令 $L'(x)=0$，得 $x=\frac{18-t}{8}$.

最大利润为：

$$L\left(\frac{18-t}{8}\right)=\frac{(18-t)^2}{8}-4\times\frac{(18-t)^2}{64}=\frac{(18-t)^2}{16}$$

在获得最大利润时的税收为：

$$\nu(t)=t\cdot x=\frac{18t-t^2}{8}$$

且：

$$\nu'(t)=\frac{9-t}{4}, \qquad \nu''(t)=-\frac{1}{4}<0$$

令 $\nu'(t)=0$，得：

$$t=9, \qquad \nu''(9)<0$$

所以当 $t=9$ 时，税收 $\nu(t)$ 取得最大值：

$$\nu(9)=\frac{9(18-9)}{8}=\frac{81}{8}$$

因此，当 $t=9$，$x=\frac{9}{8}$ 时工厂获得最大利润为 $L\left(\frac{9}{8}\right)=\frac{81}{16}$.

习题 3.5

1. 求下列函数的最大值和最小值：

(1) $y=x^4-2x^2+5, x\in[-2,3]$；　　(2) $y=xe^{-x}, x\in[0,3]$；

(3) $y=x-\sqrt{x-1}, x\in[1,5]$.

2. 在半径为 R 的半圆内作一内接矩形，怎样设计能使内接矩形的面积最大？

3. 某煤气公司欲做一个容积为 192π 立方米的有盖圆柱形储气罐，已知罐底单位造价为周围及罐顶单位造价的两倍. 储气罐的尺寸应怎样设计才能使总造价最低？

4. 某水泥厂每月生产某种型号水泥的固定成本为 100 万元，每生产一吨成本增加 200 元，收益为 $R(q) = 850q - 0.1q^2$（单位：元）. 每月生产多少吨能使利润最大？最大利润是多少？

5. 某商品的需求量 q 与价格 p 的函数关系为 $q = 50 - \frac{p}{5}$，求：

（1）当 $q = 20$ 时的总收益 R、平均收益 $\bar{R}$ 及边际收益 R'；

（2）当 q 为多少时总收益最大？最大总收益是多少？

6. 某工厂生产某种产品，固定成本为 80 000 元，每生产一单位产品成本增加 200 元. 市场上每年可销售此种商品 800 单位，其总收益 R 是年产量 q 的函数：

$$R = R(q) = \begin{cases} 800q - \frac{1}{2}q^2, & 0 \leqslant q \leqslant 800 \\ 300\,000, & q > 800 \end{cases}$$

每年生产多少单位产品时可获得最大总利润？最大总利润是多少？

＊3.6　曲线的凹凸与函数图形

3.6.1　曲线的凹凸与拐点

前面我们利用导数的知识讨论了函数的单调性和极值，从而知道应用导数可以判断函数图形上升和下降的规律，可以掌握曲线变化的大致情况，但还不能完全反映曲线的变化规律. 例如 $y = \sqrt{x}$ 和 $y = x^2$ 在区间 $(0, 1)$ 内图像都是上升的，但两条曲线的凹凸性却很不相同，如图 3 - 7 所示.

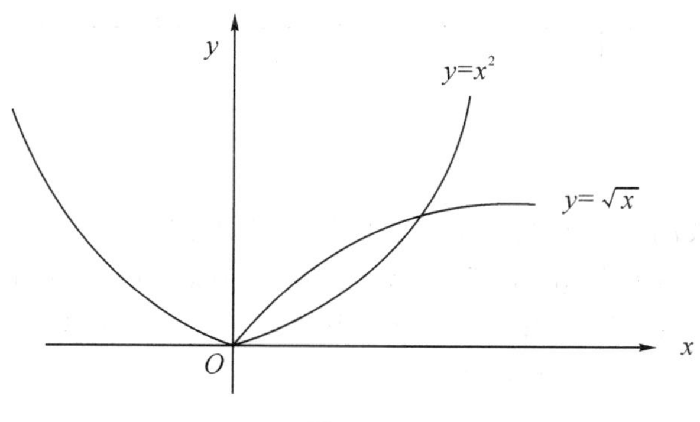

图 3 - 7

定义 3.2　设函数 $y = f(x)$ 在区间 (a, b) 内连续，若曲线弧位于其任意一点的切线上方，则称曲线在 (a, b) 内是凹的（如图 3 - 8 所示）；若曲线弧位于其任意一点的切线下方，则称曲线在 (a, b) 内是凸的（如图 3 - 9 所示）.

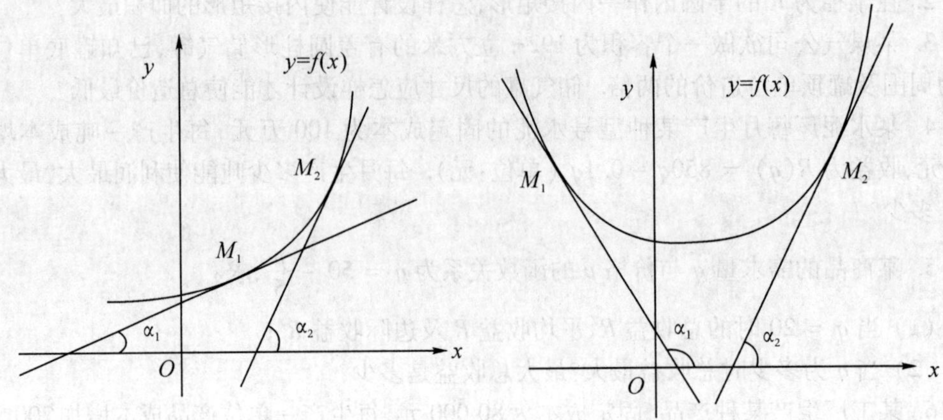

图 3 - 8

由图 3 - 8 和图 3 - 9 可以看出,如果曲线是凹的,则曲线的切线斜率随 x 的增大而增大,即 $f'(x)$ 是单调增加函数,此时 $f''(x)>0$;如果曲线是凸的,曲线的切线斜率随 x 的增大而减小,即 $f'(x)$ 是单调减少函数,此时 $f''(x)<0$. 可见,曲线的凹凸性与二阶导数 $f''(x)$ 的符号有关.

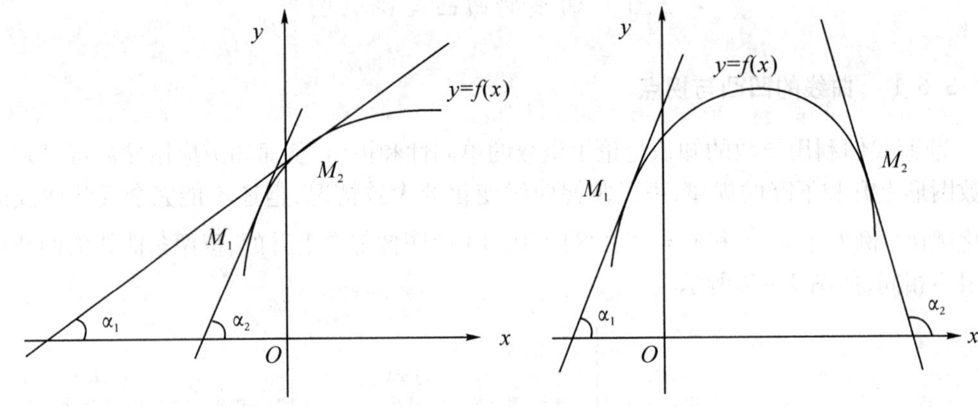

图 3 - 9

定理 9 设函数 $f(x)$ 在区间 (a, b) 内具有二阶导数:

(1) 如果在 (a, b) 内,恒有 $f''(x)>0$,则曲线 $f(x)$ 在 (a, b) 内是凹的;

(2) 如果在 (a, b) 内,恒有 $f''(x)<0$,则曲线 $f(x)$ 在 (a, b) 内是凸的.

例 1 判断曲线 $y=x^3$ 的凹凸性.

解:

函数定义域为 $(-\infty, +\infty)$,且:

$$y'=3x^2, y''=6x$$

所以,当 $x<0$ 时, $y''<0$,曲线在 $(-\infty, 0)$ 内是凸的;当 $x>0$ 时, $y''>0$,曲线在 $(0, +\infty)$ 内是凹的.

如图 3 - 10 所示,这里点 $(0, 0)$ 是曲线由凸变凹的分界点.

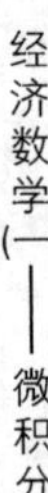

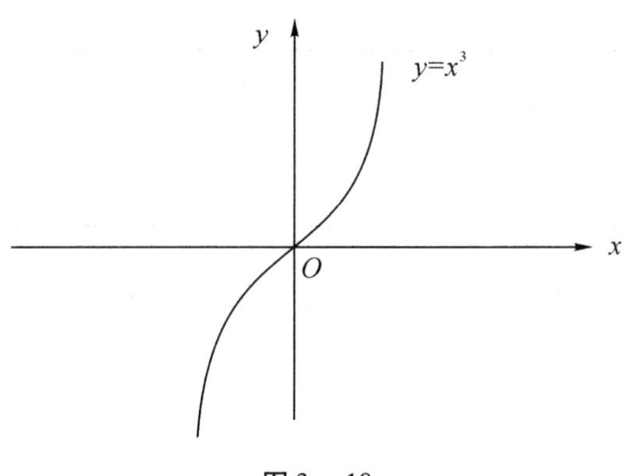

图 3 - 10

定义 3.3　连续曲线上凸的曲线弧与凹的曲线弧的分界点称为拐点.

例如,在例 1 中曲线 $y = x^3$ 的拐点是(0,0),由于拐点是曲线凹凸的分界点,所以在拐点左,右近旁的$f''(x)$ 必然异号,因此在拐点处只能是$f''(x) = 0$ 或$f''(x)$ 不存在. 从而利用二阶导数的符号可以判别曲线的拐点.

例 2　判断曲线 $y = \ln(1 + x^2)$ 的凹凸性,并求其拐点.

解:

(1) 函数定义域为 $(-\infty, +\infty)$.

(2) $y' = \dfrac{2x}{1 + x^2}$, $y'' = \dfrac{2(1 + x)(1 - x)}{(1 + x^2)^2}$

令 $y'' = 0$, 得 $x_1 = -1$, $x_2 = 1$.

(3) 列表分析,如表 3 - 5 所示.

表 3 - 5

x	$(-\infty, -1)$	-1	$(-1,1)$	1	$(1, +\infty)$
y''	−	0	+	0	−
y	∩	拐点$(-1,\ln2)$	∪	拐点$(1,\ln2)$	∩

其中,表中的符号“∪”,“∩”分别表示曲线是“凹”的和“凸”的.

由表 3 - 5 得,曲线在区间$(-\infty, -1)$ 和$(1, +\infty)$ 内是凸的,在区间$(-1,1)$ 内是凹的. 曲线的拐点为$(-1,\ln2)$ 和$(1,\ln2)$.

例 3　求曲线$f(x) = 2 + (x - 4)^{\frac{1}{3}}$ 的凹凸区间与拐点.

解:

(1) 函数定义域为$(-\infty, +\infty)$.

(2) $f'(x) = \dfrac{1}{3(x - 4)^{\frac{2}{3}}}$　$f''(x) = -\dfrac{2}{9(x - 4)^{\frac{5}{3}}}$

当 $x = 4$ 时,$f''(x)$ 不存在.

(3) 列表分析,如表 3 - 6 所示。

表 3 - 6

x	$(-\infty, 4)$	4	$(4, +\infty)$
$f''(x)$	+	不存在	-
$f(x)$	∪	拐点(4,2)	∩

由表 3 - 6 得,曲线在区间$(-\infty, 4)$内是凹的,在区间$(4, +\infty)$内是凸的,曲线的拐点为(4,2).

3.6.2 函数图形

根据前几节讨论的函数的各种特性,就可以比较准确的描绘出函数的图形,下面举例说明.

例 4 作函数 $f(x) = \frac{1}{\sqrt{2\pi}}e^{-\frac{x^2}{2}}$ 的图形.

解:

(1) 函数的定义域为$(-\infty, +\infty)$.

(2) 对称性:由$f(-x) = f(x)$,可知$f(x)$是偶函数,故其图形关于 y 轴对称.

且 $$f'(x) = \frac{-x}{\sqrt{2\pi}}e^{-\frac{x^2}{2}}, \quad f''(x) = \frac{1}{\sqrt{2\pi}}e^{-\frac{x^2}{2}}(x^2 - 1)$$

(3) 令$f'(x) = 0$,得$x_1 = 0$,再令$f''(x) = 0$,得$x_2 = -1$ $x_3 = 1$.

(4) 单调性、凹凸性、极值和拐点列表分析,如表 3 - 7 所示。

表 3 - 7

x	$(-\infty, -1)$	-1	$(-1, 0)$	0	$(0, 1)$	1	$(1, +\infty)$
$f'(x)$	+		+	0	-		-
$f''(x)$	+	0	-		-	0	+
$f(x)$	↗ ∪	$(-1, \frac{1}{\sqrt{2\pi e}})$ (拐点)	↗ ∩	$\frac{1}{\sqrt{2\pi}}$ (极大值)	↘ ∩	$(1, \frac{1}{\sqrt{2\pi e}})$ (拐点)	↘ ∪

(5) 渐近线为:由$\lim_{x \to \infty} f(x) = 0$知,有一条水平渐近线$y = 0$.

一般地,对于给定的函数$y = f(x)$,如果$\lim_{x \to \infty} f(x) = b$ (b 为常数),则$y = b$称为曲线$y = f(x)$的一条水平渐近线;如果$\lim_{x \to x_0} f(x) = \infty$ (x_0 为常数),则$x = x_0$称为曲线$y = f(x)$的一条垂直渐近线.

(6) 描点$A(-1, \frac{1}{\sqrt{2\pi e}})$, $B(0, \frac{1}{\sqrt{2\pi}})$, $C(1, \frac{1}{\sqrt{2\pi e}})$. 先做出区间$(0, +\infty)$内的图形,然后利用对称性做出区间$(-\infty, 0)$内的图形,其中$\frac{1}{\sqrt{2\pi}} \approx 0.4$, $\frac{1}{\sqrt{2\pi e}} \approx 0.24$,从而画出函数图形,如图 3 - 11 所示.

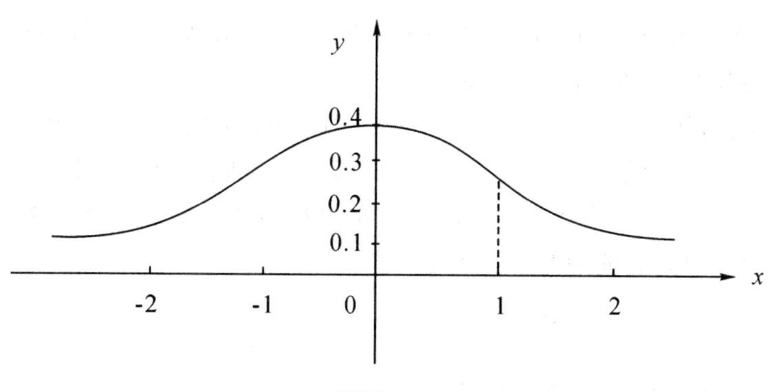

图 3 － 11

注：这个函数曲线在概率统计中是一条重要的曲线(正态分布曲线).

现将画函数图形的一般步骤归纳如下：

(1) 确定函数定义域；

(2) 确定曲线的对称性；

(3) 确定函数的单调区间和极值；

(4) 确定曲线的凹凸区间与拐点；

(5) 确定曲线的渐近线；

(6) 求一些辅助点，如曲线与坐标轴的交点，根据以上条件，描出各点并连成光滑的曲线.

习题 3.6*

1. 求下列曲线的凹凸区间和拐点：

(1) $y = e^{-x}$；　(2) $y = 3x^4 - 4x^3$；　(3) $y = xe^x$；

(4) $y = \dfrac{x}{1+x^2}$；　(5) $y = x^2 + \ln x$；　(6) $y = 3x^{\frac{5}{3}} + \dfrac{5}{3}x^2$.

2. a 及 b 为何值时，点(1,3)为曲线 $y = ax^3 + 3x^2 + b$ 的拐点？

3. 求下列曲线的渐近线：

(1) $y = e^x$；(2) $y = \ln x$；　(3) $y = \dfrac{e^x}{x-1}$；　(4) $y = x + e^x$；(5) $y = \dfrac{x^3}{(x+1)^2}$.

4. 描绘下列函数的图形：

(1) $y = x^3 - x^2 + 1$；　(2) $y = x - \ln x$；　(3) $y = \dfrac{x^2}{x-1}$；　(4) $y = \dfrac{x^2}{2} - \dfrac{1}{x}$.

习题三

一、单项选择题

1. 下列函数在给定区间上满足罗尔中值定理条件的是(　　).

A. $y = x^2 - x - 2, [-1,2]$　　B. $y = \dfrac{1}{\sqrt{(x-2)^2}}, [0,3]$

C. $y = xe^x, [0,2]$　　D. $y = |x|, [-1,1]$

2. 若函数$f(x)$在闭区间$[a,b]$上连续,在开区间(a,b)内可导,则拉格朗日公式$f(b)-f(a)=f'(\xi)\cdot(b-a)$中的$\xi$是(　　).

A. (a,b)内的任一点　　B. (a,b)内唯一的一点

C. 在(a,b)内至少存在的一点　　D. 闭区间$[a,b]$的中点

3. 已知函数$f(x)=x^3$在闭区间$[0,1]$上满足拉格朗日中值定理的条件,则在开区间$(0,1)$内拉格朗日中值定理中的值$\xi=$(　　).

A. $-\frac{\sqrt{3}}{3}$　　B. $\frac{\sqrt{3}}{3}$　　C. $\pm\frac{\sqrt{3}}{3}$　　D. $\frac{1}{3}$

4. 在下列函数中,能使用洛必达法则的是(　　).

A. $\lim\limits_{x\to\infty}\frac{\sin x}{x}$　　B. $\lim\limits_{x\to 0}\frac{\sin x}{x}$　　C. $\lim\limits_{x\to\frac{\pi}{2}}\frac{\tan x}{\sin 3x}$　　D. $\lim\limits_{x\to 0}\frac{x^2\sin\frac{1}{x}}{\sin x}$

5. 若函数$f(x)=ax^2+b$在区间$(0,+\infty)$内单调递减,则a、b应满足的条件是(　　).

A. $a<0,b=0$　　B. $a>0,b$为任意实数

C. $a<0,b\neq 0$　　D. $a<0,b$为任意实数

6. "$x=x_0$是$f(x)$的可导极值点"是"$x=x_0$是$f(x)$的驻点"的(　　).

A. 充要条件　　B. 必要条件　　C. 充分条件　　D. 无关条件

7. 若函数$f(x)$在点$x=x_0$处取得极小值,则必有(　　).

A. $f'(x_0)=0$　　B. $f''(x_0)>0$

C. $f'(x_0)=0$且$f''(x_0)>0$　　D. $f'(x_0)=0$或$f'(x_0)$不存在

8*. 若函数$f(x)$在开区间(a,b)内恒有$f'(x)>0$和$f''(x)>0$,则曲线$y=f(x)$在(a,b)内(　　).

A. 单调递增向上凸　　B. 单调递增向下凸

C. 单调递减向上凸　　D. 单调递减向下凸

9*. "$f''(x_0)=0$"是"曲线$y=f(x)$在点$x=x_0$处有拐点"的(　　).

A. 充要条件　　B. 必要条件　　C. 充分条件　　D. 无关条件

10*. 曲线$y=x^3+x^5$有(　　)个拐点.

A. 1　　B. 2　　C. 3　　D. 4

11*. 曲线$y=f(x)$有垂直渐近线的充分条件是(　　).

A. $\lim\limits_{x\to\infty}f(x)=0$　　B. $\lim\limits_{x\to\infty}f(x)=\infty$　　C. $\lim\limits_{x\to x_0}f(x)=0$　　D. $\lim\limits_{x\to x_0}f(x)=\infty$

12*. 曲线$y=\frac{x^2}{x^2-1}$有(　　)条渐近线.

A. 1　　B. 2　　C. 3　　D. 4

二、填空题

1. 函数$f(x)=x\sqrt{3-x}$在闭区间$[0,3]$上满足罗尔中值定理的条件,则由罗尔中值定理确定的$\xi=$______.

2. 若在区间I上$f'(x)=0$,则在区间I上$f(x)=$______.

3. $\lim\limits_{x\to 0}\frac{\sin\alpha x}{\tan\beta x}=$______(其中$\alpha\neq 0,\beta\neq 0$).

4. 函数$f(x)=\frac{x^4}{4}+x$在区间______上单调增加.

5. 方程$x^5+x-1=0$有______个正根.

6. 若函数$y=f(x)$由方程$xy+e^y=e$确定,则$f'(0)=$ ______.

7. 若$x=2$是函数$f(x)=x^2+ax$的极值点,则$a=$ ______.

8. 函数$f(x)=x^4-4x^3+8$在闭区间$[-1,1]$上的最小值是 ______.

9*. 若$(1,4)$是曲线$y=ax^3+bx^2+2$的拐点,则$a=$ ______,$b=$ ______.

10*. 曲线$y=x-\arctan x$的拐点是______.

三、解答题

1. 证明:若函数$f(x)$在闭区间$[a,b]$上连续,在开区间(a,b)内可导,且$f(a)=a$,$f(b)=b$,则$\exists\xi\in(a,b)$,使得$f'(\xi)=1$.

2. 证明:若函数$f(x)$在闭区间$[a,b]$上连续,在开区间(a,b)内可导,则$\exists\xi\in(a,b)$,使得$\frac{bf(b)-af(a)}{b-a}=f(\xi)+\xi f'(\xi)$.

3. 用洛必达法则计算下列$\frac{0}{0}$型未定式的极限:

(1) $\lim\limits_{x\to0}\frac{x-\sin x}{x^2(e^x-1)}$;　(2) $\lim\limits_{x\to\frac{\pi}{2}}\frac{\ln(\sin x)}{(\pi-2x)^2}$;　(3) $\lim\limits_{x\to0}\frac{e^{x^3}-1}{x(1-\cos x)}$;

(4) $\lim\limits_{x\to+\infty}\frac{\ln(x\ln x)}{x^2}$;　(5) $\lim\limits_{x\to0^+}\frac{\ln x}{\cot x}$;　(6) $\lim\limits_{x\to1}(1-x)\tan\frac{\pi x}{2}$;

(7) $\lim\limits_{x\to0}\left(\cot x-\frac{1}{x}\right)$;　(8) $\lim\limits_{x\to0}\left(\frac{3^x+4^x}{2}\right)^{\frac{1}{x}}$;　(9) $\lim\limits_{x\to0}(1+\sin x)^{\frac{1}{x}}$;

(10) $\lim\limits_{x\to0^+}\left(\ln\frac{1}{x}\right)^x$.

4*. 计算极限$\lim\limits_{x\to0}\left[\frac{(1+x)^{\frac{1}{x}}}{e}\right]^{\frac{1}{x}}$.

5. 求下列函数的单调区间:

(1) $y=\frac{x^2}{2}-\ln x$;　(2) $y=x|x|$.

6. 证明下列不等式:

(1) $\sqrt[n]{1+x}<1+\frac{1}{n}x\quad(x>0,\ n>1)$;　(2) $\frac{\ln(1+x)}{\ln x}>\frac{x}{1+x}\quad(x>1)$;

(3) $x+\frac{x^3}{3}<\tan x\quad\left(0<x<\frac{\pi}{2}\right)$.

7. 证明:若$0\leqslant x\leqslant1$且$p>1$,则$\frac{1}{2^{p-1}}\leqslant x^p+(1-x)^p\leqslant1$.

8. 已知函数$f(x)=ax^3-6ax^2+b(a>0)$在闭区间$[-1,2]$的最大值是3,最小值是-29,求a、b的值.

9. 欲用围墙围成一个面积为384m^2的一块矩形土地,并在正中用一堵墙将其隔成两块. 如何设计这块土地的长和宽,才能最节省建筑材料?

10. 已知某企业生产 q 件产品的总成本为 $C(q)=30\,000+250q+\frac{q^2}{50}$,而每件产品以 600 元出售. 应生产多少件产品时能使所获得的利润最大?

11. 已知某企业生产的某种商品的市场需求量 q(单位:件) 与其价格 p(单位:元) 的函数关系为 $q=12\,000-80p$,在产销平衡的情况下,总成本为 $C=25\,000+50q$,又每件商品的纳税额为 2 元. 当价格 p 为多少时企业所获利润最大,最大利润是多少?

12. 已知某商家销售某种商品的价格 p(单位:万元) 与其市场需求量 q(单位:吨) 的函数关系为 $p=7-0.2q$,而商品的总成本函数为 $C(q)=3q+1$.

(1) 若每销售 1 吨,政府要征税 t 万元,求该商家获得最大利润时的销售量;

(2) t 为何值时,政府税收总额最大?

13. 已知某厂生产某产品的固定成本是 10 万元,每生产 100 件成本增加 3 万元,市场每年可销售此种商品 1 200 件. 设产量为 q(百件) 时的总收入为:

$$R(q)=\begin{cases}8q-\frac{q^2}{4}, & 0\leqslant q\leqslant 12,\\ 80, & q>12,\end{cases}\text{(单位:万元)}$$

产量 q 为多少时能使总利润最大?最大总利润是多少?

14*. 若(1,1) 既是曲线 $y=ax^3+bx^2+cx$ 的极值点又是拐点,求 a、b、c 的值.

第四章 不定积分

前面几章我们已经学过了如何求已知函数的导数或者微分，但在实际生活中，常常需要解决与此相反的问题，即知道一个函数的导数或微分，去求原来的函数．本章的主要内容就是来解决此类问题，即介绍不定积分的概念、性质以及不定积分的计算方法．

4.1　不定积分的概念与性质

4.1.1　原函数与不定积分的概念

定义 4.1　设函数 $f(x)$ 在区间 I 上有定义，若存在 $F(x)$，使对于任意的 $x \in I$，都有：

$$F'(x) = f(x) \quad 或者 \quad dF(x) = f(x)\mathrm{d}x$$

则称 $F(x)$ 是 $f(x)$ 在 I 上的一个原函数，而 $f(x)$ 的全体原函数称为 $f(x)$ 的不定积分，记为 $\int f(x)\mathrm{d}x$.

例如，$(x^3)' = 3x^2 \quad x \in (-\infty, +\infty)$，则 x^3 是 $3x^2$ 的一个原函数.

$(x^3 + 2)' = 3x^2 \quad x \in (-\infty, +\infty)$，则 $x^3 + 2$ 也是 $3x^2$ 的一个原函数.

从定义和例子可以看出，$f(x)$ 若是有原函数，则一定有无穷多个原函数并且这些不同的原函数之间仅相差一个常数.

设 $F(x)$ 是 $f(x)$ 的一个原函数，则 $f(x)$ 的所有原函数可表示为 $F(x) + c$（c 为任意常数）. 由上面不定积分的定义，我们可以知道，如果 $F(x)$ 是 $f(x)$ 的一个原函数，那么 $\int f(x)\mathrm{d}x = F(x) + c$（$c$ 为任意常数）就是 $f(x)$ 的全体原函数，这样我们就得到了求 $f(x)$ 的不定积分 $\int f(x)\mathrm{d}x$ 的方法，就是求 $f(x)$ 的全体原函数，也就是求出一个原函数再加上一个常数.

例 1　求不定积分 $\int 2x\mathrm{d}x$.

解：

因为 $(x^2)' = 2x$，所以 $\int 2x\mathrm{d}x = x^2 + c$　（c 为任意常数）.

例 2　求不定积分 $\int \cos x\mathrm{d}x$.

解：

因为$(\sin x)' = \cos x$，所以$\int \cos x dx = \sin x + c$ （c 为任意常数）.

例 3 求不定积分$\int \frac{1}{x} dx$.

解：

当 $x > 0$ 时，$(\ln x)' = \frac{1}{x}$；当 $x < 0$ 时，即 $-x > 0$：

$[\ln(-x)]' = \frac{1}{-x} \cdot (-1) = \frac{1}{x}$

故 $\ln x$ 是$\frac{1}{x}$在$(0, +\infty)$上的一个原函数. 又因 $\ln(-x)$ 是$\frac{1}{x}$在$(-\infty, 0)$上的一个原函数，从而：

$$\int \frac{1}{x} dx = \ln|x| + c (x \neq 0, c \text{ 为任意常数})$$

4.1.2 不定积分的几何意义

设 $F'(x) = f(x)$，也就是说 $F(x)$ 是$f(x)$ 的一个原函数，则 $y = F(x)$ 称为$f(x)$ 的一条积分曲线，$\int f(x) dx = F(x) + c$，当 c 选定一个确定的值 c_0，就对应$f(x)$ 的一个原函数 $F(x) + c_0$，也就是说在直角坐标系 xoy 中，$y = F(x) + c_0$就是$f(x)$ 的一条积分曲线，因为 c 可以取任意实数值，所以积分曲线有无穷多条. 如果把 $y = F(x)$ 沿 y 轴向上或向下平行移动，就得到了一簇曲线，这些曲线就是 $f(x)$ 的积分曲线簇. 因此，不定积分$\int f(x) dx$ 的几何意义：$\int f(x) dx$ 是全部积分曲线所组成的积分曲线簇，这簇曲线的特点是在横坐标相同的点处所有的切线都是彼此平行的，其斜率为$[F(x) + c]' = f(x)$，如图 4 - 1 所示.

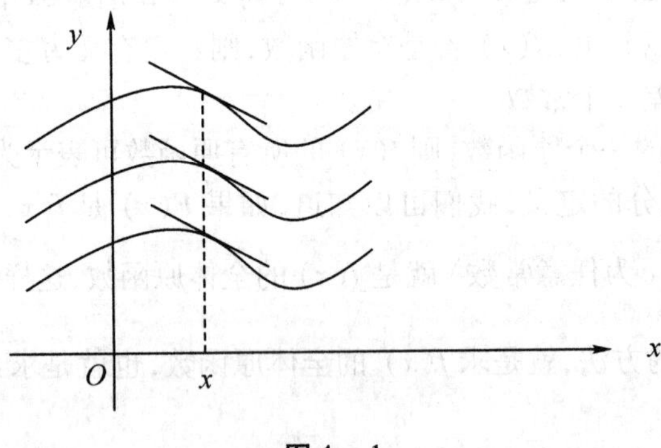

图 4 - 1

4.1.3 不定积分的性质

性质 1：不定积分与导数或微分互为逆运算.

$[\int f(x) dx]' = f(x)$ 或 $d[\int f(x) dx] = f(x) dx$

$\int F'(x)\mathrm{d}x = F(x) + c$ 或 $\int \mathrm{d}F(x) = F(x) + c$

性质2:有限个可积函数和的积分等于各函数积分之和.

$\int [f_1(x) + f_2(x) + \cdots + f_n(x)]\mathrm{d}x = \int f_1(x)\mathrm{d}x + \int f_2(x)\mathrm{d}x + \cdots + \int f_n(x)\mathrm{d}x$

性质3:被积函数中不为零的常数因子可以移到积分符号前面.

$$\int kf(x)\mathrm{d}x = k \cdot \int f(x)\mathrm{d}x \quad (k \neq 0)$$

4.1.4 基本积分公式

根据不定积分的定义以及前面的基本初等函数的微分公式,可以得到积分的基本公式如下:(c 为任意常数)

1. $\int 0\mathrm{d}x = c$

2. $\int x^a \mathrm{d}x = \dfrac{1}{a+1}x^{a+1} + c$ (a 为常数且 $a \neq -1$)

当 $a = -2$ 时,$\int \dfrac{1}{x^2}\mathrm{d}x = -\dfrac{1}{x} + c$

当 $a = \dfrac{1}{2}$ 时,$\int \dfrac{1}{\sqrt{x}}\mathrm{d}x = 2\sqrt{x} + c$

当 $a = -1$ 时,$\int \dfrac{1}{x}\mathrm{d}x = \ln|x| + c$ ($x \neq 0$)

3. $\int a^x \mathrm{d}x = \dfrac{1}{\ln a}a^x + c$ ($a > 0$)

4. $\int \mathrm{e}^x \mathrm{d}x = \mathrm{e}^x + c$

5. $\int \cos x\mathrm{d}x = \sin x + c$

6. $\int \sin x\mathrm{d}x = -\cos x + c$

7. $\int \csc^2 x\mathrm{d}x = \int \dfrac{1}{\sin^2 x}\mathrm{d}x = -\cot x + c$

8. $\int \sec^2 x\mathrm{d}x = \int \dfrac{1}{\cos^2 x}\mathrm{d}x = \tan x + c$

9. $\int \sec x \tan x\mathrm{d}x = \sec x + c$

10. $\int \csc x \cot x\mathrm{d}x = -\csc x + c$

11. $\int \dfrac{1}{\sqrt{1-x^2}}\mathrm{d}x = \arcsin x + c$

12. $\int \dfrac{1}{1+x^2}\mathrm{d}x = \arctan x + c$

以上给出的基本积分公式是计算不定积分的基础,必须熟记.

利用上面的基本积分公式和不定积分的运算性质,可以直接计算一些较简单的不定积分,这种方法一般称为直接积分法.

例 4 求$\int(3x^4+\sqrt{x}-\frac{1}{x}+2)\mathrm{d}x$.

解:

$$\int(3x^4+\sqrt{x}-\frac{1}{x}+2)\mathrm{d}x=3\int x^4\mathrm{d}x+\int\sqrt{x}\mathrm{d}x-\int\frac{1}{x}\mathrm{d}x+\int 2\mathrm{d}x$$

$$=3\cdot\frac{1}{1+4}x^{4+1}+\frac{1}{\frac{1}{2}+1}x^{\frac{1}{2}+1}-\ln|x|+2x+c$$

$$=\frac{3}{5}x^5+\frac{2}{3}x^{\frac{3}{2}}-\ln|x|+2x+c\quad(c\text{为任意常数})$$

例 5 求$\int\frac{4x^2}{x^2+1}\mathrm{d}x$.

解:

$$\int\frac{4x^2}{x^2+1}\mathrm{d}x=4\int\frac{x^2+1-1}{x^2+1}\mathrm{d}x=4\int(1-\frac{1}{x^2+1})\mathrm{d}x=4x-4\arctan x+c$$(c为任意常数)

例 6 求$\int\frac{1}{x^2(1+x^2)}\mathrm{d}x$.

解:

$$\int\frac{1}{x^2(1+x^2)}\mathrm{d}x=\int(\frac{1}{x^2}-\frac{1}{1+x^2})\mathrm{d}x=\int\frac{1}{x^2}\mathrm{d}x-\int\frac{1}{1+x^2}\mathrm{d}x=-\frac{1}{x}-\arctan x+c$$

(c为任意常数)

例 7 求$\int\frac{(x-1)^2}{x}\mathrm{d}x$.

解:

$$\int\frac{(x-1)^2}{x}\mathrm{d}x=\int\frac{x^2-2x+1}{x}\mathrm{d}x$$

$$=\int(x-2+\frac{1}{x})\mathrm{d}x$$

$$=\int x\mathrm{d}x-2\int\mathrm{d}x+\int\frac{1}{x}\mathrm{d}x$$

$$=\frac{1}{2}x^2-2x+\ln|x|+c\quad(c\text{为任意常数})$$

例 8 求$\int\cos^2\frac{x}{2}\mathrm{d}x$.

解:

$$\int\cos^2\frac{x}{2}\mathrm{d}x=\int\frac{1+\cos x}{2}\mathrm{d}x$$

$$=\frac{1}{2}\int\mathrm{d}x+\frac{1}{2}\int\cos x\mathrm{d}x$$

$$=\frac{1}{2}x+\frac{1}{2}\sin x+c\quad(c\text{为任意常数})$$

例 9　求$\int \frac{1}{\sin^2 x\cos^2 x}dx$.

解：

$$\begin{aligned}\int \frac{1}{\sin^2 x\cos^2 x}dx &= \int \frac{\sin^2 x + \cos^2 x}{\sin^2 x\cos^2 x}dx \\ &= \int \frac{1}{\cos^2 x}dx + \int \frac{1}{\sin^2 x}dx \\ &= \tan x - \cot x + c \quad (c\text{ 为任意常数})\end{aligned}$$

例 10　求$\int \sqrt{x\sqrt{x\sqrt{x}}}dx$.

解：

$$\begin{aligned}\int \sqrt{x\sqrt{x\sqrt{x}}}dx &= \int x^{\frac{7}{8}}dx \\ &= \frac{1}{\frac{7}{8}+1}x^{\frac{7}{8}+1} + c \\ &= \frac{8}{15}x^{\frac{15}{8}} + c \quad (c\text{ 为任意常数})\end{aligned}$$

例 11　求$\sqrt{x\sqrt{x}}(1 - \frac{1}{x^2})dx$积分.

$$\int \sqrt{x\sqrt{x}}(1 - \frac{1}{x^2})dx = \int x^{\frac{1}{2}} \cdot x^{\frac{1}{4}}(1 - \frac{1}{x^2})dx$$

$$= \int (x^{\frac{3}{4}} - x^{-\frac{5}{4}})dx$$

$$= \frac{4}{7}x^{\frac{7}{4}} + 4x^{-\frac{1}{4}} + C$$

例 12　求$\int e^x(1 - \frac{e^{-x}}{x})dx$积分.

$$\int e^x(1 - \frac{e^{-x}}{x})dx = \int (e^x - \frac{1}{x})dx = \int e^x dx - \int \frac{1}{x}dx = e^x - \ln|x| + C$$

习题 4.1

1. 已知$f'(x) = x^2$且$f(0) = 1$，求$f(x)$.

2. 一曲线通过点$(e^3, 4)$，且在任一点(x, y)处的切线的斜率为$\frac{1}{x}$，求该曲线的方程.

3. 已知动点在时刻t的速度为$v = 2t$，且$t = 0$时$S = 4$，求此动点的运动方程.

4. 求下列函数的不定积分：

(1) x^3；　(2) e^x；　(3) $3x^2$；　(4) $\frac{1}{x^3}$；　(5) $\frac{1}{2\sqrt{x}}$.

5. 求下列不定积分：

(1) $\int 4x^2 dx$；　(2) $\int x^2\sqrt{x}dx$；　(3) $\int x^3\sqrt[3]{x}dx$；

(4) $\int \frac{dx}{x^2\sqrt[3]{x}}$；　(5) $\int \sqrt[n]{x^m}dx$；　(6) $\int (x^2 + 2x + 3)dx$；

(7) $\int \frac{(t-1)^2}{t^2}\mathrm{d}t$;　(8) $\int \frac{1-x}{\sqrt{x}}\mathrm{d}x$;　(9) $\int\left(\frac{2}{1+x^2}+\frac{3}{\sqrt{1-x^2}}\right)\mathrm{d}x$;

(10) $\int 2^x \mathrm{e}^x \mathrm{d}x$;　(11) $\int \frac{3\cdot 2^x+5\cdot 3^x}{2^x}\mathrm{d}x$;　(12) $\int \sec x(\tan x-3\sec x)\mathrm{d}x$;

(13) $\int \frac{x^2}{1+x^2}\mathrm{d}x$;　(14) $\int \frac{2x^4+2x^2+1}{x^2+1}\mathrm{d}x$;　(15) $\int \frac{1}{1-\cos 2x}\mathrm{d}x$;

(16) $\int \sin^2\frac{x}{2}\mathrm{d}x$;　(17) $\int (10^x+\cot^2 x)\mathrm{d}x$.

4.2　不定积分的换元积分法

利用直接积分法计算积分,所能计算出来的积分是十分有限的,因此需要进一步求证计算积分的方法. 本节介绍一种计算积分的基本方法 —— 换元积分法,换元积分法又分为第一类换元积分法("凑"积分法)和第二类换元积分法.

4.2.1　第一类换元积分法

我们知道如果 $F'(u)=f(u)$,则 $\int f(u)\mathrm{d}u=F(u)+c$,若存在一个中间变量 u($u=\varphi(x)$ 且有连续的导数),则以上公式变为:

$$\int f[\varphi(x)]\mathrm{d}\varphi(x)=F[\varphi(x)]+c$$

整理得:

$$\int f[\varphi(x)]\cdot\varphi'(x)\mathrm{d}x=F[\varphi(x)]+c$$

换句话说,我们求不定积分 $\int f(u)\mathrm{d}u$,若通过直接积分法不能求出,且 u 可以写成 $u=\varphi(x)$,则积分就变成 $\int f[\varphi(x)]\cdot\varphi'(x)\mathrm{d}x=F[\varphi(x)]+c$. 如果我们求不定积分 $\int f[\varphi(x)]\cdot\varphi'(x)\mathrm{d}x$,也可以用换元法. 具体步骤如下:

$$\int f[\varphi(x)]\cdot\varphi'(x)\mathrm{d}x\xlongequal{\text{凑积分}}\int f[\varphi(x)]\mathrm{d}\varphi(x)\xlongequal{\text{令 }u=\varphi(x)\text{ 求积分}}\int f(u)\mathrm{d}u$$

$$=F(u)+c\xlongequal{\text{回代}}\int f[\varphi(x)]\cdot\varphi'(x)\mathrm{d}x=F[\varphi(x)]+c$$

当然,等我们熟练了以上的步骤,也可不用引入中间变量 $u=\varphi(x)$.

例 1　求不定积分 $\int x\mathrm{e}^{x^2}\mathrm{d}x$.

解:

$$\int x\mathrm{e}^{x^2}\mathrm{d}x=\frac{1}{2}\int \mathrm{e}^{x^2}\mathrm{d}(x^2)=\frac{1}{2}\mathrm{e}^{x^2}+c\quad(c\text{ 为任意常数})$$

例 2　求不定积分 $\int \frac{\mathrm{e}^x}{1+\mathrm{e}^x}\mathrm{d}x$.

解:

$$\int \frac{\mathrm{e}^x}{1+\mathrm{e}^x}\mathrm{d}x=\int \frac{1}{1+\mathrm{e}^x}\mathrm{d}(1+\mathrm{e}^x)=\ln(1+\mathrm{e}^x)+c$$

例3　求不定积分 $\int(\arctan x+2)^2\cdot\frac{1}{1+x^2}dx$.

解:

$$\int(\arctan x+2)^2 d(\arctan x)=\int(\arctan x+2)^2 d(\arctan x+2)$$
$$=\frac{1}{3}(\arctan+2)^3+c\quad(c\text{ 为任意常数})$$

例4　求不定积分 $\int\tan xdx$.

解:

$$\int\tan xdx=\int\frac{\sin x}{\cos x}dx=-\int\frac{1}{\cos x}d(\cos x)=-\ln|\cos x|+c\quad(c\text{ 为任意常数})$$

类似的: $\int\cot xdx=\ln|\sin x|+c$

例5　求不定积分 $\int\frac{dx}{x^2-a^2}$.

解:

$$\int\frac{dx}{x^2-a^2}=\frac{1}{2a}\int\frac{(x+a)-(x-a)}{(x+a)(x-a)}dx=\frac{1}{2a}\int(\frac{1}{x-a}-\frac{1}{x+a})dx$$
$$=\frac{1}{2a}\int\frac{1}{x-a}dx-\frac{1}{2a}\int\frac{1}{x+a}dx=\frac{1}{2a}\cdot\ln|x-a|-\frac{1}{2a}\cdot\ln|x+a|+c$$
$$=\frac{1}{2a}\cdot\ln\left|\frac{x-a}{x+a}\right|+c\quad(c\text{ 为任意常数})$$

例6　求不定积分 $\int\cos^2 xdx$.

解:

$$\int\cos^2 xdx=\int\frac{1+\cos2x}{2}dx=\frac{1}{2}\int(1+\cos2x)dx=\frac{1}{2}x+\frac{1}{4}\sin2x+c\quad(c\text{ 为任意常数})$$

例7　求不定积分 $\int\sin^3 x\cos xdx$.

解:

$$\int\sin^3x\cos xdx=\int\sin^3xd(\sin x)=\frac{1}{4}\sin^4x+c\quad(c\text{ 为任意常数})$$

4.2.2　第二类换元积分法

前面第一类换元法是把所求积分先凑成基本积分公式的形式,然后作代换 $u=\varphi(x)$,但有些积分很难凑出微分,需要一开始就作代换,把所求的积分化为简单积分,这类方法称为第二类换元积分法. 如果在积分 $\int f(x)dx$ 中,令 $x=\varphi(t)$ 且 $\varphi(t)$ 可导,$\varphi'(t)\neq0$ 则有 $\int f(x)dx=\int f[\varphi(t)]d\varphi(t)=\int f[\varphi(t)]\cdot\varphi'(t)dt$,若比较容易求出原函数 $\Phi(t)$,则可以得到第二类换元积分法:

$$\int f(x)\mathrm{d}x = \Phi[\varphi^{-1}(x)] + c$$

综上所述,第二类换元积分法的步骤如下：（c 为任意常数）

1. 变换积分形式,令 $x = \varphi(t)$ ，保证 $\varphi(t)$ 可导且 $\varphi'(t) \neq 0$,得：

$$\int f(x)\mathrm{d}x = \int f[\varphi(t)] \cdot \varphi'(t)\mathrm{d}t$$

2. 求出 $f[\varphi(t)] \cdot \varphi'(t)$ 的原函数 $\Phi(t)$ 得：

$$\int f[\varphi(t)] \cdot \varphi'(t)\mathrm{d}t = \Phi(t) + c$$

从而：

$$\int f(x)\ \mathrm{d}x = \Phi(x) + c$$

3. 代入原来的变量即由 $x = \varphi(t)$ 解出 $t = \varphi^{-1}(x)$ 从而得到所求的积分：

$$\int f(x)\mathrm{d}x = \Phi[\varphi^{-1}(x)] + c$$

例 8　求$\int \frac{1}{1+\sqrt{x}}\mathrm{d}x$.

解：

设 $\sqrt{x} = t$,则 $x = t^2$,于是

$$\int \frac{1}{1+\sqrt{x}}\mathrm{d}x = \int \frac{1}{1+t}d(t^2) = \int 2\frac{t}{1+t}\mathrm{d}t = 2\int (1 - \frac{1}{1+t})\mathrm{d}t$$

$$= 2t - 2\ln|1+t| + c = 2\sqrt{x} - 2\ln(1+\sqrt{x}) + c \quad (c\text{ 为任意常数})$$

例 9　求$\int \frac{\sqrt{x-1}}{x}\mathrm{d}x$.

解：

设 $\sqrt{x-1} = t$,则 $x = t^2 + 1$,

于是：

$$\int \frac{\sqrt{x-1}}{x}\mathrm{d}x = \int \frac{t}{t^2+1}d(t^2+1) = \int \frac{t}{t^2+1}\cdot 2t\mathrm{d}t = 2\int (1 - \frac{1}{1+t^2})\mathrm{d}t$$

$$= 2(t - \arctan t) + c = 2(\sqrt{x-1} - \arctan\sqrt{x-1}) + c \quad (c\text{ 为任意常数})$$

例 10　求$\int \frac{1}{1+\sqrt{3-x}}\mathrm{d}x$.

解：

设 $\sqrt{3-x} = t$,则 $x = 3 - t^2$,

$$\int \frac{1}{1+\sqrt{3-x}}\mathrm{d}x = \int \frac{1}{1+t}\mathrm{d}(3-t^2) = -2\int \frac{t}{1+t}\mathrm{d}t = -2\int (1 - \frac{1}{1+t})\mathrm{d}t$$

$$= -2(t - \ln|1+t|) + c = -2(\sqrt{3-x} - \ln|1+\sqrt{3-x}|) + c \quad (c\text{ 为任意常数})$$

以上几个例题中,被积函数中含有形如$\sqrt[n]{ax+b}$（n 为正整数）的根式,可由 $\sqrt[n]{ax+b} = t$ 替代,即设 $x = \frac{t^n - b}{a}$;但若被积函数有形如 $\sqrt{a^2 - x^2}$, $\sqrt{x^2 - a^2}$, $\sqrt{x^2 + a^2}$ 之类,则应用三角代换的方式来进行,如被积函数中含有二次根式：

(1) $\sqrt{a^2-x^2}$,令 $x=a\sin t$;

(2) $\sqrt{a^2+x^2}$,令 $x=a\tan t$;

(3) $\sqrt{x^2-a^2}$,令 $x=a\sec t$;

(4) $\sqrt{ax^2+bx+c}$ 配方,得到 $\sqrt{a^2-x^2}$、$\sqrt{a^2+x^2}$、$\sqrt{x^2-a^2}$.

例 11　求 $\int\sqrt{a^2-x^2}\mathrm{d}x\ (a>0)$.

解:

令 $x=a\sin t, 0\leqslant t\leqslant\frac{\pi}{2}$,则 $\mathrm{d}x=a\cos t\mathrm{d}t$

$$\int\sqrt{a^2-x^2}\mathrm{d}x=\int\sqrt{a^2-a^2\sin^2 t}\cdot a\cos t\mathrm{d}t=a^2\int\cos^2 t\mathrm{d}t$$

$$=a^2\int\frac{1+\cos 2t}{2}\mathrm{d}t=a^2\left(\frac{1}{2}t+\frac{1}{4}\sin 2t\right)+c=a^2\left(\frac{1}{2}t+\frac{1}{4}\cdot 2\cdot\sin t\cdot\cos t\right)+c$$

$$=a^2\left(\frac{1}{2}\arcsin\frac{x}{a}+\frac{1}{4}\cdot 2\cdot\frac{x}{a}\cdot\sqrt{1-\left(\frac{x}{a}\right)^2}\right)+c$$

$$=\frac{a^2}{2}\arcsin\frac{x}{a}+\frac{x}{2}\sqrt{a^2-x^2}+c\quad(c\text{ 为任意常数})$$

例 12　求 $\int\frac{1}{\sqrt{x^2+a^2}}\mathrm{d}x\quad(a>0)$.

解:

令 $x=a\tan t, 0\leqslant t<\frac{\pi}{2}$,则 $\mathrm{d}x=a\sec^2 t\cdot\mathrm{d}t$,$t=\arctan\left(\frac{x}{a}\right)$

$$\int\frac{1}{\sqrt{x^2+a^2}}\mathrm{d}x=\int\frac{a\cdot\sec^2 t}{\sqrt{a^2\tan^2 t+a^2}}\mathrm{d}t$$

$$=\int\frac{\sec^2 t}{\sec t}\mathrm{d}t=\int\sec t\mathrm{d}t=\int\frac{\cos t}{\cos^2 t}\mathrm{d}t$$

$$=\int\frac{\mathrm{d}\sin t}{1-\sin^2 t}=\frac{1}{2}\int\left(\frac{1}{1-\sin t}+\frac{1}{1+\sin t}\right)\mathrm{d}\sin t$$

$$=\frac{1}{2}\ln\left|\frac{1+\sin t}{1-\sin t}\right|+c\quad(c\text{ 为任意常数})$$

又因 $\sin t=\frac{x}{\sqrt{x^2+a^2}}$,故:

$$\text{原式}=\frac{1}{2}\ln\left|\frac{x+\sqrt{x^2+a^2}}{\sqrt{x^2+a^2}-x}\right|+c$$

$$=\ln\left|x+\sqrt{x^2+a^2}\right|+c$$

同理　$\int\frac{1}{\sqrt{x^2-a^2}}\mathrm{d}x=\ln\left|x+\sqrt{x^2-a^2}\right|+c\quad(c\text{ 为任意常数})$.

习题 4.2

1. 计算下列不定积分:

(1) $\int(2-3x)^3\mathrm{d}x$; (2) $\int\frac{\mathrm{d}x}{1+2x}$; (3) $\int\frac{1}{1+\sqrt{3-x}}\mathrm{d}x$;

(4) $\int\frac{\mathrm{d}x}{\sqrt[3]{2+3x}}$; (5) $\int\frac{\sin\sqrt{t}}{\sqrt{t}}\mathrm{d}t$; (6) $\int x\cos x^2\mathrm{d}x$;

(7) $\int x\mathrm{e}^{-x^2}\mathrm{d}x$; (8) $\int\frac{x\mathrm{d}x}{\sqrt{3-2x^2}}$; (9) $\int\frac{x^2}{\sqrt[3]{(x^3-5)^2}}\mathrm{d}x$;

(10) $\int\frac{2x^3\mathrm{d}x}{1+x^4}$; (11) $\int\frac{1}{x^2-2x+5}\mathrm{d}x$; (12) $\int\tan^6x\sec^2x\mathrm{d}x$;

(13) $\int\frac{\mathrm{d}x}{\sin x\cos x}$; (14) $\int\cos^2(\omega t+\varphi)\sin(\omega t+\varphi)\mathrm{d}t$; (15) $\int\frac{\cos x\mathrm{d}x}{\sin^5x}$;

(16) $\int\sin^3x\mathrm{d}x$; (17) $\int\cos^2(\omega t+\varphi)\mathrm{d}t$; (18) $\int\tan^3t\sec t\mathrm{d}t$;

(19) $\int\frac{1+x}{\sqrt{9-4x^2}}\mathrm{d}x$; (20) $\int\frac{2x^3}{1+x^2}\mathrm{d}x$; (21) $\int\frac{\mathrm{d}x}{x^2-x-6}$;

(22) $\int\frac{(\arctan x)^2}{1+x^2}\mathrm{d}x$; (23) $\int\frac{\mathrm{e}^x\mathrm{d}x}{\arcsin\mathrm{e}^x\cdot\sqrt{1-\mathrm{e}^{2x}}}$;

(24) $\int\tan\sqrt{1+x^2}\frac{x}{\sqrt{1+x^2}}\mathrm{d}x$.

2. 计算下列不定积分:

(1) $\int\frac{x^2\mathrm{d}x}{\sqrt{9-x^2}}$; (2) $\int\frac{\mathrm{d}x}{\sqrt{(1-x^2)^3}}$; (3) $\int\frac{\mathrm{d}x}{(1-x^2)^2}$;

(4) $\int\frac{\mathrm{d}x}{(a^2+x^2)^{\frac{3}{2}}}$; (5) $\int\frac{\sqrt{x^2-a^2}}{x}\mathrm{d}x$; (6) $\int\frac{\mathrm{d}x}{x+\sqrt{1-x^2}}$.

4.3 分部积分法

设 $u(x)$ 与 $\nu(x)$ 有连续的导数,根据乘积的导数法则我们有:

$$[u(x)\cdot\nu(x)]'=u'(x)\nu(x)+u(x)\nu'(x)$$

移项得:

$$u(x)\nu'(x)=[u(x)\cdot\nu(x)]'-u'(x)\nu(x)$$

两边取不定积分有:

$$\int u(x)\nu'(x)\mathrm{d}x=u(x)\cdot\nu(x)-\int u'(x)\nu(x)\mathrm{d}x$$

即:

$$\int u(x)\mathrm{d}\nu(x)=u(x)\nu(x)-\int\nu(x)\mathrm{d}u(x)$$

这就是所说的分部积分法,当 $\int u(x)d\nu(x)$ 不易计算,而积分 $\int\nu(x)\mathrm{d}u(x)$ 比较容易计算时,可利用上述公式计算出结果. 分部积分法的关键在于合理选取 $u(x)$ 与 $\nu(x)$,

要使 $\int \nu(x)\mathrm{d}u(x)$ 比较易求.

例 1　求 $\int x\cos x\mathrm{d}x$ 积分.

解:

设 $u = x, \mathrm{d}\nu = \cos x\mathrm{d}x = \mathrm{d}\sin x$,则 $\nu = \sin x$.

$\int x\cos x\mathrm{d}x = \int x\mathrm{d}\sin x = x\sin x - \int \sin x\mathrm{d}x = x\sin x + \cos x + c$　(c 为任意常数)

例 2　求 $\int x\mathrm{e}^x\mathrm{d}x$ 积分.

解:

设 $u = x, \mathrm{d}\nu = \mathrm{e}^x\mathrm{d}x = \mathrm{d}\mathrm{e}^x$,则 $\nu = \mathrm{e}^x$.

$\int x\mathrm{e}^x\mathrm{d}x = \int x\mathrm{d}\mathrm{e}^x = x\mathrm{e}^x - \int \mathrm{e}^x\mathrm{d}x = x\mathrm{e}^x - \mathrm{e}^x + c$　(c 为任意常数)

做熟练以后可以把 u,ν 省略.

例 3　求 $\int x^2\mathrm{e}^x\mathrm{d}x$ 积分.

解:

$$\int x^2\mathrm{e}^x\mathrm{d}x = \int x^2\mathrm{d}\mathrm{e}^x = x^2\mathrm{e}^x - \int \mathrm{e}^x\mathrm{d}(x^2) = x^2\mathrm{e}^x - 2\int x\mathrm{e}^x\mathrm{d}x$$

$$= x^2\mathrm{e}^x - 2\int x\mathrm{d}\mathrm{e}^x = x^2\mathrm{e}^x - 2x\mathrm{e}^x + 2\int \mathrm{e}^x\mathrm{d}x = x^2\mathrm{e}^x - 2x\mathrm{e}^x + 2\mathrm{e}^x + c$$　(c 为任意常数)

例 4　求 $\int \mathrm{e}^x\sin x\mathrm{d}x$ 积分.

解:

$$\int \mathrm{e}^x\sin x\mathrm{d}x = \int \mathrm{e}^x\mathrm{d}(-\cos x) = -\mathrm{e}^x\cos x + \int \mathrm{e}^x\cos x\mathrm{d}x$$

$$= -\mathrm{e}^x\cos x + \int \mathrm{e}^x\mathrm{d}\sin x = -\mathrm{e}^x\cos x + \mathrm{e}^x\sin x - \int \mathrm{e}^x\sin x\mathrm{d}x$$

移项得:

$$2\int \mathrm{e}^x\sin x\mathrm{d}x = -\mathrm{e}^x\cos x + \mathrm{e}^x\sin x + c_1$$　(c 为任意常数)

即:

$$\int \mathrm{e}^x\sin x\mathrm{d}x = \frac{1}{2}\mathrm{e}^x(\sin x - \cos x) + c$$　(c 为任意常数)

或者:

$$\int \mathrm{e}^x\sin x\mathrm{d}x = \int \sin x\mathrm{d}\mathrm{e}^x = \mathrm{e}^x\sin x - \int \mathrm{e}^x\mathrm{d}\sin x$$

$$= \mathrm{e}^x\sin x - \int \mathrm{e}^x\cos x\mathrm{d}x = \mathrm{e}^x\sin x - \int \cos x\mathrm{d}\mathrm{e}^x$$

$$= \mathrm{e}^x\sin x - \mathrm{e}^x\cos x - \int \mathrm{e}^x\sin x\mathrm{d}x$$

同理得　$\int \mathrm{e}^x\sin x\mathrm{d}x = \frac{1}{2}\mathrm{e}^x(\sin x - \cos x) + c$

例 5　求$\int \arctan x dx$积分.

解：

$$\int \arctan x dx = x\arctan x - \int x d\arctan x$$

$$= x\arctan x - \int \frac{x}{1+x^2}dx = x\arctan x - \frac{1}{2}\int \frac{1}{1+x^2}d(1+x^2)$$

$$= x\arctan x - \frac{1}{2}\ln(1+x^2) + c \quad (c\text{ 为任意常数})$$

例 6　求$\int (\arcsin x)^2 dx$积分.

$$\int (\arcsin x)^2 dx = x(\arcsin x)^2 - \int x\, 2\arcsin x \cdot \frac{1}{\sqrt{1-x^2}}dx$$

$$= x(\arcsin x)^2 + 2\int \arcsin x d\sqrt{1-x^2}$$

$$= x(\arcsin x)^2 + 2\left[\sqrt{1-x^2}\arcsin x - \int \sqrt{1-x^2} \cdot \frac{1}{\sqrt{1-x^2}}dx\right]$$

$$= x(\arcsin x)^2 + 2\sqrt{1-x^2}\arcsin x - 2x + C$$

例 7　求$\int \frac{\ln(\ln x)}{x}dx$积分.

$$\int \frac{\ln(\ln x)}{x}dx = \int \ln(\ln x)d\ln x$$

$$= \ln x \cdot \ln(\ln x) - \int \ln x \cdot \frac{1}{\ln x} \cdot \frac{1}{x}dx$$

$$= \ln x\ln(\ln x) - \ln x + c$$

例 8　求$\int \frac{\ln x}{x^2}dx$积分.

$$\int \frac{\ln x}{x^2}dx = -\int \ln x d\left(\frac{1}{x}\right)$$

$$= -\frac{\ln x}{x} + \int \frac{1}{x^2}dx$$

$$= -\frac{\ln x}{x} - \frac{1}{x} + c$$

例 9　求$\int x\tan^2 x dx$积分.

$$\int x\tan^2 x dx = \int x(\sec^2 x - 1)dx$$

$$= \int x d\tan x - \frac{x^2}{2}$$

$$= x\tan x - \int \tan x\, dx - \frac{x^2}{2}$$

$$= x\tan x + \ln|\cos x| - \frac{x^2}{2} + c$$

例 10　求$\int \frac{x^2\arctan x}{1+x^2}dx$积分.

$$\begin{aligned}\int \frac{x^2\arctan x}{1+x^2}dx &= \int \frac{x^2+1-1}{1+x^2}\arctan x dx \\ &= \int \left(\arctan x - \frac{\arctan x}{1+x^2}\right)dx \\ &= \int \arctan x dx - \int \arctan x d\arctan x \\ &= x\arctan x - \int \frac{x}{1+x^2}dx - \frac{1}{2}(\arctan x)^2 \\ &= x\arctan x - \frac{1}{2}\ln(1+x^2) - \frac{1}{2}(\arctan x)^2 + c\end{aligned}$$

习题 4.3

计算下列不定积分:

1. $\int xe^{-x}dx$;　　2. $\int x\sin x dx$;　　3. $\int \ln(x^2+1)dx$;

4. $\int x\tan^2 x dx$;　　5. $\int x\sin^2\frac{x}{2}dx$;　　6. $\int x\arctan x dx$;

7. $\int \frac{\ln x}{x^2}dx$;　　8. $\int x\ln(x+1)dx$;　　9. $\int e^x\cos x dx$.

4.4　几种特殊类型的函数积分举例

4.4.1　有理函数的积分举例

有理函数是指形如$R(x)=\frac{P_n(x)}{Q_m(x)}=\frac{a_0x^n+a_1x^{n-1}+\cdots+a_n}{b_0x^m+b_1x^{m-1}+\cdots+b_m}$,其中 ,$m,n$为正整数或者0,$a_0,\cdots,a_n;b_0,\cdots,b_m$都是常数,且$a_0\neq 0,b_0\neq 0$,当$n<m$是真分式,当$n\geq m$时是假分式,但总可以通过多项式除法写成一个多项式与一个真分式的和,因此问题就集中在解决真分式的积分问题.

定理 1:任何实多项式都可以分解成为一次因式与二次因式的乘积.

定理 2:有理函数的分解.

$$\begin{aligned}\frac{P(x)}{Q(x)} &= \frac{A_1}{(x-a)^{\alpha}} + \frac{A_2}{(x-a)^{\alpha-1}} + \cdots + \frac{A_{\alpha}}{(x-a)} \\ &+ \frac{B_1}{(x-b)^{\beta}} + \frac{B_2}{(x-b)^{\beta-1}} + \cdots + \frac{B_{\beta}}{(x-b)} \\ &+ \frac{M_1x+N_1}{(x^2+px+q)^{\gamma}} + \frac{M_2x+N_2}{(x^2+px+q)^{\gamma-1}} + \cdots + \frac{M_3x+N_3}{(x^2+px+q)} \\ &+ \frac{R_1x+S_1}{(x^2+rx+s)^{\mu}} + \frac{R_2x+S_2}{(x^2+rx+s)^{\mu-1}} + \cdots + \frac{R_{\mu}x+S_{\mu}}{(x^2+rx+s)}\end{aligned}$$

部分分式:

$$\frac{A_1}{ax+b},\cdots,\frac{A_n}{(ax+b)^n};\frac{M_1x+N_1}{x^2+px+q},\cdots,\frac{M_nx+N_n}{(x^2+px+q)^n}$$

其中:$p^2-4q<0$ 上述常数用待定系数法可以确定.

方法:分式→真分式→部分分式.

例 1 $\int\frac{x+3}{x^2-5x+6}\mathrm{d}x$.

解:

$$\frac{x+3}{x^2-5x+6}=\frac{A}{x-2}+\frac{B}{x-3}$$

用待定系数法:$A=-5,B=6$

则:

$$\int\frac{x+3}{x^2-5x+6}\mathrm{d}x=\int\left(\frac{-5}{x-2}+\frac{6}{x-3}\right)\mathrm{d}x=-5\ln|x-2|+6\ln|x-3|+C$$

例 2 $\int\frac{x+1}{x^2-x-12}\mathrm{d}x$.

解:

$$\frac{x+1}{x^2-x-12}=\frac{x+1}{(x-4)(x+3)}$$

$$=\frac{A}{x-4}+\frac{B}{x+3}$$

$$=\frac{A(x+3)+B(x-4)}{(x-4)(x+3)}$$

$A(x+3)+B(x-4)=x+1$

令 $x=4A=\frac{5}{7}$,令 $x=-3\quad B=\frac{2}{7}$ 所以:

$$\int\frac{x+1}{x^2+3x+5}\mathrm{d}x=\frac{1}{7}\int\left(\frac{5}{x-4}+\frac{2}{x+3}\right)\mathrm{d}x$$

$$=\frac{5}{7}\ln|x-4|+\frac{2}{7}\ln|x+3|+C$$

例 3 $\int\frac{x+1}{x^2+4x+8}\mathrm{d}x$.

解:

$$\int\frac{1}{x^2+4x+8}\mathrm{d}x=\frac{1}{2}\arctan\frac{x+2}{2}+c$$

$$\int\frac{x+1}{x^2+4x+8}\mathrm{d}x=\frac{1}{2}\int\frac{2x+4-2}{x^2+4x+8}$$

$$=\frac{1}{2}\int\frac{d(x^2+4x+8)}{x^2+4x+8}-\int\frac{1}{(x+2)^2+2^2}\mathrm{d}(x+2)$$

$$=\frac{1}{2}\ln|x^2+4x+8|-\frac{1}{2}\arctan\frac{x+2}{2}+c$$

4.4.2 三角有理式积分 $\int R(\sin x,\cos x)\mathrm{d}x$

三角函数的有理式是指三角函数经过有限次四则运算所构成的函数求这类函数的

积分是可以通过如下变换计算：

令 $\tan\frac{x}{2}=t$，$\cos x=\frac{1-t^2}{1+t^2}$，$\sin x=\frac{2t}{1+t^2}$，$dx=\frac{2dt}{1+t^2}$

例 4　$\int\frac{1}{2+\sin x}dx.$

$$\int\frac{1}{2+\sin x}dx=\int\frac{1}{2+\frac{2t}{1+t^2}}\cdot\frac{2}{1+t^2}dt$$

$$=\int\frac{1}{t^2+t+1}dt$$

$$=\int\frac{1}{\left(t+\frac{1}{2}\right)^2+\left(\frac{\sqrt{3}}{2}\right)^2}d\left(t+\frac{1}{2}\right)$$

$$=\frac{2}{\sqrt{3}}\arctan\frac{t+\frac{1}{2}}{\frac{\sqrt{3}}{2}}+C$$

$$=\frac{2}{\sqrt{3}}\arctan\frac{2\tan\frac{x}{2}+1}{\sqrt{3}}+C$$

例 5　$\int\frac{dx}{3+\cos^2x}.$

解：

$$\int\frac{dx}{3+\cos^2x}=\int\frac{\sec^2x}{3\sec^2x+1}dx$$

$$=\frac{1}{\sqrt{3}}\int\frac{1}{3\tan^2x+4}d(\sqrt{3}\tan x)$$

$$=\frac{1}{\sqrt{3}}\cdot\frac{1}{2}\arctan\frac{\sqrt{3}\tan x}{2}+C$$

$$=\frac{1}{2\sqrt{3}}\arctan\frac{\sqrt{3}\tan x}{2}+C$$

例 6　$\int\frac{1+\sin x}{\sin x(1+\cos x)}dx.$

解：

$$\tan\frac{x}{2}=t,\ \cos x=\frac{1-t^2}{1+t^2},\ \sin x=\frac{2t}{1+t^2},\ dx=\frac{2dt}{1+t^2}$$

则：

$$\int\frac{1+\sin x}{\sin x(1+\cos x)}dx=\int\frac{1+\frac{2t}{1+t^2}}{\frac{2t}{1+t^2}(1+\frac{1-t^2}{1+t^2})}\frac{2dt}{1+t^2}$$

$$=\frac{1}{2}\int\frac{(1+t)^2}{t}dt=\frac{1}{2}\int(\frac{1}{t}+2+t)dt=\frac{1}{2}(\ln t+2t+\frac{1}{2}t^2)+C$$

$$= \frac{1}{2}\ln tg\frac{x}{2} + tg\frac{x}{2} + \frac{1}{4}(tg\frac{x}{2})^2 + C$$

注意:一般而言,万能公式具有通用性,但不一定是最简单的.

4.4.3 简单无理函数积分举例

例 7 $\int \frac{\sqrt{x-1}}{x}dx.$

解:

令 $\sqrt{x-1} = u \quad dx = 2udu$

$$\int \frac{\sqrt{x-1}}{x}dx = \int \frac{u}{u^2+1}2udu = 2\int \frac{u^2}{u^2+1}du = 2\int(1-\frac{1}{u^2+1})du$$

$$= 2u - 2\mathrm{arc}tgu + C = 2\sqrt{x-1} - 2\mathrm{arc}tg\sqrt{x-1} + C$$

例 8 $\int \frac{dx}{1+\sqrt[3]{x+2}}.$

解:

$$\sqrt[3]{x+2} = u \quad dx = 3u^2du$$

$$\int \frac{dx}{1+\sqrt[3]{x+2}} = \int \frac{3u^2du}{1+u} = 3\int \frac{u^2-1+1}{1+u}du$$

$$= 3\int(u-1+\frac{1}{1+u})du = \frac{3u^2}{2} - 3u + 3\ln|1+u| + C$$

$$= \frac{3}{2}(x+2)^{\frac{2}{3}} - 3(x+2)^{\frac{1}{3}} + 3\ln|1+(x+2)^{\frac{1}{3}}| + C$$

习题 4.4

1. 计算下列无理函数的不定积分:

(1) $\int \frac{dx}{1+\sqrt{2x}}$; (2) $\int \frac{x+1}{\sqrt[3]{3x+1}}dx$; (3) $\int \frac{1+\sqrt[3]{1+x}}{\sqrt{1+x}}dx$;

(4) $\int \frac{dx}{\sqrt{x}+\sqrt[4]{x}}$; (5) $\int \frac{1}{x(x^7+2)}dx.$

2. 计算下列有理函数的不定积分:

(1) $\int \frac{x^3}{x-2}dx$; (2) $\int \frac{dx}{(x-1)(x-2)(x-3)}$; (3) $\int \frac{1-x}{(x+1)(x^2+1)}dx$

习题四

一、单项选择题

1. 若函数 $f(x) = \sin x$,则不定积分 $\int f'(x)dx = ($ $)$.

A. $\sin x + C$ B. $\cos x + C$ C. $-\sin x + C$ D. $-\cos x + C$

2. 函数 $e^{2x} - e^{-2x}$ 的一个原函数是( ).

A. $e^{2x}+e^{-2x}$　　B. $\frac{1}{2}(e^{x}+e^{-x})^2$　　C. $2(e^{2x}+e^{-2x})$　　D. $\frac{1}{2}(e^{2x}-e^{-2x})$

3. 若$\int f(x)\mathrm{d}x=F(x)+C$,则$\int xf(1-x^2)\mathrm{d}x=$(　　).

A. $2F(1-x^2)+C$　　B. $-2F(1-x^2)+C$

C. $-\frac{1}{2}F(1-x^2)+C$　　D. $\frac{1}{2}F(1-x^2)+C$

4. 若$f(x)=\ln x$,则$\int e^{-x}\cdot f'(e^{-x})\mathrm{d}x=$(　　).

A. $x+C$　　B. $-x+C$　　C. $\ln x+C$　　D. $-\ln x+C$

5. 若$\int f(x)\cdot\sin\frac{1}{x}\mathrm{d}x=\cos\frac{1}{x}+C$,则$f(x)=$(　　).

A. $\frac{1}{x}$　　B. $\frac{1}{x^2}$　　C. $-\frac{1}{x}$　　D. $-\frac{1}{x^2}$

6. 若$\int f(x)\mathrm{d}x=x^2e^{2x}+C$,则$f(x)=$(　　).

A. $2xe^{2x}$　　B. $4xe^{2x}$　　C. $2x^2e^{2x}$　　D. $2xe^{2x}(1+x)$

7. $\int d\sin(1-2x)=$(　　).

A. $\sin(1-2x)$　　B. $-2\cos(1-2x)$

C. $-2\cos(1-2x)+C$　　D. $\sin(1-2x)+C$

8. 若$f(x)$的导数为$\sin x$,则下列函数中是$f(x)$的原函数的是(　　).

A. $1+\sin x$　　B. $1-\sin x$　　C. $1+\cos x$　　D. $1-\cos x$

9. 若$f'(\ln x)=1+x$,则$f(x)=$(　　).

A. $x+e^x+C$　　B. $e^x+\frac{1}{2}x^2+C$

C. $\ln x+\frac{1}{2}(\ln x)^2+C$　　D. $e^x+\frac{1}{2}e^{2x}+C$

10. 若$f(x)=e^{-x}$,则$\int\frac{f'(\ln x)}{x}\mathrm{d}x=$(　　).

A. $-\frac{1}{x}+C$　　B. $-\ln x+C$　　C. $\frac{1}{x}+C$　　D. $\ln x+C$

二、填空题

1. 若函数$f(x)$的一个原函数为x^2,则$\int f'(x)\mathrm{d}x=$________.

2. 若函数$e^x+\sin x$是$f(x)$的一个原函数,则$f'(x)=$________.

3. 若函数10^{3x}是$f(x)$的一个原函数,则$f(x)=$________.

4. 若$\int f(x)\mathrm{d}x=\operatorname{arccot}x+C$,则$f(x)=$________.

5. 若$f(x)$的一个原函数为$\ln(2x)$,则$\int x^2f'(x)\mathrm{d}x=$________.

6. 若$\int f(x)\mathrm{d}x=\ln(1+x^2)+C$,则$\int xf(x)\mathrm{d}x=$________.

三、解答题

1. 计算下列不定积分：

(1) $\int \frac{dx}{2x^2-1}$；　(2) $\int \frac{dx}{x(1+\ln^2 x)}$；　(3) $\int \frac{dx}{\sqrt{9x^2-4}}$；

(4) $\int \sec^3 x dx$；　(5) $\int \frac{x^2+1}{(x+1)^2(x-1)}dx$；　(6) $\int (x^2+1)\sin 2x dx$；

(7) $\int \frac{x^2}{1+x^2}\arctan x dx$；　(8) $\int \frac{\tan x}{1+\cos x}dx$.

2*. 计算下列不定积分：

(1) $\int \frac{\sqrt{1+x}-1}{\sqrt{1+x}+1}dx$；　(2) $\int \frac{dx}{\sqrt[3]{(x+1)^2(x-1)^4}}$；

(3) $\int e^x \cos^2 x dx$；　(4) $\int \frac{xe^x}{\sqrt{e^x-1}}dx$.

3. 设某商品的需求量 q 是价格 p 的函数，且该商品的最大需求量为 1 000（即 $p=0$ 时，$q=1\ 000$），已知需求量的变化率（边际需求）为 $D'(p)=-1\ 000\ln 3\cdot\left(\frac{1}{3}\right)^p$，求需求量 q 与价格 p 的函数关系 $q=D(p)$.

4. 设生产某产品的总成本 C 是产量 q 的函数 $C(q)$，已知固定成本为 $C(0)=10\ 000$，边际成本函数为 $C'(q)=3q^2-12q+97$，求总成本函数 $C(q)$.

5. 已知销售某商品 q 单位时的边际利润函数和边际成本函数分别为 $L'(q)=190-\frac{q}{25}$ 和 $C'(q)=\frac{q}{50}+10$，求总收入函数 $R(q)$.

6. 生产某产品的固定成本为 50 万元，边际收益为 $R'(q)=100-2q$（单位：万元），边际成本为 $C'(q)=q^2-12q+89$（单位：万元）. 试求：

(1) 总利润函数；　(2) 所获利润最大时的产量.

第五章 定积分

本章主要内容是学习定积分的概念、性质,重点是学习定积分的计算.

5.1　定积分的概念

5.1.1　引例:曲边梯形的面积

所谓曲边梯形,是指在平面直角坐标系中,由闭区间$[a,b]$上的连续曲线$y=f(x)$$(f(x)\geqslant 0)$. 直线$x=a$、$x=b$以及$x$轴所围成的平面图形,如图5-1所示.

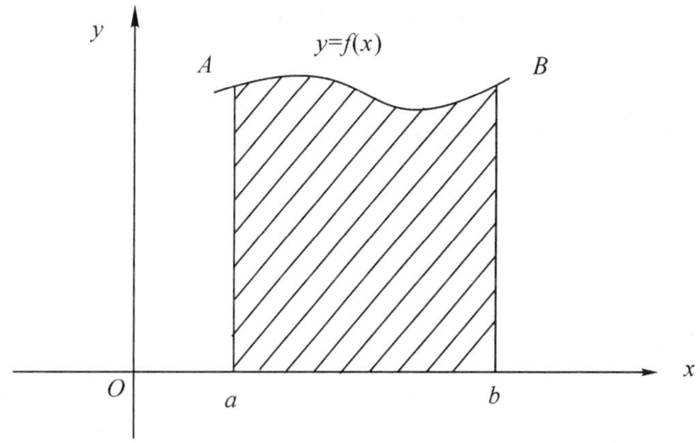

图5-1

下面我们来求曲边梯形$aABb$的面积.

我们仔细观察会看到,曲边梯形的高$f(x)$在区间$[a,b]$上是连续变化的,因此在很小的一区间段内其变化很小,近似于不变,并且我们发现当区间长度无限缩小,高的变化也无限减小,所以我们可以把区间$[a,b]$分成许多个小区间,在每个小区间上,用其中某一点的高来近似代替这个区间上曲边梯形的高,此时的小曲边梯形可以近似地看作矩形,按照矩形面积的公式,可以近似求出小曲边梯形面积的近似值,把这些面积加起来就可以近似得到曲边梯形的面积.

具体步骤如下:

1. 分割

在$[a,b]$中任意插入$n-1$个分点,令$a=x_0<x_1<x_2<\cdots<x_{n-1}<x_n=b$,把$[a,b]$

分割成 n 个小区间$[x_{i-1},x_i](i=1,2,\cdots,n)$,这些小区间的长度 $\triangle x_i=x_i-x_{i-1}$.

2. 求近似值

任取$\delta_i\in[x_{i-1},x_i]$,以 $\triangle x_i$ 为底,$f(\delta_i)$ 为高的矩形面积,可以近似代替第 i 个小曲边梯形的面积 $\triangle A_i$,即 $\triangle A_i\approx f(\delta_i)\triangle x_i\quad(i=1,2,\cdots,n)$,如图 5-2 所示.

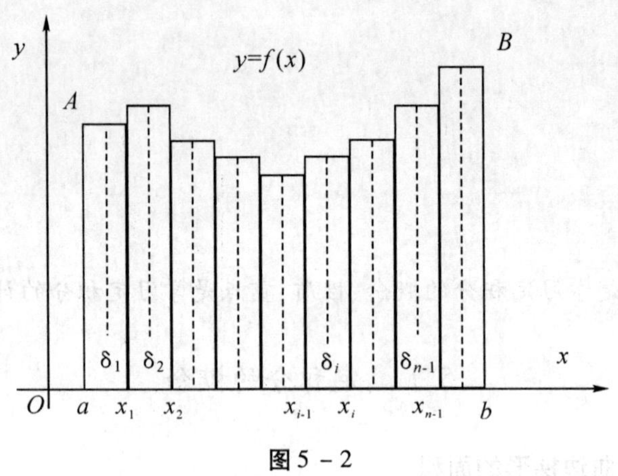

图 5-2

3. 求和

将各个矩形的面积加起来,可以得到整个曲边梯形面积的近似值,即:

$$A=\sum_{i=1}^{n}\triangle A_i\approx\sum_{i=1}^{n}f(\delta_i)\triangle x_i$$

4. 取极限

取各个小区间的长度最大者 $\triangle x=\max\limits_{1\leqslant i\leqslant n}\{\triangle x_i\}$,当 $\triangle x\to0$ 时,取上述和式的极限,便得到曲边梯形的面积:

$$A=\lim_{\triangle x\to0}\sum_{i=1}^{n}f(\delta_i)\cdot\triangle x_i$$

5.1.2 定积分的定义

定义 5.1 设函数 $y=f(x)$ 在区间$[a,b]$上有界,将区间$[a,b]$任意分成 n 份,分点依次为 $a=x_0<x_1<x_2<\cdots<x_{n-1}<x_n=b$,在每一个小区间$[x_{i-1},x_i]$上任取一点 c_i 作乘积 $f(c_i)\ \triangle x_i(\triangle x_i=x_i-x_{i-1})(i=1,2,\cdots,n)$.

及和函数:

$$S=\sum_{i=1}^{n}f(c_i)\triangle x_i$$

取 $\lambda=\max\limits_{1\leqslant i\leqslant n}\{\triangle x_i\}$,当 $\lambda\to0$ 时,若 S 的极限存在,则我们可以说 $f(x)$ 在区间$[a,b]$可积,并称这个极限为函数 $f(x)$ 在区间$[a,b]$上的定积分,记为:

$$s=\lim_{\triangle x\to0}\sum_{i=1}^{n}f(c_i)\triangle x_i=\int_a^b f(x)\,\mathrm{d}x$$

其中 $f(x)$ 称为被积函数,x 称为积分变量,$[a,b]$称为积分区间,其中 a 为积分下限,b 为积分上限,和函数称为积分和.

注意:1. 定积分$\int_a^b f(x)\,\mathrm{d}x$ 的大小只与积分区间$[a,b]$与被积函数 $f(x)$ 有关,与$[a,b]$

的分法和 c_i 的取法无关;

2. 积分的上限与下限可以交换,即 $\int_a^b f(x)\,\mathrm{d}x = -\int_b^a f(x)\,\mathrm{d}x$,若 $a=b$,则 $\int_a^a f(x)\,\mathrm{d}x = 0$.

5.1.3　定积分的几何意义

定积分 $\int_a^b f(x)\,\mathrm{d}x$ 的几何意义是:当闭区间 $[a,b]$ 上的连续函数 $f(x)\geqslant 0$ 时,其定积分表示由曲线 $y=f(x)$,直线 $x=a,x=b$ 及 x 轴所围成的曲边梯形的面积;当 $f(x)\leqslant 0$ 时,定积分表示相应的曲边梯形的面积乘以 (-1);当 $f(x)$ 在 $[a,b]$ 上有正有负时,定积分的值则等于在 x 轴上方的和下方的若干个曲边梯形面积的代数和.

例 1　利用定积分的几何意义计算 $\int_{-2}^{2}\sqrt{4-x^2}\,\mathrm{d}x$.

解:

曲线 $y=\sqrt{4-x^2}$ 在几何上表示的是半径为 2 的圆的上半圆(如图 5－3 所示),而此圆上半圆的面积为 2π,所以根据定积分的几何意义有:

$$\int_{-2}^{2}\sqrt{4-x^2}\,\mathrm{d}x = 2\pi$$

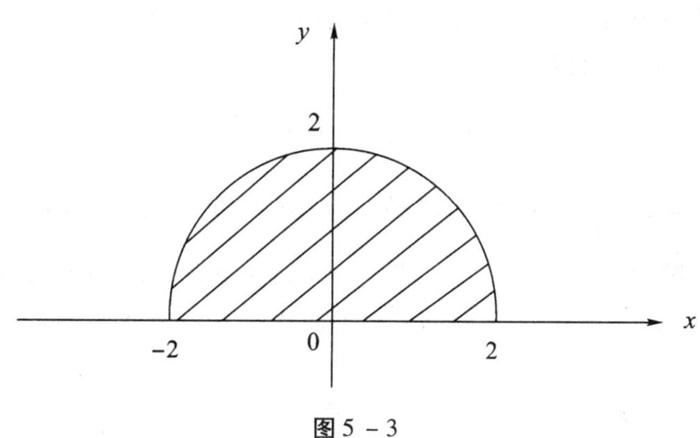

图 5－3

习题 5.1

1. 用定积分定义证明 $\int_a^b k\,\mathrm{d}x = k(b-a)$(其中 k 为常数).

2. 利用定积分的几何意义计算下列定积分的值:

(1) $\int_0^{2\pi}\sin x\,\mathrm{d}x$;　　　(2) $\int_{-1}^{1}(2x-1)\,\mathrm{d}x$.

5.2　定积分的性质

假设 $f(x)$ 与 $g(x)$ 在所求证的区间上是可积的,由定积分的定义,可以证明定积分具有以下的性质:

性质 1:非零常数因子可以提到积分号前.

$$\int_a^b kf(x)\,\mathrm{d}x = k\int_a^b f(x)\,\mathrm{d}x \qquad (k\neq 0)$$

性质 2:代数和的定积分等于定积分的代数和.

$$\int_a^b [f(x) \pm g(x)]\mathrm{d}x = \int_a^b f(x)\mathrm{d}x \pm \int_a^b g(x)\mathrm{d}x$$

性质 3:对于任意的三个实数 a,b,c.

$$\int_a^b f(x)\mathrm{d}x = \int_a^c f(x)\mathrm{d}x + \int_c^b f(x)\mathrm{d}x$$

性质 4:若函数 $f(x)$ 与 $g(x)$ 在区间上总有 $f(x) \leqslant g(x)$.

$$\int_a^b f(x)\mathrm{d}x \leqslant \int_a^b g(x)\mathrm{d}x$$

性质 5:若在区间 $[a,b]$ 上有 $f(x) = 1$.

$$\int_a^b f(x)\mathrm{d}x = \int_a^b 1\mathrm{d}x = b - a$$

性质 6:若函数 $f(x)$ 在 $[a,b]$ 内的最大值与最小值分别为 M 和 m.

$$m(b-a) \leqslant \int_a^b f(x)\mathrm{d}x \leqslant M(b-a)$$

性质 7:设 $f(x)$ 在区间 $[a,b]$ 内连续,则在 $[a,b]$ 内至少存在一点 $\delta(a \leqslant \delta \leqslant b)$.

$$\int_a^b f(x)\mathrm{d}x = f(\delta)(b-a)$$

以上的性质是根据定积分的定义得到的,我们在这里就不证明了.

其中,性质 7 的结论可以变形为:

$$f(\delta) = \frac{1}{b-a}\int_a^b f(x)\mathrm{d}x$$

我们称 $f(\delta) = \frac{1}{b-a}\int_a^b f(x)\mathrm{d}x$ 为 $f(x)$ 在 $[a,b]$ 上的平均值,其几何意义如下:

设 $f(x) \geqslant 0$,则由曲线 $y = f(x)$,直线 $x = a, x = b$ 及 x 轴所围成的曲边梯形的面积等于以区间 $[a,b]$ 为底,以 $f(\delta)$ 为高的矩形的面积(如图 5 - 4 所示).

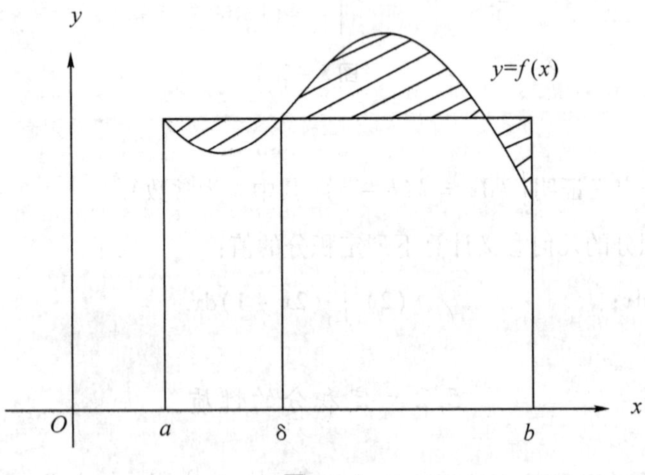

图 5 - 4

例 2　不计算积分,试比较两个积分 $\int_e^5 \ln x\mathrm{d}x$ 与 $\int_e^5 \ln^2 x\mathrm{d}x$ 的大小.

解:

当 $e \leqslant x \leqslant 5$ 时

$$\ln x < \ln^2 x$$

故由性质 4 得$\int_e^5 \ln x\mathrm{d}x < \int_e^5 \ln^2 x\mathrm{d}x$.

例 3　用几何图形说明下列各式成立.

(1) $\int_{-1}^{1} x^3\mathrm{d}x = 0$；　(2) $\int_{-1}^{1} x^2\mathrm{d}x = 2\int_0^1 x^2\mathrm{d}x$.

解：

(1) 如图 5 - 5 所示，根据定积分的性质 3 和定积分的几何意义，有：

$$\int_{-1}^{1} x^3\mathrm{d}x = \int_{-1}^{0} x^3\mathrm{d}x + \int_0^1 x^3\mathrm{d}x = 0$$

(2) 如图 5 - 6 所示：

$$\begin{aligned}\int_{-1}^{1} x^2\mathrm{d}x &= \int_{-1}^{0} x^2\mathrm{d}x + \int_0^1 x^2\mathrm{d}x \\ &= 2\int_0^1 x^2\mathrm{d}x\end{aligned}$$

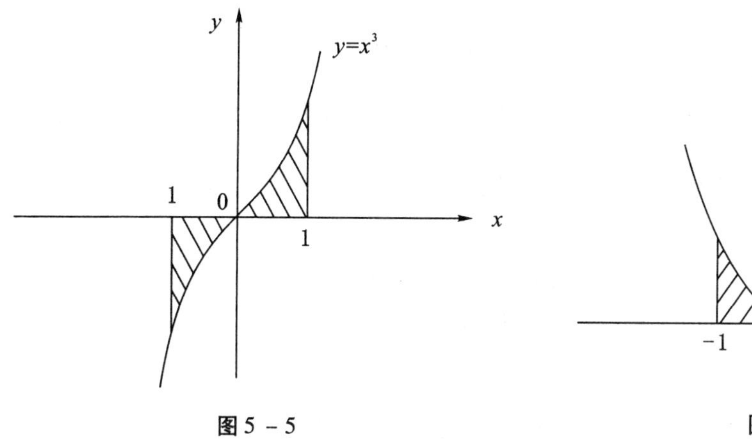

图 5 - 5　　图 5 - 6

注意，$y = x^3$ 与 $y = x^2$ 在对称区间$[-a,a]$上分别为奇函数和偶函数，对此我们有一般的结论：已知 $f(x)$ 在对称区间$[-a,a]$上连续：

(1) 若 $f(x)$ 是奇函数，即 $f(-x) = -f(x)$，则$\int_{-a}^{a} f(x)\mathrm{d}x = 0$；

(2) 若 $f(x)$ 是偶函数，即 $f(-x) = f(x)$，则$\int_{-a}^{a} f(x)\mathrm{d}x = 2\int_0^a f(x)\mathrm{d}x$.

习题 5.2

1. 不求出定积分的值，试比较下列各对定积分值的大小：

(1) $\int_0^1 x\mathrm{d}x$ 与$\int_0^1 x^2\mathrm{d}x$；　(2) $\int_0^{\frac{\pi}{2}} x\mathrm{d}x$ 与$\int_0^{\frac{\pi}{2}} \sin x\mathrm{d}x$；

(3) $\int_0^{-2} x\mathrm{d}x$ 与$\int_0^{-2} \mathrm{e}^x\mathrm{d}x$.

2. 证明不等式 $2 \leqslant \int_{-1}^{1} \sqrt{1 + x^4}\mathrm{d}x \leqslant 2\sqrt{2}$.

5.3　定积分的计算

利用定积分的定义来计算定积分是一件十分繁杂的事，有时甚至是不可能的. 本节给出的定理把定积分及不定积分两个不同概念联系起来，提供一种计算定积分的简便有效的方法.

5.3.1　变上限的定积分

定积分作为积分和的极限，是一个与被积函数及上、下限有关的常数，如果被积函数和下限是确定的，则这个常数就仅取决于上限了，这样对于每个上限，则通过定积分就有唯一确定的一个数值与之对应. 因此，如果我们把定积分上限看作一个自变量 x，则定积分 $\int_a^x f(t)\mathrm{d}t$ 就定义了的一个函数，于是我们有：

定义 5.2　设函数 $f(x)$ 在 $[a,b]$ 上可积，则对于任意 $x(a \leqslant x \leqslant b)$，若 $f(x)$ 在 (a,x) 上也可积，称 $\int_a^x f(t)\mathrm{d}t$ 为 $f(x)$ 的变上限的定积分，记为 $\Phi(x)$，即 $\Phi(x) = \int_a^x f(t)\mathrm{d}t$

关于函数 $\Phi(x) = \int_a^x f(t)\mathrm{d}t$，有两个基本定理，它们在整个微积分学中起着重要的作用.

定理 1　设函数 $f(x)$ 在区间 $[a,b]$ 上连续，则函数 $\Phi(x) = \int_a^x f(t)\mathrm{d}t(a \leqslant x \leqslant b)$ 在 $[a,b]$ 上可导，并且：

$$\Phi'(x) = f(x) \quad (a \leqslant x \leqslant b)$$

即 $\Phi(x)$ 是 $f(x)$ 在 $[a,b]$ 上的一个原函数.

证明：

$$\begin{aligned}\triangle\Phi(x) = \Phi(x+\triangle x) - \Phi(x) &= \int_a^{x+\triangle x} f(t)\mathrm{d}t - \int_a^x f(t)\mathrm{d}t \\ &= \int_x^{x+\triangle x} f(t)\mathrm{d}t\end{aligned}$$

由性质 7（积分中值定理），得到：

$$\triangle\Phi(x) = \int_x^{x+\triangle x} f(t)\mathrm{d}t = f(c)\cdot\triangle x \qquad (x \leqslant c \leqslant x+\triangle x)$$

故：

$$\lim_{\triangle x\to 0}\frac{\triangle\Phi(x)}{\triangle x} = f(x)$$

根据导数的定义：

$$\Phi'(x) = f(x)$$

根据这个定理，我们可以计算一些求导数的题目.

例 1　求 $\frac{\mathrm{d}}{\mathrm{d}x}[\int_0^x \cos^2 t\mathrm{d}t]$.

解：

由定理可知，上限为 x 的定积分，其导数就是被积函数：

$$\frac{\mathrm{d}}{\mathrm{d}x}\left[\int_0^x \cos^2 t\mathrm{d}t\right] = \cos^2 x$$

例 2　求$\frac{\mathrm{d}}{\mathrm{d}x}\left[\int_0^{x^2}\sin t\mathrm{d}t\right]$.

解：

$\int_0^{x^2}\sin t\mathrm{d}t$ 是关于 x^2 的函数，是 x 的复合函数，令 $u = x^2$ 则：

$$\Phi(u) = \int_0^u \sin t\mathrm{d}t$$

$$\frac{\mathrm{d}}{\mathrm{d}x}\left[\int_0^{x^2}\sin t\mathrm{d}t\right] = \frac{\mathrm{d}}{\mathrm{d}x}\left[\int_0^{u}\sin t\mathrm{d}t\right] = \Phi'(u) \cdot \frac{\mathrm{d}u}{\mathrm{d}x} = 2x\sin x^2$$

例 3　求$\frac{\mathrm{d}}{\mathrm{d}x}\left[\int_x^{x^2}\ln(1+t^2)\mathrm{d}t\right]$.

解：

定理中说的是下限确定是一常数，上限为变量 x，而此题上下限为 x 的函数，因此，需要求对其进行简单的更换.

$$\begin{aligned}\int_x^{x^2}\ln(1+t^2)\mathrm{d}t &= \int_x^{a}\ln(1+t^2)\mathrm{d}t + \int_a^{x^2}\ln(1+t^2)\mathrm{d}t \\ &= \int_a^{x^2}\ln(1+t^2)\mathrm{d}t - \int_a^{x}\ln(1+t^2)\mathrm{d}t\end{aligned}$$

根据上面两个例题，可知：

$$\begin{aligned}\frac{\mathrm{d}}{\mathrm{d}x}\left[\int_x^{x^2}\ln(1+t^2)\mathrm{d}t\right] &= \frac{\mathrm{d}}{\mathrm{d}x}\left[\int_a^{x^2}\ln(1+t^2)\mathrm{d}t - \int_a^{x}\ln(1+t^2)\mathrm{d}t\right] \\ &= \ln(1+x^4)2x - \ln(1+x^2) \\ &= 2x \cdot \ln(1+x^4) - \ln(1+x^2)\end{aligned}$$

定理 2　设函数 $f(x)$ 为区间 $[a,b]$ 上的连续函数，且 $F(x)$ 是 $f(x)$ 在 $[a,b]$ 上的一个原函数，则：

$$\int_a^b f(x)\mathrm{d}x = F(b) - F(a)$$

证明：根据原函数的定义，可知 $\Phi(x) = \int_a^x f(t)\mathrm{d}t$ 是 $f(x)$ 的一个原函数，而已知条件下，$F(x)$ 是在 $[a,b]$ 上的一个原函数，则 $\Phi(x) = F(x) + c$

当 $x = a$ 时，$\Phi(a) = \int_a^a f(x)\mathrm{d}t = 0$ 可得 $F(a) + c = 0$ 故 $c = -F(a)$.

当 $x = b$ 时，$\Phi(b) = \int_a^b f(t)\mathrm{d}t = F(b) + c = F(b) - F(a)$.

因而有：

$$\int_a^b f(t)\mathrm{d}t = F(b) - f(a)$$

这个公式又称牛顿—莱布尼茨公式，常常写成下面的形式：

$$\int_a^b f(x)\mathrm{d}x = F(x)\Big|_a^b = F(b) - F(a)$$

这样我们可以得到计算定积分的方法：利用不定积分求出被积函数的一个原函数，然后计算该原函数在上下限的函数值之差，从而得到定积分的数值.

例 4　求积分$\int_0^1 \mathrm{e}^x\mathrm{d}x$.

解：

$$\int_0^1 e^x dx = e^x \Big|_0^1 = e - 1$$

例 5　求积分$\int_0^2 (3x^2 + 2x + 1) dx$.

解:

$$\int_0^2 (3x^2 + 2x + 1) dx = (x^3 + x^2 + x) \Big|_0^2 = 8 + 4 + 2 = 14$$

例 6　求积分$\int_1^3 \frac{1}{x} dx$.

解:

$$\int_1^3 \frac{1}{x} dx = \ln|x| \Big|_1^3 = \ln 3 - \ln 1 = \ln 3$$

例 7　求积分$\int_0^2 x e^{x^2} dx$.

解:

$$\int_0^2 x e^{x^2} dx = \frac{1}{2}\int_0^2 e^{x^2} d(x^2) = \frac{1}{2} e^{x^2} \Big|_0^2 = \frac{1}{2} e^4 - \frac{1}{2}$$

例 8　求积分$\int_{-1}^1 \frac{1}{\sqrt{1 - x^2}} dx$.

解:

$$\int_{-1}^1 \frac{1}{\sqrt{1 - x^2}} dx = \arcsin x \Big|_{-1}^1 = \frac{\pi}{2} + \frac{\pi}{2} = \pi$$

牛顿—莱布尼茨公式中有个条件,即$f(x)$在$[a,b]$可积,如不可积,则不能使用,例如:

$$\int_{-1}^1 \frac{1}{x^2} dx = -\frac{1}{x} \Big|_{-1}^1 = -2$$

这个结果是错误的,是因为$f(x) = \frac{1}{x^2}$在区间$[-1,1]$内大于0,其积分值不应为负.

5.3.2　定积分的换元积分法

设函数$f(x)$在区间$[a,b]$上连续,令$x = \varphi(t)$,如果满足:

(1)$\varphi(t)$在区间上有连续的导数;

(2)当t从α变到β时,$\varphi(t)$从$\varphi(\alpha) = a$单调的变到$\varphi(\beta) = b$.

则有:

$$\int_a^b f(x) dx = \int_\alpha^\beta f[\varphi(t)] \cdot \varphi'(t) dt$$

这就是定积分的换元公式.

证明:如果$F(x)$是$f(x)$的一个原函数,

$$\int_\alpha^\beta f[\varphi(t)] \cdot \varphi'(t) dt = F[\varphi(t)] \Big|_\alpha^\beta = F[\varphi(\beta)] - F[\varphi(\alpha)] = F(b) - F(a)$$

$$= F(x) \Big|_a^b = \int_a^b f(x) dx$$

计算定积分时,当然可以用换元法求出原函数,然后利用牛顿—莱布尼茨公式求出定积分的值,也可以按换元法来做,随着积分变量的替换相应的改变定积分的上下限,这样在求出原函数之后,就可以直接代入积分限计算原函数的改变量之值,而不必换回原来的变量.

例 9　求积分$\int_0^4 \frac{1}{1+\sqrt{x}}\mathrm{d}x$.

解:

令 $x = t^2$,则 $\mathrm{d}x = 2t\mathrm{d}t$,当 x 从 0 到 4 时,t 是从 0 到 2,

$$\int_0^4 \frac{1}{1+\sqrt{x}}\mathrm{d}x = \int_0^2 \frac{1}{1+t}\cdot 2t\mathrm{d}t = 2\int_0^2 \frac{1+t-1}{1+t}\mathrm{d}t$$

$$= 2\int_0^2 \left(1-\frac{1}{1+t}\right)\mathrm{d}t = 2[t-\ln(1+t)]\Big|_0^2 = 2(2-\ln 3) = 4-2\ln 3$$

例 10　求积分$\int_0^a \sqrt{a^2-x^2}\mathrm{d}x \quad (a>0)$.

解:

令 $x = a\sin t(0 \leqslant x \leqslant a)$,则 $\mathrm{d}x = a\cos t\mathrm{d}t$,当 x 从 0 到 a 时,t 从 0 到$\frac{\pi}{2}$,所以

$$\int_0^a \sqrt{a^2-x^2}\mathrm{d}x = \int_0^{\frac{\pi}{2}} a\cos t\cdot a\cos t\mathrm{d}t = \int_0^{\frac{\pi}{2}} a^2\cos^2 t\mathrm{d}t$$

$$= a^2\int_0^{\frac{\pi}{2}} \frac{1+\cos 2t}{2}\mathrm{d}t = \frac{a^2}{2}\left(t+\frac{\sin 2t}{2}\right)\Big|_0^{\frac{\pi}{2}} = \frac{1}{4}\pi a^2$$

在区间$[0,a]$上,曲线 $y = \sqrt{a^2-x^2}$ 是 $x^2+y^2=a^2$ 的四分之一,所以半径为 a 的圆面积是所求定积分的 4 倍. 即:

$$4\cdot\frac{\pi}{4}a^2 = \pi a^2$$

习题 5.3

1. 求下列变限积分函数的导数:

(1) $\Phi(x) = \int_1^{\sqrt{x}} \cos t\mathrm{d}t$;　　(2) $\Psi(x) = \int_x^1 \sin t\mathrm{d}t$;

(3) $F(x) = \int_{x^2}^{x^3} \frac{1}{\sqrt{1+t^2}}\mathrm{d}t$.

2. 计算下列未定式的极限:

(1) $\lim\limits_{x\to 0}\frac{\int_0^x \cos t^2\mathrm{d}t}{x}$;　　(2) $\lim\limits_{x\to 0}\frac{\left(\int_0^x \mathrm{e}^{t^2}\mathrm{d}t\right)^2}{\int_0^x \mathrm{e}^{2t^2}\mathrm{d}t}$;

(3) $\lim\limits_{x\to+\infty}\frac{\int_0^x (\arctan t)^2\mathrm{d}t}{\sqrt{x^2+1}}$.

3. 用定积分的换元积分法计算下列定积分:

(1) $\int_0^1 \frac{\sqrt{x}}{1+x}\mathrm{d}x$;　　(2) $\int_0^{\frac{1}{2}} \frac{x^2}{\sqrt{1-x^2}}\mathrm{d}x$;

(3) $\int_0^1 x^4\sqrt{1-x^2}\,\mathrm{d}x$；　　(4) $\int_1^{\mathrm{e}}\frac{1}{x\sqrt{1-\ln^2 x}}\mathrm{d}x$.

4. 用定积分的分部积分法计算下列定积分：

(1) $\int_0^{\frac{\pi}{2}} x\cos x\mathrm{d}x$；　(2) $\int_0^1 x\mathrm{e}^{-x}\mathrm{d}x$；　(3) $\int_0^{\mathrm{e}-1}\ln(x+1)\mathrm{d}x$；　(4) $\int_0^1 x\arctan x\mathrm{d}x$.

5.4　定积分的运用

前面我们由面积引出了定积分的概念，介绍了它的基本性质与计算方法. 现在来讲一下定积分在实践中的运用，在讲应用之前，先给大家介绍一下微元法.

5.4.1　定积分的微元法

微元法实际就是我们在前面引出定积分的概念计算曲边梯形面积的方法，先分割，即把整体进行分割，再近似替代，在局部范围内，“以直边代替曲边”，即求整体量在局部范围的近似值，再求和，将各窄曲边梯形面积的近似值加起来，最后取极限，从而得到整体量. 在实际问题的解决中，我们一般将这四个步骤简化为两个步骤：

(1) 取微段写出微元，分割区间$[a,b]$，其中任取一个小区间，记为$[x,x+\triangle x]$，设所求整体量为s，取$\delta_i=x$，求出s在$[x,x+\triangle x]$上的局部量$\triangle s$的近似表达式：

$$\triangle s\approx f(x)\cdot\mathrm{d}x$$

它称为微分元素(简称微元).

(2) 定限求积分，即用定积分表示所求整体量，当$\triangle x\to 0$时，所有的微元无限相加，就是在区间$[a,b]$上的定积分：

$$s=\int_a^b f(x)\mathrm{d}x$$

用以上定积分表示具体问题的简化步骤来解决实际问题的方法称为微分法.

5.4.2　平面图形的面积

由定积分的几何意义，如果函数$y=f(x)$在$[a,b]$上连续，则由曲线$y=f(x)$，直线$x=a$，$x=b$和x轴所围成的曲边梯形的面积s为：

情形一：　当$f(x)\geqslant 0$时，$s=\int_a^b f(x)\mathrm{d}x$，如图5－7所示.

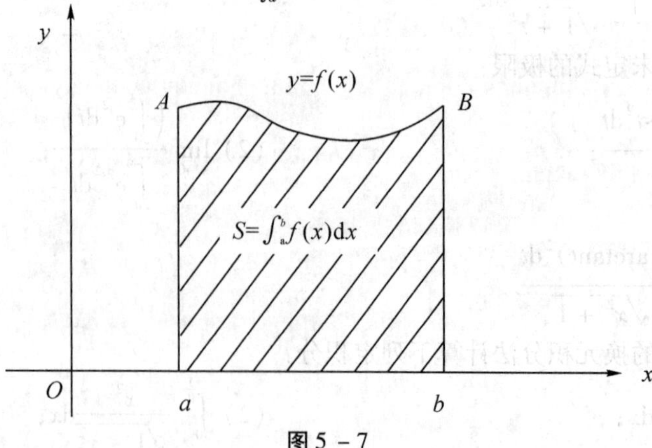

图5－7

情形二：　　当 $f(x)\leqslant 0$ 时，$s=-\int_a^b f(x)\mathrm{d}x$，如图 5－8 所示.

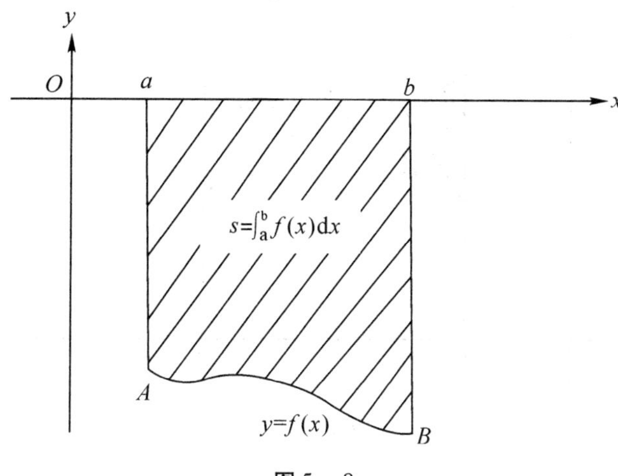

图 5－8

情形三：　　当 $y=f(x)$ 在 $[a,b]$ 上有时是正值有时是负值，则应当先分成几个部分计算，然后把各个部分的面积加起来：

$$\begin{aligned} s &= s_1+s_2+s_3 \\ &= \int_a^c f(x)\mathrm{d}x-\int_c^d f(x)\mathrm{d}x+\int_d^b f(x)\mathrm{d}x \end{aligned}$$

当然也可以统一表示为 $s=\int_a^b |f(x)|\mathrm{d}x$，如图 5－9 所示.

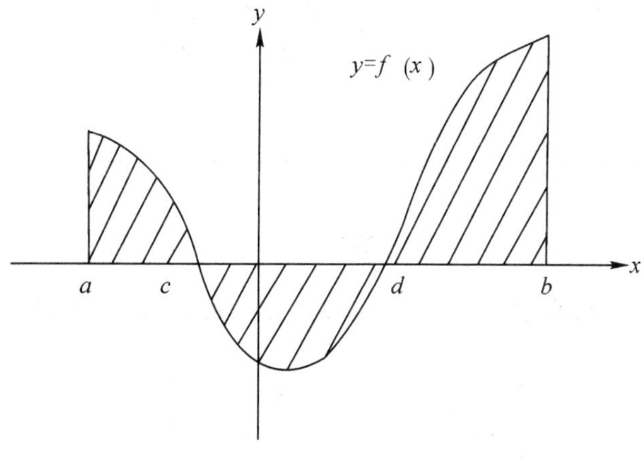

图 5－9

同理，一般曲线 $x=\varphi(y)$，直线 $y=c$，$y=d$ 及 y 轴所围成的曲边梯形面积 s 可以表示为：

$$s=\int_c^d |\varphi(y)|\mathrm{d}y$$

另外，如果有两个函数，满足在 $[a,b]$ 有 $0\leqslant g(x)\leqslant f(x)$，则处于 $f(x)$ 与 $g(x)$ 之间的面积 s 表示为：

$$s=\int_a^b f(x)\mathrm{d}x-\int_a^b g(x)\mathrm{d}x=\int_a^b [f(x)-g(x)]\mathrm{d}x \quad \text{（如图 5－10 所示）}$$

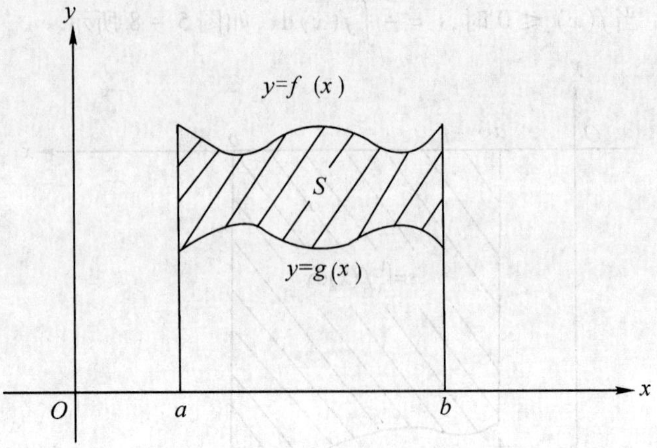

图 5 - 10

同理，如果在$[c,d]$上曲线$\varphi(y)$与$\psi(y)$所成的面积为：

$$s = \int_c^d |\varphi(y) - \psi(y)| \mathrm{d}y \quad (\text{如图 } 5-11 \text{ 所示})$$

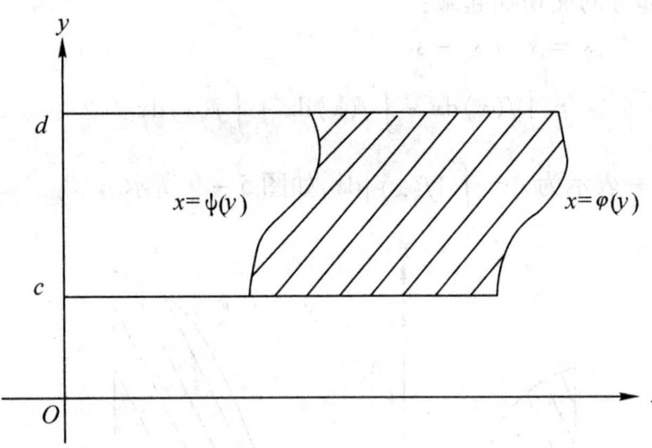

图 5 - 11

例 1 求由$xy = 1$，直线$y = x$与$x = 2$所围图形的面积s，如图 5 - 12 所示.

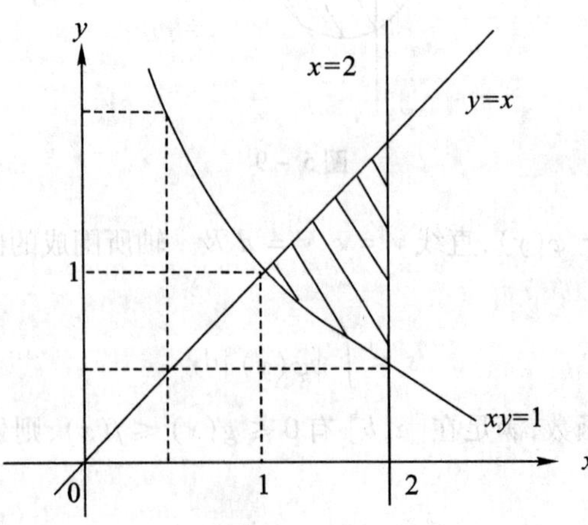

图 5 - 12

解：

解方程组$\begin{cases}xy = 1\\ y = x\end{cases}$

得：

$$\begin{cases}x = 1\\ y = 1\end{cases}$$

故：

$$s = \int_1^2 (x - \frac{1}{x})\,\mathrm{d}x$$

$$= (\frac{1}{2}x^2 - \ln x)\Big|_1^2 = \frac{3}{2} - \ln 2$$

例 2　求由 $y = x, y = 2x, x + y = 6$ 所围图形的面积 s，如图 5 - 13 所示.

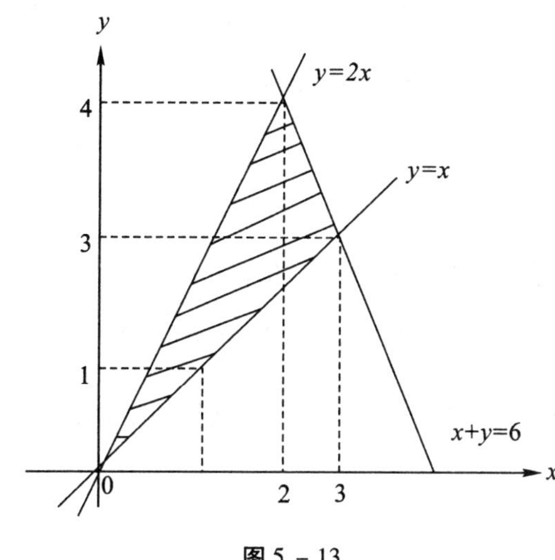

图 5 - 13

解：

由$\begin{cases}y = 2x\\ x + y = 6\end{cases}$和$\begin{cases}y = x\\ x + y = 6\end{cases}$联解，

得：

$$\begin{cases}x_1 = 2\\ y_1 = 4\end{cases}\quad\begin{cases}x_2 = 3\\ y_2 = 3\end{cases}$$

也可以取 y 作积分变量，此时自变量的取值区间为[0,3]，[3,4].

$$s = \int_0^3 (y - \frac{y}{2})\,\mathrm{d}y + \int_3^4 (6 - y - \frac{y}{2})\,\mathrm{d}y$$

$$= \frac{y^2}{4}\Big|_0^3 + (6y - \frac{3}{4}y^2)\Big|_3^4 = 3$$

5.4.3　旋转体的体积

所谓旋转体是指，由一个平面图形绕一条直线旋转而成的立体，这条直线叫作旋转轴. 例如半圆形绕它的直径旋转得到一个球体；矩形绕它的一边旋转得到一个圆柱体.

下面我们讨论曲边梯形绕坐标轴旋转所成的旋转体的体积.

设在区间$[a,b]$上,连续曲线$y=f(x)$在x轴上方,求由曲线$y=f(x)$,直线$x=a$,$x=b$以及x轴所围成的曲边梯形绕x轴旋转所成的旋转体的体积ν.

由微元法,在$[a,b]$上任取一个小区间$[x,x+\triangle x]$,于是在$[x,x+\triangle x]$上旋转体体积可以用体积微元$\mathrm{d}\nu$来做近似代替. $\mathrm{d}\nu$为图5-14中阴影部分的小矩形绕x轴旋转所成的正圆柱体的体积. 即$\mathrm{d}\nu=\pi[f(x)]^2\cdot\mathrm{d}x$.

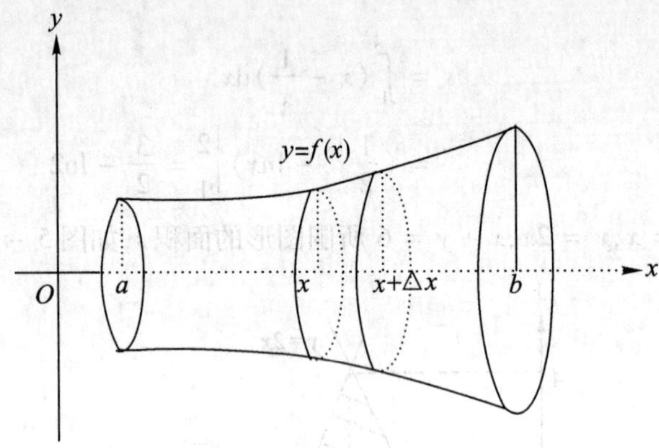

图5-14

将$d\nu$从a到b求定积分,就得到旋转体的体积ν.

$$\nu=\pi\int_a^b[f(x)]^2\mathrm{d}x=\pi\int_a^b y^2\mathrm{d}x$$

例3　求椭圆$\frac{x^2}{a^2}+\frac{y^2}{b^2}=1$的上半部分与$x$轴所围成的曲边梯形绕$x$轴旋转形成的椭圆体的体积.

解:

椭圆上半部分的方程是$y=\frac{b}{a}\sqrt{a^2-x^2}$.

根据旋转体体积公式和图形的对称性:

$$\begin{aligned}\nu&=2\pi\int_0^a y^2\mathrm{d}x=2\pi\int_0^a\frac{b^2}{a^2}(a^2-x^2)\mathrm{d}x\\&=2\pi\frac{b^2}{a^2}\int_0^a(a^2-x^2)\mathrm{d}x\\&=2\pi\frac{b^2}{a^2}\left(a^2x-\frac{x^3}{3}\right)\Big|_0^a\\&=2\pi\cdot\frac{b^2}{a^2}\cdot\frac{2}{3}a^3=\frac{4}{3}\pi b^2a\end{aligned}$$

令$a=b$就得到了以a为半径的球的体积ν,有:

$$\nu=\frac{4}{3}\pi a^3$$

5.4.4　经济应用

已知边际函数求总函数.

例 4　设某产品在时刻 t 总产量的变化率为 $f(t) = 100 + 12t - 0.6t^2$,求从 $t = 2$ 到 $t = 4$ 这两小时的总产量 $P(t)$.

解:

因为总产量 $P(t)$ 是它的变化率的原函数,

所以从 $t = 2$ 到 $t = 4$ 这两小时的总产量为:

$$\int_2^4 f(t)\,dt = \int_2^4 (100 + 12t - 0.6t^2)\,dt = (100t + 6t^2 - 0.2t^3)\Big|_2^4 = 260.8$$

例 5　设某商店售出 Q 台录音机时总利润 $L(Q)$(单位:元)的变化率(边际利润)为:

$$L'(Q) = 12.5 - \frac{Q}{80} \qquad (Q \geqslant 0)$$

试求:(1) 售出 40 台时的总利润;

(2) 售出 60 台时,前 30 台平均利润和后 30 台的平均利润.

解:

$$(1)L(40) = \int_0^{40}(12.5 - \frac{Q}{80})\,dQ = (12.5Q - \frac{Q^2}{160})\Big|_0^{40} = 490(\text{元})$$

(2) 前 30 台的平均利润为:

$$\frac{1}{30}\int_0^{30}(12.5 - \frac{Q}{80})\,dQ = \frac{1}{30}(12.5Q - \frac{Q^2}{160})\Big|_0^{30} = \frac{1}{30}\cdot 369.4 = 12.31(\text{元})$$

后 30 台的平均利润为:

$$\frac{1}{30}\int_{30}^{60}(12.5 - \frac{Q}{80})\,dQ = \frac{1}{30}(12.5Q - \frac{Q^2}{160})\Big|_{30}^{60} = \frac{1}{30}\cdot 358.11 = 11.94(\text{元})$$

例 6　已知生产某产品 x 单位时,边际收益函数(总收益函数的变化率)为 $R'(x) = 200 - \frac{x}{50}$(单位:元),试求生产 x 单位时总收益 $R(x)$ 以及平均单位收益 $\bar{R}(x)$,并求生产这种产品 2 000 单位时的总收益和平均收益.

解:

因为总收益是边际收益函数在 $[0,x]$ 上的定积分,

所以生产 x 单位时的总收益为:

$$R(x) = \int_0^x (200 - \frac{t}{50})\,dt = (200t - \frac{t^2}{100})\Big|_0^x = 200x - \frac{x^2}{100}$$

平均收益为:

$$\bar{R}(x) = \frac{R(x)}{x} = 200 - \frac{x}{100}$$

当生产 2 000 单位时,总收益为:

$$R(2\,000) = 200 \times 2\,000 - \frac{2\,000^2}{100} = 360\,000(\text{元})$$

平均单位收益为:

$$\bar{R}(2\,000) = 200 - \frac{2\,000}{100} = 180(\text{元})$$

习题 5.4

1. 求由下列曲线所围平面图形的面积:

(1) $y = \frac{1}{x}, y = x, x = 2$;　　(2) $y = x^2, x + y = 2$;

(3) $y^2 = 2x, y = x - 4$.

2. 计算圆域 $x^2 + y^2 \leqslant 8$ 被抛物线 $y^2 = 2x$ 分成的两部分图形的面积.

3. 求由下列曲线所围平面区域绕指定轴旋转一周所得旋转体的体积:

(1) $y = 0, y = x^3, x = 2$ 绕 x 轴;　　(2) $y = x^2, y = \sqrt{x}$ 绕 y 轴;

(3) $xy = 4, x = 1, x = 4, y = 0$ 绕 x 轴.

4. 已知某商品的边际收入为 $R'(q) = -0.08q + 25$(万元/t),边际成本为 $C'(q) = 5$(万元/t),求产量 q 从 250t 增加到 300t 时的销售收入 $R(q)$,总成本 $C(q)$ 和总利润 $L(q)$ 的改变量(增量).

5. 设某产品的总产量 Q 对时间 t 的变化率为 $Q'(t) = 100 + t$(t/年),试求:

(1) 总产量函数 $Q(t)$;　　(2) 第一个五年计划内的产量;

(3) 第二个五年计划内的产量.

*5.5　广义积分与函数

5.5.1　广义积分

1. 无限区间上的积分

前面我们讨论积分时,全是以有限积分区间为前提的,但有时为了解决某些问题,不得不考察无限区间上的积分,这类积分叫广义积分.

定义 5.3　设函数 $f(x)$ 在区间 $(a, +\infty)$ 上连续,如果极限 $\lim\limits_{b \to +\infty} \int_a^b f(x)\mathrm{d}x\ (a < b)$ 存在,称此极限值为 $f(x)$ 在 $(a, +\infty)$ 上的广义积分,记为:

$$\int_a^{+\infty} f(x)\mathrm{d}x = \lim_{b \to +\infty} \int_a^b f(x)\mathrm{d}x$$

这时我们说广义积分 $\int_a^{+\infty} f(x)\mathrm{d}x$ 存在或收敛, 如果 $\lim\limits_{b \to +\infty} \int_a^b f(x)\mathrm{d}x$ 不存在, 就说 $\int_a^{+\infty} f(x)\mathrm{d}x$ 不存在或发散.

类似地,可以定义 $f(x)$ 在 $(-\infty, b)$ 及 $(-\infty, +\infty)$ 上的广义积分:

$$\int_{-\infty}^b f(x)\mathrm{d}x = \lim_{a \to -\infty} \int_a^b f(x)\mathrm{d}x$$

$\int_{-\infty}^{+\infty} f(x)\mathrm{d}x = \int_{-\infty}^{c} f(x)\mathrm{d}x + \int_c^{+\infty} f(x)\mathrm{d}x$,其中 $c \in (-\infty, +\infty)$

对于广义积分 $\int_{-\infty}^{+\infty} f(x)\mathrm{d}x$,其收敛的充要条件是 $\int_{-\infty}^{c} f(x)\mathrm{d}x$ 与 $\int_c^{+\infty} f(x)\mathrm{d}x$ 都收敛.

例 1　求广义积分 $\int_0^{+\infty} x\mathrm{e}^{-x^2}\mathrm{d}x$.

解:

按定义,

$$\int_0^{+\infty} xe^{-x^2}dx = \lim_{b\to+\infty}\int_0^b xe^{-x^2}dx = \lim_{b\to+\infty}\left[-\frac{1}{2}\int_0^b e^{-x^2}d(-x^2)\right]$$

$$= -\frac{1}{2}\lim_{b\to+\infty}(e^{-x^2})\Big|_0^b$$

$$= -\frac{1}{2}\lim_{b\to+\infty}[e^{-b^2} - e^0]$$

$$= \frac{1}{2}$$

例 2　证明:广义积分$\int_1^{+\infty}\frac{dx}{x^p}$,当$p>1$时收敛,当$p\leqslant 1$时发散.

证:当$p=1$时,

$$\int_1^{+\infty}\frac{dx}{x^p} = \lim_{b\to+\infty}\int_1^b\frac{dx}{x} = \lim_{b\to+\infty}(\ln x\Big|_1^b) = \lim_{b\to+\infty}\ln b = +\infty$$

当$p\neq 1$时,

$$\int_1^{+\infty}\frac{dx}{x^p} = \lim_{b\to+\infty}\int_1^b\frac{dx}{x^p} = \lim_{b\to+\infty}(\frac{x^{1-p}}{1-p}\Big|_1^b) = \lim_{b\to+\infty}\frac{b^{1-p}}{1-p} - \frac{1}{1-p}$$

$$= \begin{cases}\dfrac{1}{p-1} & p>1\\ +\infty & p<1\end{cases}$$

所以,当$P>1$时,广义积分$\int_1^{+\infty}\frac{dx}{x^p}$收敛,当$p\leqslant 1$时,广义积分$\int_1^{+\infty}\frac{dx}{x^p}$发散.

例 3　计算$\int_{-\infty}^{+\infty}\frac{dx}{1+x^2}$.

解:

$$\int_{-\infty}^{+\infty}\frac{dx}{1+x^2} = \int_{-\infty}^0\frac{dx}{1+x^2} + \int_0^{+\infty}\frac{dx}{1+x^2}$$

$$= \lim_{a\to+\infty}\int_a^0\frac{dx}{1+x^2} + \lim_{b\to+\infty}\int_0^b\frac{dx}{1+x^2}$$

$$= \lim_{a\to-\infty}\arctan x\Big|_a^0 + \lim_{b\to+\infty}\arctan x\Big|_0^b$$

$$= \frac{\pi}{2} + \frac{\pi}{2} = \pi$$

注意:有时为了书写简便,也可以省去极限符号,例如$\lim\limits_{b\to+\infty}F(x)\Big|_a^b$可以直接写成$F(x)\Big|_a^{+\infty}$,如上面例题中$\int_{-\infty}^0\frac{dx}{1+x^2} + \int_0^{+\infty}\frac{dx}{1+x^2} = \arctan a\Big|_{-\infty}^0 + \arctan b\Big|_0^{+\infty} = \frac{\pi}{2} + \frac{\pi}{2} = \pi$.

2. 无界函数的积分

定义 5.4　设函数$f(x)$在(a,b)上连续,当$x\to a^+$时,$f(x)\to\infty$,如果$\lim\limits_{\varepsilon\to 0}\int_{a+\varepsilon}^b f(x)dx(\varepsilon>0)$存在,就称此极限值为无界函数$f(x)$在$[a,b]$上的广义积分,记为:

$$\int_a^b f(x)dx = \lim_{\varepsilon\to 0}\int_{a+\varepsilon}^b f(x)dx \qquad (\varepsilon>0)$$

这时我们说广义积分$\int_a^b f(x)\mathrm{d}x$存在或收敛. 如果$\lim\limits_{\varepsilon\to0}\int_{a+\varepsilon}^b f(x)\mathrm{d}x(\varepsilon>0)$不存在,就说$\int_a^b f(x)\mathrm{d}x$不存在或发散.

类似地,可以定义$f(x)$在(a,b)上当$x\to b^-$时$f(x)\to\infty$,及$f(x)$在$[a,b]$上除c点外连续,而当$x\to c$时$f(x)\to\infty$的广义积分:

$$\int_a^b f(x)\mathrm{d}x=\lim_{\varepsilon\to0}\int_a^{b-\varepsilon}f(x)\mathrm{d}x\qquad(\varepsilon>0)$$

$$\int_a^b f(x)\mathrm{d}x=\lim_{\varepsilon_1\to0}\int_a^{c-\varepsilon_1}f(x)\mathrm{d}x+\lim_{\varepsilon_2\to0}\int_{c+\varepsilon_2}^b f(x)\mathrm{d}x\qquad(\varepsilon_1,\varepsilon_2>0)$$

对于$x\to c$时$f(x)\to\infty$的广义积分$\int_a^b f(x)\mathrm{d}x$,其存在的充要条件是$\lim\limits_{\varepsilon_1\to0}\int_a^{c-\varepsilon_1}f(x)\mathrm{d}x$与$\lim\limits_{\varepsilon_2\to0}\int_{c+\varepsilon_2}^b f(x)\mathrm{d}x(\varepsilon_1,\varepsilon_2>0)$都存在.

例4 求积分$\int_0^1\ln x\mathrm{d}x$.

解:

因为被积函数$\ln x$当$x\to0^+$时无界,所以按定义,

$$\int_0^1\ln x\mathrm{d}x=\lim_{\varepsilon\to0}\int_\varepsilon^1\ln x\mathrm{d}x=\lim_{\varepsilon\to0}(x\ln x-x)\Big|_\varepsilon^1=\lim_{\varepsilon\to0}[-1-\varepsilon\ln\varepsilon+\varepsilon]=-1-\lim_{\varepsilon\to0}\varepsilon\ln\varepsilon$$

对最后一项应用洛必达法则:

$$\lim_{\varepsilon\to0}\varepsilon\ln\varepsilon=\lim_{\varepsilon\to0}\frac{\ln\varepsilon}{\frac{1}{\varepsilon}}=\lim_{\varepsilon\to0}(-\varepsilon)=0$$

所以$\int_0^1\ln x\mathrm{d}x=-1$.

例5 证明:广义积分$\int_0^1\frac{\mathrm{d}x}{x^p}$当$0<p<1$时收敛,当$p\geqslant1$时发散.

证:当$p=1$时,

$$\int_0^1\frac{\mathrm{d}x}{x^p}=\lim_{\varepsilon\to0^+}\int_\varepsilon^1\frac{\mathrm{d}x}{x}=\lim_{\varepsilon\to0^+}[\ln x\Big|_\varepsilon^1]=\lim_{\varepsilon\to0^+}(-\ln\varepsilon)=+\infty$$

当$p>0$且$p\neq1$时,

$$\int_0^1\frac{\mathrm{d}x}{x^p}=\lim_{\varepsilon\to0^+}\int_\varepsilon^1\frac{\mathrm{d}x}{x^p}=\lim_{\varepsilon\to0^+}[\frac{x^{1-p}}{1-p}\Big|_\varepsilon^1]=\lim_{\varepsilon\to0^+}\frac{1-\varepsilon^{1-p}}{1-p}$$

$$=\begin{cases}+\infty & p>1\\ \dfrac{1}{1-p} & 0<p<1\end{cases}$$

所以,当$0<p<1$时,广义积分$\int_0^1\frac{\mathrm{d}x}{x^p}$收敛;当$p\geqslant1$时,广义积分$\int_0^1\frac{\mathrm{d}x}{x^p}$发散.

例6 计算$\int_{-1}^1\frac{\mathrm{d}x}{x^2}$.

解:

因被积函数$\frac{1}{x^2}$在$(x\in[-1,1])$点$x=0$处无限间断,所以不能按通常的办法计算这

个积分. 在前面,按牛顿 - 莱布尼茨公式计算出$\int_{-1}^{1}\frac{dx}{x^2}$的结果是 -2,那时已经指出这答案是错的. 现在无界函数积分的定义来计算:

$$\begin{aligned}\int_{-1}^{1}\frac{dx}{x^2}&=\int_{-1}^{0}\frac{dx}{x^2}+\int_{0}^{1}\frac{dx}{x^2}\\&=\lim_{\varepsilon_1\to0}\left(-\frac{1}{x}\right)\Big|_{-1}^{\varepsilon_1}+\lim_{\varepsilon_2\to0}\left(-\frac{1}{x}\right)\Big|_{\varepsilon_2}^{1}\\&=\infty\end{aligned}$$

因此,给定积分在[-1,1]上是发散的.

5.5.2　Γ 函数

下面讨论一个在概率论中要用到的积分区间无限且含有参变量的积分.

定义 5.5　积分 $\Gamma(r)=\int_0^{+\infty}x^{r-1}e^{-x}dx\ (r>0)$ 是参变量 r 的函数,称为 Γ 函数.

可以证明这个积分是收敛的.

Γ 函数有一个重要性质,即 $\Gamma(r+1)=r\Gamma(r)\qquad(r>0)$

这是因为,这是一个递推公式. 利用此公式,计算 Γ 函数的任意一个函数值都可化为求 Γ 函数在[0,1]上的函数值.

例如,
$$\begin{aligned}\Gamma(3.4)&=\Gamma(2.4+1)=2.4\times\Gamma(2.4)\\&=2.4\times\Gamma(1.4+1)=2.4\times1.4\times\Gamma(1.4)\\&=2.4\times1.4\times\Gamma(0.4+1)\\&=2.4\times1.4\times0.4\times\Gamma(0.4)\end{aligned}$$

特别地,当 r 为正整数时可得:

$$\Gamma(n+1)=n!$$

这是因为:

$$\Gamma(n+1)=n\Gamma(n)=n\cdot(n-1)\Gamma(n-1)=\cdots=n!\Gamma(1)$$

而　$\Gamma(1)=\int_0^{+\infty}e^{-x}dx=1$ 所以:

$$\Gamma(n+1)=n!$$

例 7　计算下列各式的值.

(1) $\frac{\Gamma(6)}{2\Gamma(3)}$;　　　　(2) $\frac{\Gamma(\frac{5}{2})}{\Gamma(\frac{1}{2})}$.

解:

(1) $\frac{\Gamma(6)}{2\Gamma(3)}=\frac{5!}{2\cdot2!}=\frac{5\cdot4\cdot3\cdot2}{2\cdot2}=30$

(2) $\frac{\Gamma(\frac{5}{2})}{\Gamma(\frac{1}{2})}=\frac{\frac{3}{2}\Gamma(\frac{3}{2})}{\Gamma(\frac{1}{2})}=\frac{\frac{3}{2}\cdot\frac{1}{2}\Gamma(\frac{1}{2})}{\Gamma(\frac{1}{2})}=\frac{3}{4}$

例 8 计算下列积分.

(1) $\int_0^{+\infty} x^3 e^{-x} dx$;　　(2) $\int_0^{+\infty} x^{r-1} e^{-\lambda x} dx$.

解:

(1) $\int_0^{+\infty} x^3 e^{-x} dx = \Gamma(4) = 3! = 6$

(2) 令 $\lambda x = t$,则 $\lambda dx = dt$

于是:

$$\int_0^{+\infty} x^{r-1} e^{-\lambda x} dx = \frac{1}{\lambda}\int_0^{+\infty} \left(\frac{t}{\lambda}\right)^{r-1} e^{-t} dt = \frac{1}{\lambda^r}\int_0^{+\infty} t^{r-1} e^{-t} dt = \frac{\Gamma(r)}{\lambda^r}$$

Γ 函数还可以写成另一形式. 例如,设 Γ 函数 $x = t^2$,则有:

$$\Gamma(r) = 2\int_0^{+\infty} t^{2r-1} e^{-t^2} dt$$

当 $r = \frac{1}{2}$ 时,

$$\Gamma\left(\frac{1}{2}\right) = 2\int_0^{+\infty} e^{-t^2} dt$$

可以证明这个积分存在而且等于$\sqrt{\pi}$,因此:

$$\Gamma\left(\frac{1}{2}\right) = 2\int_0^{+\infty} e^{-t^2} dt = \sqrt{\pi}$$

从而:

$$\int_0^{+\infty} e^{-t^2} dt = \frac{\sqrt{\pi}}{2}$$

这个广义积分是概率论中常用的泊松积分.

*习题 5.5

1. 计算下列广义积分:

(1) $\int_1^{+\infty} \frac{1}{x^3} dx$;　　(2) $\int_{-\infty}^{+\infty} x e^{-x^2} dx$;

(3) $\int_{-1}^{0} \frac{1}{\sqrt{1-x^2}} dx$;　　(4) $\int_0^1 \frac{e^{\sqrt{x}}}{\sqrt{x}} dx$.

2. 讨论下列广义积分的敛散性:

(1) $\int_2^{+\infty} \frac{1}{x(\ln x)^\lambda} dx$;　　(2) $\int_a^b \frac{1}{(x-a)^\lambda} dx$ $(a < b, \lambda > 0)$.

习题五

一、单项选择题

1. 若在区间$[a,b]$上$f(x) \geqslant 0$且连续,则定积分$\int_a^b f(x) dx$在几何上表示(　　).

A. 曲边 $y = f(x)(a \leqslant x \leqslant b)$　　B. 曲边 $y = f(x)(a \leqslant x \leqslant b)$ 的长度

C. 曲边梯形　　D. 曲边梯形的面积

2. 若函数$f(x)$在闭区间$[a,b]$上可积,则下列结论中错误的是(　　).

A. $\int_a^b f(x)\mathrm{d}x=-\int_b^a f(x)\mathrm{d}x$　　B. $\int_a^b f(x)\mathrm{d}x=\int_a^c f(x)\mathrm{d}x+\int_c^b f(x)\mathrm{d}x$

C. $\int_a^a f(x)\mathrm{d}x=0$　　D. $\left[\int_a^b f(x)\mathrm{d}x\right]'=f(x)$

3. 若$f(x)=\int_1^{x^2}\frac{\ln(1+t)}{t}\mathrm{d}t$,则$f'(2)=$(　　).

A. 0　　B. 2ln3　　C. ln5　　D. $\frac{1}{2}\ln 5$

4. 若$f(x)$为连续函数,且$F(x)=\int_{\frac{1}{x}}^{\ln x}f(t)\mathrm{d}t$,则$f'(x)=$(　　).

A. $\frac{1}{x}f(\ln x)+\frac{1}{x^2}f\left(\frac{1}{x}\right)$　　B. $f(\ln x)+f\left(\frac{1}{x}\right)$

C. $\frac{1}{x}f(\ln x)-\frac{1}{x^2}f\left(\frac{1}{x}\right)$　　D. $f(\ln x)-f\left(\frac{1}{x}\right)$

5. 下列积分中,等于零的是(　　).

A. $\int_{-1}^1\ln(x+\sqrt{1+x^2})\mathrm{d}x$　　B. $\int_{-1}^1\frac{1}{x^3+2}\mathrm{d}x$

C. $\int_{-1}^1\frac{1}{\sqrt{1+x^2}}\mathrm{d}x$　　D. $\int_{-1}^1\frac{1}{1+\sin x}\mathrm{d}x$

6. 若$\int_0^k \mathrm{e}^{2x}\mathrm{d}x=\frac{3}{2}$,则$k$的值是(　　).

A. $\frac{1}{2}\ln 2$　　B. ln2　　C. 1　　D. 2

7. 曲线$y=\mathrm{e}^x,y=\mathrm{e}^{-x}$和直线$x=-1$所围平面图形面积的定积分表示式为(　　).

A. $\int_{-1}^1(\mathrm{e}^x-\mathrm{e}^{-x})\mathrm{d}x$　　B. $\int_{-1}^1(\mathrm{e}^{-x}-\mathrm{e}^x)\mathrm{d}x$

C. $\int_{-1}^0(\mathrm{e}^{-x}-\mathrm{e}^x)\mathrm{d}x$　　D. $\int_0^1(\mathrm{e}^x-\mathrm{e}^{-x})\mathrm{d}x$

8. 若某产品的边际收入函数和边际成本函数分别为$R'(q)$和$C'(q)$,而固定成本为C_0,则利润函数$L(q)=$(　　).

A. $\int_0^q[C'(t)-R'(t)]\mathrm{d}t+C_0$　　B. $\int_0^q[C'(t)-R'(t)]\mathrm{d}t-C_0$

C. $\int_0^q[R'(t)-C'(t)]\mathrm{d}t+C_0$　　D. $\int_0^q[R'(t)-C'(t)]\mathrm{d}t-C_0$

*9. 若广义积分$\int_0^{+\infty}\mathrm{e}^{kx}\mathrm{d}x$收敛,则$k$的取值范围是(　　).

A. $k>0$　　B. $k<0$　　C. $k\leqslant 0$　　D. $k\geqslant 0$

*10. 以下积分中不是广义积分的是(　　).

A. $\int_0^1\frac{1}{x^3}\mathrm{d}x$　　B. $\int_0^1\ln x\mathrm{d}x$

C. $\int_{-1}^1\frac{1}{\sin x}\mathrm{d}x$　　D. $\int_0^{2\pi}\cos^2 x\mathrm{d}x$

二、填空题

1. $\int_a^b f(x)\mathrm{d}x-\int_a^b f(t)\mathrm{d}t=$ ________.

2. 若$\left[\int_0^{e^{-x}} f(t)\mathrm{d}t\right]'=\mathrm{e}^x$,则$f(x)=$ ________.

3. $\lim\limits_{x\to0}\dfrac{\int_0^{2x}\tan t^3\mathrm{d}t}{x^4}=$ ________.

4. $\int_a^b f'(3x)\mathrm{d}x=$ ________.

5. $\int_0^{\frac{\pi}{2}}\sin^4 x\mathrm{d}x=$ ________.

6. 若$\int_0^k\dfrac{\cos2x}{\cos x-\sin x}\mathrm{d}x=1$且$0<k<1$,则$k=$ ________.

7. 若$\int_0^a 3t^2\mathrm{d}t=8$,则$\int_0^a x\mathrm{e}^{-x^2}\mathrm{d}x=$ ________.

8. 若销售某商品q单位时的边际利润函数和边际成本函数分别为$L'(q)$和$C'(q)$,固定成本为C_0,则销售q单位时的总收入函数$R(q)=$ ________.

三、解答题

1. 利用定积分的几何意义,说明下列各式的正确性:

(1) $\int_{-\pi}^{\pi}\cos x\mathrm{d}x=0$;　　(2) $\int_{-1}^{1}\sqrt{1-x^2}\mathrm{d}x=\dfrac{\pi}{2}$.

2. 不求出定积分的值,比较下列各对定积分值的大小:

(1) $\int_0^1 x^3\mathrm{d}x$与$\int_0^1 x^2\mathrm{d}x$;　　(2) $\int_1^2\ln x\mathrm{d}x$与$\int_1^2\ln^2 x\mathrm{d}x$.

3. 计算下列变限积分函数的导数:

(1) $\left[\int_1^x(t^3-t^2)\sin t\mathrm{d}t\right]'$;　　(2) $\left(\int_{x^2}^0 t\cdot\cos t^2\mathrm{d}t\right)'$;

(3) $\left(\int_{\sqrt{x}}^{x}\mathrm{e}^{-t^2}\mathrm{d}t\right)'$.

4. 求下列未定式的极限:

(1) $\lim\limits_{x\to0}\dfrac{\mathrm{e}^x\cdot\int_0^x\sin t\mathrm{d}t}{x}$;　　(2) $\lim\limits_{x\to0}\dfrac{\int_0^x\arctan t\mathrm{d}t}{\int_0^x\sin t\mathrm{d}t}$;

(3) $\lim\limits_{x\to0}\dfrac{\int_0^x x\mathrm{e}^{t^2}\mathrm{d}t}{1-\mathrm{e}^{x^2}}$.

5. 计算下列定积分:

(1) $\int_1^3\left(x^3+\dfrac{3}{x}+1\right)\mathrm{d}x$;　　(2) $\int_{\frac{\pi}{6}}^{\frac{\pi}{4}}\dfrac{1}{\cos^2 x}\mathrm{d}x$;

(3) $\int_0^{\sqrt{3}a} \frac{dx}{a^2+x^2}$;　(4) $\int_{\frac{\pi}{6}}^{\frac{\pi}{3}} \tan^2 x dx$.

6. 用换元积分法计算下列定积分:

(1) $\int_0^1 \frac{e^x}{\sqrt{5+e^x}}dx$;　(2) $\int_0^{\pi}(1-\cos^3 x)dx$;

(3) $\int_0^1 xe^{-\frac{x^2}{2}}dx$;　(4) $\int_1^e \frac{1+\ln x}{x}dx$;

(5) $\int_0^{\frac{\pi}{2}} \frac{\cos x}{1+\sin^2 x}dx$;　(6) $\int_4^9 \frac{\sqrt{x}}{\sqrt{x}-1}dx$;

(7) $\int_{\frac{\sqrt{2}}{2}}^1 \frac{\sqrt{1-x^2}}{x^2}dx$.

7. 用分部积分法计算下列定积分:

(1) $\int_1^e \ln x dx$;　(2) $\int_0^{\ln 2} xe^{-x}dx$;

(3) $\int_0^1 \arccos x dx$.

8. 设函数 $f(x)$ 连续,且满足 $f(x) = x + 2\int_0^1 f(t)dt$,求:

(1) $\int_0^1 f(x)dx$;　(2) $f(x)$.

*9. 设 $f(x) = \begin{cases} \frac{1}{x+1}, & x \geqslant 0, \\ \frac{1}{1+e^x}, & x < 0, \end{cases}$ 求 $\int_0^2 f(x-1)dx$.

10. 证明:若 $f(x)$ 连续,则 $\int_0^{\pi} xf(\sin x)dx = \frac{\pi}{2}\int_0^{\pi} f(\sin x)dx$.

11. 证明:若 f、$g \in R[a,b](a < b)$,则不等式 $\left[\int_a^b f(x)g(x)dx\right]^2 \leqslant \int_a^b f^2(x)dx \cdot \int_a^b g^2(x)dx$ 必成立.

12. 证明:若 $f(x)$ 在区间 $[a,b]$ 上连续可微,且 $f(a) = 0$,则 $f^2(x) \leqslant (x-a)\int_a^b f'^2(x)dx$.

*13. 计算下列定积分:

(1) $\int_{-1}^4 \max\{x^2,1\}dx$;　(2) $\int_{-2}^2 |x|e^{-|x|}dx$;

(3) $\int_0^1 (1-x^2)^{\frac{2n-1}{2}}dx$ $(n \in N^+)$.

14. 求由下列曲线所围平面图形的面积:

(1) $y^2 = 2x+1, y = x-1$;　(2) $y = e^x, y = e^{-x}, x = 1$.

15. 求由下列曲线所围平面区域绕指定轴旋转一周所得旋转体的体积:

(1) $y = \sqrt{x}$ 与直线 $x = 1, x = 4, y = 0$ 绕 x 轴;

(2) $y = \sin x$ 与直线 $x = \frac{\pi}{2}, y = 0\left(0 \leqslant x \leqslant \frac{\pi}{2}\right)$ 绕 x 轴;

(3) $x^2+(y-2)^2=1$,绕 x 轴.

16. 已知某厂生产的产品的边际成本函数和边际收益函数分别为 $C'(q)=q^2-4q+6$ 和 $R'(q)=105-2q$(元),其中 q 为销售量,且固定成本为100(元),求利润函数.

17. 已知某厂生产某产品 q 件时的边际收益函数为 $R'(q)=200-\frac{q}{100}$(元/单位),求:

(1) 生产前1 000件时的总收益为多少元?

(2) 如果已生产了2 000件,再生产1 000件时总收益将增加多少元?

(3) 如果在收益为最大的生产量的基础上再生产1 000件,总收益将减少多少元?

*18. 计算下列广义积分的值:

(1) $\int_{\frac{2}{\pi}}^{+\infty}\frac{1}{x^2}\sin\frac{1}{x}\mathrm{d}x$; (2) $\int_{-\infty}^{+\infty}\frac{1}{x^2+2x+2}\mathrm{d}x$;

(3) $\int_1^2\frac{x}{\sqrt{x-1}}\mathrm{d}x$; (4) $\int_0^1\frac{1}{(2-x)\sqrt{1-x}}\mathrm{d}x$.

第六章
多元函数微积分

前面几章研究的都是只有一个自变量的函数，称为一元函数．但在自然科学和工程技术中，往往涉及多方面因素，反映到数学上就是依赖于多个变量的函数，即多元函数．

多元微积分是一元微积分的发展与推广，因此它们之间在许多方面有着密切的联系和相似之处，同时它们之间也存在着一些质的差别，而二元与二元以上的多元函数之间，只是量的变化．本章主要研究二元函数．对于一般的多元函数，可以仿照二元函数处理．需要指出的是，在讨论中我们应该把有关概念与一元函数加以比较，注意它们的异同和联系，这是学好多元微积分的关键．

6.1　多元函数

6.1.1　空间解析几何简介

为了确定平面上一点的位置，我们建立了平面直角坐标系．为了确定空间任意一点的位置，相应地需引进空间直角坐标系，通过空间直角坐标系可以把一些空间的几何图形与方程联系起来．

1．空间直角坐标系

在空间取一平面，并建立平面直角坐标系 xoy，在原点 O 作一条与 x 轴、y 轴有相同长度单位，且垂直于 xoy 平面的数轴（z 轴），称为竖轴．x 轴、y 轴分别称为横轴、纵轴．三条数轴统称为坐标轴．其方向以右手法则确定：将右手握住 z 轴，拇指朝上为 z 轴的正向，并拢的四指从 x 轴的正向指向 y 轴的正向．具体如图 6 － 1 所示．这三条坐标轴组成一个空间直角坐标系，点 O 为坐标原点．

在空间直角坐标系中，每两条坐标轴确定的平面称为坐标平面（简称坐标面），如，x 轴与 y 轴所确定的平面称为 xoy 平面，类似地有 yoz 平面、zox 平面．这三个两两相互垂直的坐标面把空间分成八个部分，每一部分称为卦限．八个卦限分别用 Ⅰ，Ⅱ，…，Ⅷ 表示，如图 6 － 2 所示．

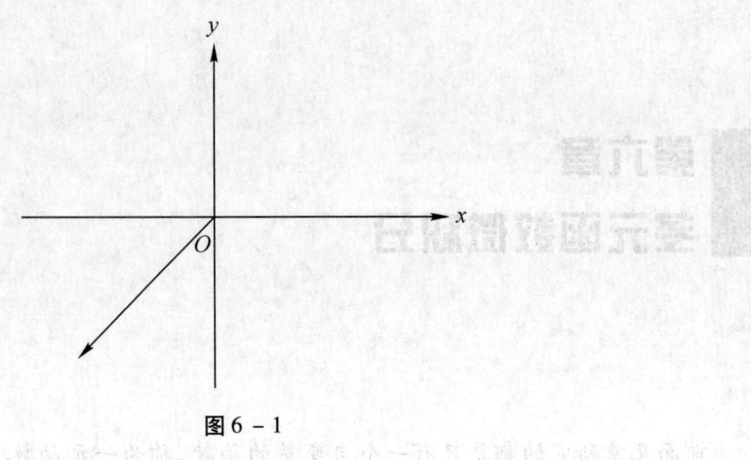

图 6－1

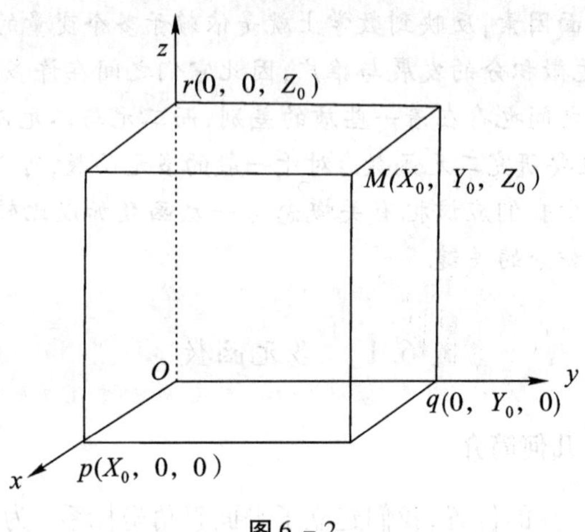

图 6－2

2. 空间点的位置表示法

对空间任意一点 M，过 M 点分别作垂直于 x 轴、y 轴、z 轴的三个平面，其与 x 轴、y 轴、z 轴分别交于 p、q、r 三点，若这三个点在三个坐标轴的坐标分别为 x_0、y_0、z_0，这样就由点 M 唯一确定了三元有序数组 (x_0,y_0,z_0)，反之对任意一个三元有序数组 (X_0,Y_0,Z_0)，在 x 轴、y 轴、z 轴上分别取三个点 p、q、r，使 $op=x_0$，$op=y_0$，$op=z_0$，过 p、q、r 三点，分别作垂直于 x 轴、y 轴、z 轴的平面，这三个平面交于一点 M. 则由一个三元有序数组 (x_0,y_0,z_0) 唯一确定了空间一点 M. 如图 6－2 所示. 于是空间任意一点 M 与三元有序数组 (x_0,y_0,z_0) 建立了一一对应关系. 我们称这三元有序数组 (x_0,y_0,z_0) 为点 M 的坐标，记为 $M(x_0,y_0,z_0)$.

显然，坐标系原点的坐标为 $(0,0,0)$；x 轴、y 轴和 z 轴上的点的坐标分别为 $(x,0,0)$、$(0,y,0)$、$(0,0,z)$；xoy 平面、yoz 平面、zox 平面上点的坐标分别为 $(x,y,0)$、$(0,y,z)$ 和 $(y,0,z)$.

3. 空间任意两点的距离

设空间任意两点 $M_1(x_1,y_1,z_1)$，$M_2(x_2,y_2,z_2)$ 的距离用 $|M_1M_2|$ 表示，下面是它的计算公式：

$$|M_1M_2|=\sqrt{(x_2-x_1)^2+(y_2-y_1)^2+(z_2-z_1)^2} \tag{6.1}$$

例 1　在 Z 轴上求一点，使这点到点 $A(-4,1,7)$ 和点 $B(3,5,-2)$ 的距离相等.

解：

设所求的点为 $M(0,0,z)$，依题意有 $|MA|=|MB|$

即：

$$\sqrt{(0+4)^2+(0-1)^2+(z-7)^2}=\sqrt{(0-3)^2+(0-5)^2+(z+2)^2}$$

解得：

$$z=\frac{14}{9}$$

所以，所求的点 M 的坐标为 $M(0,0,\frac{14}{9})$.

4. 曲面与方程

在平面解析几何中，坐标平面上的一条曲线与方程 $F(x,y)=0$ 相对应，类似地，在空间直角坐标系中，可以建立空间曲面与含有三个变量的方程 $F(x,y,z)=0$ 的对应关系.

定义 6.1　如果曲面 s 上任意一点的坐标都满足方程 $F(x,y,z)=0$，而不在曲面 s 上的点的坐标都不满足方程 $F(x,y,z)=0$，则方程 $F(x,y,z)=0$ 称为曲面 s 的方程. 而曲面 s 称为方程 $F(x,y,z)=0$ 所对应的图形（如图 6－3 所示）.

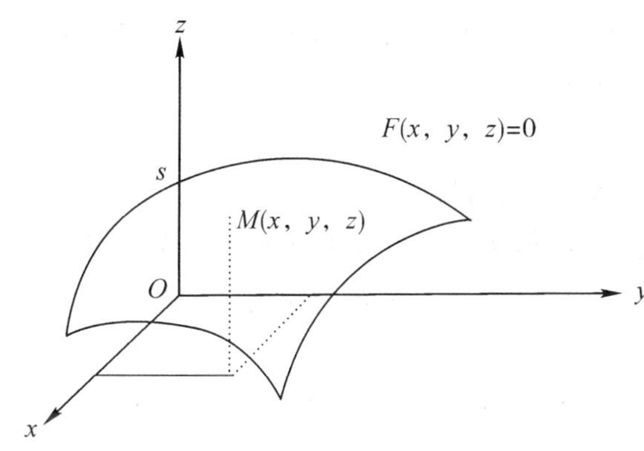

图 6－3

例 2　设一个球面的球心为 $M_0(x_0,y_0,z_0)$，半径为 R，求此球面方程.

解：

设球面任意一点为 $M(x,y,z)$，则点 M 到球心 M_0 的距离为 R，由两点距离公式(6.1)有，

$$\sqrt{(x-x_0)^2+(y-y_0)^2+(z+z_0)^2}=R$$

化简得球面方程：

$$(x-x_0)^2+(y-y_0)^2+(z-z_0)^2=R^2$$

特别地，以原点 $0(0,0,0)$ 为球心，R 为半径的球面方程为：

$$x^2+y^2+z^2=R^2$$

可以看出，空间中的球面方程是平面上圆的方程的推广.

6.1.2　多元函数的概念

在许多实际问题中，经常遇到多个变量相互依赖的情况. 例如，圆柱体的体积 v 是由

它的底半径 r 和高 h 确定,即 $\nu = \pi r^2 h$;某种商品的市场销售量 Q 是由它的售价 X 和需要这种商品的人数 Y 的平均收入 Z 确定,即 $Q = ax + by + - cz$,其中 a、b、c 为正数.

上面的圆柱体的体积 ν 依赖于两个自变量,我们称 ν 为二元函数;销售量 Q 依赖于三个自变量,我们称 Q 为三元函数. 一般说来,自变量的个数等于或多于两个的,统称为多元函数,其中最简单的多元函数是二元函数. 下面给出二元函数的一般定义.

1. 二元函数的定义

定义 6.2 设有三个变量 x、y 和 z,如果变量 x、y 在它们的变化范围 D 中任意取一对值时,变量 z 按照一定的对应规律 f,总有唯一确定的值与之对应,那么称 z 为变量 x、y 的二元函数,记为 $z = f(x、y)$,其中 x、y 称为自变量,z 称为因变量,自变量 x、y 的变化范围 D 称为函数的定义域.

一元函数的定义域一般是一个区间或 n 个区间的并集. 二元函数的定义域往往是由 xoy 平面上的一条或 n 条光滑曲线(包括直线)所围成的一部分平面或整个平面,称为区域,即二元函数的定义域通常为平面区域,围成平面区域的曲线称为区域的边界,边界上的点称为边界点. 包括边界在内的区域称为闭区域,不包括边界在内的区域称为开区域;如果区域延伸无穷远,称为无界区域,否则称为有界区域. 有界区域总可以包含在一个以原点为圆心的相当大的圆域内.

以平面上的定点 $P_0(x_0, y_0)$ 为圆心,以 $\delta > 0$ 为半径的圆的内部是一个开区域,称为点 $P_0(x_0, y_0)$ 的 δ 邻域,记为:

$$\{(x \cdot y) / \sqrt{(x - x_0)^2 + (y - y_0)2} < \delta\}$$

不包含点 P_0 的邻域称为去心邻域.

类似地,可以定义三元函数 $u = f(x, y, z)$ 以及三元以上的函数.

例 3 求二元函数 $z = \sqrt{1 - x^2 - y^2}$ 的定义域,并画出定义域的图形.

解:

要使函数 $z = \sqrt{1 - x^2 - y^2}$ 有意义,必须有 $x^2 + y^2 \leqslant 1$,

因此所求定义域为:

$$D = \{(x, y) \mid x^2 + y^2 \leqslant 1\}$$

定义域的图形是 xoy 平面上由圆 $x^2 + y^2 = 1$ 围成的有界闭区域(如图 6-4 所示).

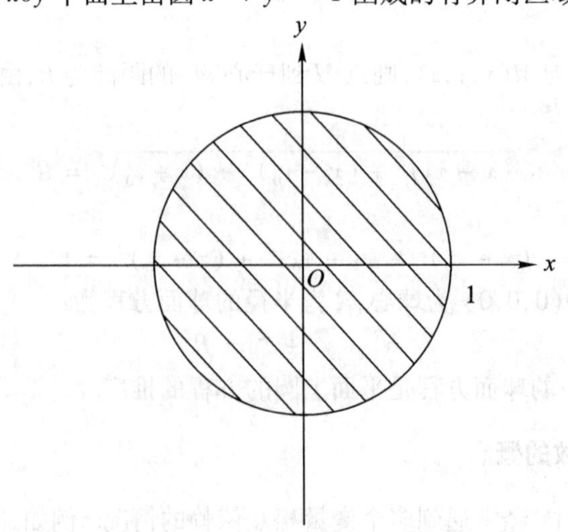

图 6-4

例 4　求函数 $z=\ln(x+y)$ 定义域,并画出定义域的图形.

解:

要使函数 $z=\ln(x+y)$ 有意义,必须有 $x+y>0$,因此所求定义域为 $D=\{(x+y)\mid x+y>0\}$ 是 xoy 平面上直线 $x+y=0$ 的右上方确定的无界开区域(如图 6－5 所示).

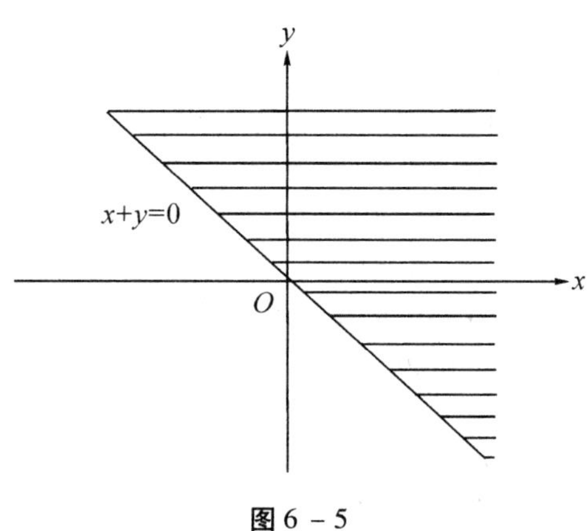

图 6－5

2. 二元函数的几何意义

一元函数 $y=f(x)$ 通常表示 xoy 平面上的一条曲线. 二元函数 $z=f(x,y)$,即 $F(x,y,z)=z-f(x,y)=0$,在空间直角坐标系中一般表示空间的曲面,这个曲面在 xoy 坐标面的投影就是函数的定义域 D,例如二元函数 $z=\sqrt{a^2-x^2-y^2}$ 的几何图形是球心在原点,半径为 a 的上半球面. 它的定义域是 xoy 平面上的圆面,即 $D=\{(x,y)\mid x^2+y^2\leqslant a^2\}$(如图 6－6 所示).

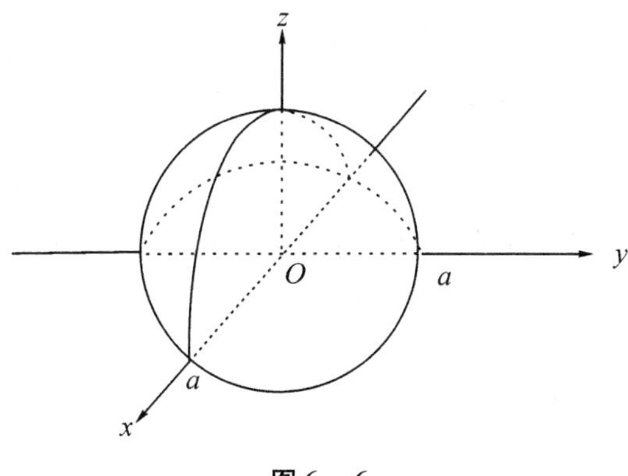

图 6－6

3. 二元函数的极限与连续

与一元函数的极限与连续概念类似,函数的极限与连续描述了当自变量变化时,函数的变化趋势.

定义 6.3　设二元函数 $z=f(x,y)$ 在点 $P_0(x_0,y_0)$ 的某邻域内有定义(点 $P_0(x_0,y_0)$ 可以除外),如果点 $P(x,y)$ 以任意方式趋近 $P_0(x_0,y_0)$ 时,$f(x,y)$ 总是无限趋近于一个确

定的常数 A,则称常数 A 是二元函数 $z=f(x,y)$ 当 (x,y) 趋近于 (x_0,y_0) 时的极限,记为:

$$\lim_{\substack{x\to x_0\\ y\to y_0}} f(x,y)=A \text{ 或 } \lim_{(x,y)\to(x_0,y_0)} f(x,y)=A$$

形式上二元函数的极限与一元函数的极限相类似,但应注意,由于在平面上点 $(x,y)\to(x_0,y_0)$ 的途径有无穷多种,所以二元函数的极限比一元函数的极限要复杂得多,但是二元函数也有与一元函数类似的极限运算法则.

例 5 求极限 $\lim\limits_{\substack{x\to 0\\ y\to 2}} \dfrac{\sin(xy)}{x}$.

解:

$$\text{因 } x\to 0, y\to 2, \text{故 } xy\to 0$$

$$\lim_{\substack{x\to 0\\ y\to 2}} \frac{\sin(xy)}{x}=\lim_{\substack{x\to 0\\ y\to 2}} \frac{\sin(xy)}{xy}\cdot y=\lim_{\substack{x\to 0\\ y\to 2}} y\cdot\lim_{\substack{x\to 0\\ y\to 2}} \frac{\sin(xy)}{xy}=2$$

定义 6.4 设函数 $z=f(x,y)$ 在点 $P_0=(x_0,y_0)$ 的某邻域内有意义,如果当点 $P(x,y)$ 趋近 $P_0(x_0,y_0)$ 时,函数 $f(x,y)$ 的极限存在,且等于它在 $P_0(x_0,y_0)$ 点的函数值,即:

$$\lim_{\substack{x\to x_0\\ y\to y_0}} f(x,y)=f(x_0,y_0) \tag{6.2}$$

则称二元函数 $z=f(x,y)$ 在点 $P_0(x_0,y_0)$ 处连续.

若 $x=x_0+\triangle x, y=y_0+\triangle y$ 则称:

$$\triangle z=f(x_0+\triangle x_0, y_0+\triangle y)-f(x_0,y_0)$$

是二元函数 $z=f(x,y)$ 在点 $P_0(x_0,y_0)$ 处的全增量,于是由(6.2)式可得:

$$\lim_{\substack{\triangle x\to 0\\ \triangle y\to 0}} \triangle z=\lim_{\substack{\triangle x\to 0\\ \triangle y\to 0}} [f(x_0+\triangle x, y_0+\triangle y)-f(x_0,y_0)]=0$$

上式给出了二元函数连续的另一种表示形式,在讨论函数的连续性时,有时采用这种形式.

如果函数 $z=f(x,y)$ 在区域 D 内每一点都连续,则称函数 $z=f(x,y)$ 在区域 D 内连续.

与一元连续函数类似,二元连续函数具有如下性质:

(1) 二元连续函数的和、差、积、商(分母不为零) 仍为连续函数;

(2) 在有界闭区域上的二元连续函数存在最大值和最小值.

习题 6.1

1. 求点 $M(x,y,z)$ 关于 xoy 平面及坐标原点的对称点的坐标.
2. 设 $f(x,y)=x^2-2xy+y^2$,求 $f(2,1)$.
3. 已知 $f(x,y)=x+2y$,求 $f[xy,f(x,y)]$.
4. 求下列函数的定义域,并画出定义域的图形.

(1) $z=\sqrt{4-x^2-y^2}+\ln(x^2+y^2-1)$;

(2) $z=\sqrt{R^2-x^2-y^2}+\dfrac{1}{\sqrt{x^2+y^2-r^2}} \quad (R>r>0)$.

6.2　偏导数

在一元函数微分学中，为研究因变量相对于自变量变化的快慢程度（变化率），引入了导数概念，对多元函数而言，同样为考虑因变量对某一个自变量的变化率，我们引进偏导数的概念. 本节主要介绍偏导数的概念、求法及偏导数在经济学中的应用.

6.2.1　偏导数

定义 6.5　设二元函数 $z = f(x,y)$ 在点 $P_0(x_0,y_0)$ 的某一邻域内有定义，当自变量 y 保持不变，$y = y_0$，因而 z 成了单变量 x 的函数 $z = f(x,y_0)$.

如果 $\lim\limits_{\triangle x \to 0} \dfrac{f(x_0 + \triangle x, y_0) - f(x_0, y_0)}{\triangle x}$ 存在，称函数 $z = f(x,y)$ 在 (x_0,y_0) 处对 x 可导，并称此极限值为函数 $z = (x,y)$ 在 (x_0,y_0) 处对自变量 x 的偏导数. 记为：

$$Z'_x\Big|_{\substack{x=x_0\\y=y_0}}, f'_y(x_0,y_0), \frac{\partial z}{\partial x}\Big|_{\substack{x=x_0\\y=y_0}}, \frac{\partial f}{\partial x}\Big|_{\substack{x=x_0\\y=y_0}}$$

如果函数 $z = f(x,y)$ 在区域 D 内每一点 (x,y)，对 $x(y)$ 的偏导数都存在，且这个偏导数仍是 x,y 的函数，则称其为 $z = f(x,y)$ 对自变量 $x(y)$ 的偏导函数，简称偏导数，记为：

$$\frac{\partial z}{\partial x}, \frac{\partial f}{\partial x}, z'_x, f'_x(x,y) \quad \left[\frac{\partial z}{\partial y}, \frac{\partial f}{\partial y}, z'_y, f'_y(x,y)\right]$$

偏导数的符号 $\dfrac{\partial z}{\partial x}, \dfrac{\partial z}{\partial y}$ 是一个整体记号，它与一元函数导数 $\dfrac{\mathrm{d}y}{\mathrm{d}x}$ 可看成两个微分 $\mathrm{d}y$ 与 $\mathrm{d}x$ 之商是不同的.

偏导数概念可以推广到二元以上的函数，在此不再一一叙述.

由偏导数的定义可知，求二元函数对某个自变量的偏导数，只需将另外的自变量看作常数，因此这仍然是一元函数求导问题，所谓“偏”是指对其中某一自变量而言.

例 1　求 $z = x^2y^3$ 在 $(1,1)$ 处的偏导数.

解：

先求偏导数，对 x 求偏导数时，把 y 看成常量，对 x 求导可得，

$$\frac{\partial z}{\partial x} = 2xy^3$$

对 y 求偏导数时，把 x 看成常量，对 y 求导可得：

$$\frac{\partial z}{\partial y} = 3x^2y^2$$

将 $x = 1, y = 1$ 代入，可得：

$$\frac{\partial z}{\partial x}\Big|_{\substack{x=1\\y=1}} = 2, \frac{\partial z}{\partial y}\Big|_{\substack{x=1\\y=1}} = 3$$

例 2　设 $z = y^x$，求 $\dfrac{\partial z}{\partial x}, \dfrac{\partial z}{\partial y}$.

解：

对 x 求偏导数时，视 y 为常量，此时 y^x 为指数函数，

$$\frac{\partial z}{\partial x} = y^x \ln y$$

对 y 求偏导数时,视 x 为常量,此时 y^x 为幂函数:

$$\frac{\partial z}{\partial y} = xy^{x-1}$$

例 3 设 $z = \arctan \frac{x}{y}$,求偏导数.

解:

$$z'_x = \frac{1}{1 + (\frac{x}{y})^2}(\frac{x}{y})'_x = \frac{1}{1 + \frac{x^2}{y^2}}(\frac{1}{y}) = \frac{y}{x^2 + y^2}$$

$$z'_y = \frac{1}{1 + (\frac{x}{y})^2}(\frac{x}{y})'_y = \frac{1}{1 + \frac{x^2}{y^2}}(-\frac{x}{y^2}) = -\frac{x}{x^2 + y^2}$$

例 4 求函数 $u = \ln(x^2 + y^2 + z^2)$ 的偏导数.

解:

与二元函数类似,对三元函数 $u = \ln(x^2 + y^2 + z^2)$ 求 $\frac{\partial u}{\partial x}$,只要把函数中的自变量 y、z 都看作常数,仅对 x 求导就可以了,

$$\frac{\partial u}{\partial x} = \frac{1}{x^2 + y^2 + z^2}(x^2 + y^2 + z^2)'_x = \frac{2x}{x^2 + y^2 + z^2}$$

类似地有:

$$\frac{\partial u}{\partial y} = \frac{2y}{x^2 + y^2 + z^2} \quad \frac{\partial u}{\partial z} = \frac{2z}{x^2 + y^2 + z^2}$$

*6.2.2 多元复合函数的微分法

设函数 $z = f(u,v)$ 通过中间变量 $\begin{cases} u = u(x,y) \\ v = (x,y) \end{cases}$ 复合后得到:

$$z = f[u(x,y), v(x,y)]$$

它是 x,y 的二元函数,如何求 $\frac{\partial z}{\partial x}, \frac{\partial z}{\partial y}$?下面我们不加证明地给出:

定理 1 设函数 $u = u(x,y), v = v(x,y)$ 在点 (x,y) 处有偏导数,$z = f(u,v)$ 在相应点 (u,v) 处有连续偏导数,则复合函数 $z = f[u(x,y), v(x,y)]$ 在点 (x,y) 处有偏导数,并且:

$$\frac{\partial z}{\partial x} = \frac{\partial z}{\partial u} \cdot \frac{\partial u}{\partial x} + \frac{\partial z}{\partial v} \cdot \frac{\partial v}{\partial x}$$

$$\frac{\partial z}{\partial y} = \frac{\partial z}{\partial u} \cdot \frac{\partial u}{\partial y} + \frac{\partial z}{\partial v} \cdot \frac{\partial v}{\partial y}$$

多元复合函数的求导法则,可以叙述为:多元复合函数对某一自变量的偏导数,等于函数对各个中间变量的偏导数与各个中间变量对自变量的偏导数的乘积之和.

例 5 设 $z = e^u \sin v, u = x^2 + y^2, v = xy$,求 $\frac{\partial z}{\partial x}, \frac{\partial z}{\partial y}$.

解：

$$\frac{\partial u}{\partial x}=2x,\frac{\partial u}{\partial y}=2y,\frac{\partial \nu}{\partial x}=y,\frac{\partial \nu}{\partial y}=x$$

$$\frac{\partial z}{\partial u}=e^{u}\sin\nu,\frac{\partial z}{\partial \nu}=e^{u}cos\nu$$

于是 $$\frac{\partial z}{\partial x}=\frac{\partial z}{\partial u}\cdot\frac{\partial u}{\partial x}+\frac{\partial z}{\partial \nu}\cdot\frac{\partial \nu}{\partial x}=e^{u}\sin\nu\cdot 2x+e^{u}\sin\nu\cdot y$$

$$=e^{u}(2x\sin\nu+y\cos\nu)$$

$$=e^{x^2+y^2}[2x\sin(xy)+y\cos(xy)]$$

$$\frac{\partial z}{\partial y}=\frac{\partial z}{\partial u}\cdot\frac{\partial u}{\partial y}+\frac{\partial z}{\partial \nu}\cdot\frac{\partial \nu}{\partial y}=e^{u}\sin\nu\cdot 2y+e^{u}\sin\nu\cdot x$$

$$=e^{x^2+y^2}[2y\sin(xy)+x\cos(xy)]$$

特别地，若 $z=f(u,\nu)$，而 $u=u(x)$，$\nu=\nu(x)$，则复合函数 $z=f[u(x),\nu(x)]$ 是 x 的一元函数，这时我们称 z 对 x 的导数：

$$\frac{dz}{dx}=\frac{\partial z}{\partial u}\cdot\frac{du}{dx}+\frac{dz}{d\nu}\frac{d\nu}{dx}$$

为二元函数 $y=(u,\nu)$ 对 x 的全导数.

例 6　设 $z=e^{u-2\nu}$，$u=\sin x$，$\nu=x^3$，求全导数$\frac{dz}{dx}$.

解：

$$\frac{dz}{dx}=\frac{\partial z}{\partial u}\cdot\frac{du}{dx}+\frac{\partial z}{\partial \nu}\cdot\frac{d\nu}{dx}$$

$$=e^{u-2\nu}\cos x+e^{u-2\nu}(-2)\times 3x^2$$

$$=e^{u-2v}(\cos x+6x^2)$$

$$=e^{\sin x-2x^3}(\cos x-6x^2)$$

6.2.3　高阶偏导数

函数 $z=f(x,y)$ 的偏导数$\frac{\partial z}{\partial x},\frac{\partial z}{\partial y}$一般说来仍是 x、y 的二元函数，如果它们对于 x、y 的偏导数存在，则可以对 x、y 继续求偏导数，我们把$\frac{\partial z}{\partial x},\frac{\partial z}{\partial y}$的偏导数称为 $z=f(x,y)$ 的二阶偏导数，共有四个，分别记为：

f''_{xx}，f''_{yy}，f''_{xy}，f''_{yx}

其中，f''_{xy} 和 f''_{yx} 称为二阶混合偏导数.

同样，我们还可以定义更高阶的偏导数，在此略去.

例 7　求函数 $z=x^3+2x^2y+y^4$ 的二阶偏导数.

解：

$$\frac{\partial z}{\partial x}=3x^2+4xy,\frac{\partial z}{\partial y}=2x^2+4y^3$$

有 $$\frac{\partial^2 z}{\partial x^2}=6x+4y,\frac{\partial^2 z}{\partial x\partial y}=4x$$

$$\frac{\partial^2 z}{\partial_y\partial_x}=4x,\frac{\partial^2 z}{\partial y^2}=12y^2$$

例 8　求 $z = x^2 e^y$ 的二阶偏导数.

解：

$$\frac{\partial z}{\partial x} = 2xe^y, \frac{\partial z}{\partial y} = x^2 e^y$$

有 $$\frac{\partial^2}{\partial x^2} = 2e^y, \frac{\partial^2 n}{\partial x \partial y} = 2xe^y$$

$$\frac{\partial^2 z}{\partial y \partial x} = 2xe^y, \frac{\partial^2 z}{\partial y^2} = x^2 e^y$$

在上面的两个例子中，都有$\frac{\partial^2 z}{\partial x \partial y} = \frac{\partial^2 z}{\partial y \partial x}$，即混合偏导数与求导的先后次序无关，但这个结论并不是对所有的函数都成立. 可以证明：如果二元函数 $f(x,y)$ 的两个混合偏导数在区域 D 内连续，则二阶混合偏导必然相等. 通常我们所遇到的都是初等函数，它们的各阶偏导数都是连续的，因此它们的混合偏导数总是相等的.

*6.2.4　偏导数在经济学中的应用

1. 边际经济量

我们以道格拉斯生产函数 $Q = Ah^a k^\beta$ 为例说明"边际" 经济量. 函数 $Q = Ah^a k^\beta (A > 0, a > 0, \beta > 0$ 为常数）表示产量 Q 与投入的劳动力 h 和资金 k 之间的关系.

由偏导数的定义可知：

$$\frac{\partial Q}{\partial L} = AaL^{a-1}K^{\beta-1} = \beta \frac{Q}{k}$$

它表示当资本投入在某水平上保持不变而劳动投入变化时产量的变化率，称为劳力的边际产量. 而：

$$\frac{\partial Q}{\partial k} = A\beta L^a K^{\beta-1} = \beta \frac{Q}{k}$$

则表示当劳力投入在某水平上保持不变而资本投入变化时产量的变化率，称为资本的边际产量.

例 9　某工厂的生产函数 $Q = 100L^{\frac{1}{2}}K^{\frac{2}{3}}$ 是，其中 Q 是产量（单位：件），L 是劳力投入（单位：百工时），K 是资本投入（单位：千元）. 求当 $L = 9, K = 8$ 时的边际产量，并解释其经济意义.

解：

劳力的边际产量 $$\frac{\partial Q}{\partial L} = 50\frac{k^{\frac{2}{3}}}{L^{\frac{1}{2}}} = \frac{1}{2}\frac{Q}{L}$$

资本的边际产量 $$\frac{\partial Q}{\partial k} = \frac{200}{3}\frac{L^{\frac{1}{2}}}{k^{\frac{1}{3}}} = \frac{2}{3}\frac{Q}{k}$$

又 $$Q\Big|_{\substack{L=9\\K=8}} = 100 \times 3 \times 4 = 1\ 200$$

所以 $$\frac{\partial Q}{\partial L}\Big|_{\substack{L=9\\K=8}} = \frac{200}{3}, \frac{\partial Q}{\partial K}\Big|_{\substack{L=9\\K=8}} = 100$$

这就是说，当劳力投入 900 工时和资本投入 8 000 时产量是 1 200 件. 若资本投入保持不变,每增加一个单位的劳力投入,产量增加$\frac{200}{3}$件;若劳力投入保持不变,每增加一个单位的资本投入,产量增加 100 件.

例 10　某工厂生产甲乙两种产品,产量分别为 x 和 y 的总成本为:

$$c(x,y) = 300 + \frac{1}{2}x^2 + 4xy + \frac{3}{2}y^2$$

(1) 求两种不同产品的边际成本;

(2) 当出售两种产品的单价分别为 30 元和 20 元时,求每种产品的边际利润.

解:

(1) 对产品甲的边际成本为,

$$\frac{\partial c}{\partial x} = (300 + \frac{1}{2}x^2 + 4xy + \frac{3}{2}y^2)'_x = x + 4y$$

对产品乙的边际成本为:

$$\frac{\partial c}{\partial y} = (300 + \frac{1}{2}x^2 + 4xy + \frac{3}{2}y^2)'_y = 4x + 3y$$

(2) 甲乙两种产品的利润函数:

$$L(x,y) = 30x + 20y - C(x,y) = 30x + 20y - 300 - \frac{1}{2}x^2 - 4xy - \frac{3}{2}y^2$$

对 X,Y 的边际利润分别为:

$$\frac{\partial L}{\partial x} = 20 - x - 4y$$

$$\frac{\partial L}{\partial y} = 20 - 4x - 3y$$

2. 偏弹性

一元函数 $y = f(x)$ 在 x 处的弹性$\frac{Ef(x)}{Ex} = x\frac{f'(x)}{f(x)}$,它表示在$[x,f(x)]$处的相对变化率,可解释为自变量增加 1% 时函数变化的百分数.

对多元函数,我们利用偏导数的知识来定义偏弹性的概念.

已知 $z = f(x,y)$,对 x 的偏弹性为:

$$\frac{Ez}{Ex} = \frac{x}{z}\frac{\partial z}{\partial x}$$

它表示 y 保持不变,z 对 x 的相对变化率.

同理,$z = f(x,y)$ 对 y 的偏弹性为:

$$\frac{Ez}{Ey} = \frac{y}{z}\frac{\partial z}{\partial y}$$

它表示 x 保持不变,z 对 y 的相对变化率.

经济学中经常用到需求价格弹性,对此给出如下概念.

设两种相关的商品 A 和 B 的需求函数分别为:

$$Q_A = f(p_A,p_B),Q_B = \varphi(p_A,p_B)$$

其中 p_A,p_B 分别为商品 A、B 的单位价格,Q_A,Q_B 是各自的需求量,则:

$$\frac{EP_A}{EQ_A} = \frac{Q_A}{P_A}\cdot\frac{\partial P_A}{\partial P_A},\frac{EP_B}{EQ_B} = \frac{Q_B}{P_B}\cdot\frac{\partial P_B}{\partial Q_B}$$

分别称为商品 A、B 的自身价格弹性，而：

$$\frac{EP_A}{EP_B}=\frac{P_B}{Q_A}\frac{\partial Q_A}{\partial P_B},\frac{EQ_B}{EP_A}=\frac{P_A}{Q_B}\frac{\partial Q_B}{\partial P_A}$$

分别称为 A、B 的交叉价格弹性.

相关商品是指一种商品的替代品和互补品. 利用两种商品的交叉价格弹性，可以帮助我们分析两种商品的相互关系，即是相互替代还是相互补充.

若商品 A 的需求对商品 B 的交叉价格弹性是负数，即$\frac{EQ_A}{EP_B}<0$，则表示当商品 A 的价格不变，而商品 B 的价格上升时，商品 A 的需求量将相应地减少，这时称商品 A 和 B 之间是相互补充的关系. 互补商品之间的价格与需求量按反方向变化. 例如音响设备和激光唱盘是相互补充的关系，当唱盘价格上涨时，音响设备的需求量就会下降.

若$\frac{EQ_A}{EP_B}>0$，则表示当商品 A 的价格不变，而商品 B 的价格上升时，商品 A 的需求量将相应地增加，这时称商品 A 和 B 之间是相互替代的关系. 替代商品之间的价格与需求量按同方向变化. 例如鸡肉和猪肉这两种商品就是相互替代的关系，如果猪肉的价格上涨，则鸡肉的需求量将增加.

例 11 某商品 A 的单位价格为 P_A，与其关联的商品 B 的单位价格为 P_B，已知商品 A 的需求函数为 $Q_A=\frac{P_A^2}{P_B}$，求商品 A 的自身价格弹性、交叉价格弹性，并说明商品 A 和 B 是相互替代的还是相互补充的.

解：

因为$\frac{\partial Q_A}{\partial P_A}=\frac{2P_A}{P_B},\frac{\partial Q_A}{\partial P_B}=-\frac{P_A^2}{P_B^2}$，所以商品 A 的自身价格弹性为，

$$\frac{EQ_A}{EP_A}=\frac{P_A}{Q_A}\frac{\partial Q_A}{\partial P_A}=\frac{P_A}{\frac{P_A^2}{P_B}}\frac{2P_A}{P_B}=2$$

交叉价格弹性为：

$$\frac{EP_A}{EP_B}=\frac{P_B}{Q_A}\cdot\frac{\partial Q_A}{\partial P_B}=\frac{P_B}{\frac{P_B^2}{P_B}}\cdot\left(-\frac{P_A^2}{P_B^2}\right)=-1$$

因为$\frac{EP_A}{EP_B}=-1<0$，所以商品 A 和 B 是相互补充的.

习题 6.2

1. 求下列函数的偏导数.

(1) $z=x^4+y^3$；　　(2) $z=x^y$；

(3) $z=\ln xy$；　　(4) $z=\frac{xy}{x+y}$.

2. 求下列函数在指定点处的偏导数.

(1) 已知 $f(x,y)=x^3+2xy+2y^2$，求 $f'_x(2,3)$，$f'_y(2,3)$.

（2）已知 $z = e^y \sin x$，求 $\left.\dfrac{\partial z}{\partial x}\right|(0,1)$，$\left.\dfrac{\partial z}{\partial y}\right|_{(0,1)}$.

3. 求下列函数的二阶偏导数.

(1) $z = x^4 + 3x^2y + y^3$；　　(2) $z = \sin(2x + 3y)$.

6.3　全微分

6.3.1　全微分的概念

在一元函数微分学中，我们通过对函数的增量的分解，得到了一元函数微分的概念，即若存在着一个常数 A，使函数 $y = f(x)$ 的增量 $\triangle y$ 可以表示成 $\triangle y = A \cdot \triangle x + o(\triangle x)(\triangle x \neq 0, \triangle x \to 0)$ 的形式，则称 $A \cdot \triangle x$ 为 $f(x)$ 在点 x 处的微分，记为 $dy = A \cdot \triangle x$，其中 $A = f'(x)$，并称函数 $f(x)$ 在点 x 处可微. 类似地，我们来讨论二元函数在两个自变量都有微小改变时，函数增量的变化情况.

例如，矩形面积 S 可以用它的长 x 和宽 y 表示出来，即 $s = xy$，显然 s 是 x、y 的二元函数. 如果分别设边长 x 与 y 的增量为 $\triangle x$ 与 $\triangle y$. 则面积就相应地有一个增量.

$$\begin{aligned}\triangle s &= (x + \triangle x)(y + \triangle y) - xy \\ &= y \cdot \triangle x + x \cdot \triangle y + \triangle x \cdot \triangle y\end{aligned}$$

函数增量包含两部分：第一部分 $y\triangle x + x\triangle y$ 是 $\triangle x$、$\triangle y$ 的线性函数；第二部分 $\triangle x\triangle y$，当 $\triangle x \to 0$、$\triangle y \to 0$ 时，是比 $\rho = \sqrt{(\triangle x)^2 + (\triangle y)^2}$，高阶的无穷小，于是当 $\rho \to 0$ 时有：

$$\triangle s = y\triangle x + x\triangle y + 0(\rho)$$

我们把 $y\triangle x + x\triangle y$ 叫作面积 S 的全微分，记为 ds 即，$ds = y\triangle x + x\triangle y$

一般地，对二元函数 $z = f(x,y)$ 有如下定义：

定义 6.6　对于自变量在点 (x,y) 处的增量 $\triangle x, \triangle y$，函数 $z = f(x,y)$ 相应的全增量

$$\triangle z = f(x + \triangle x, y + \triangle y) - f(x,y)$$

可表示为：

$$\triangle z = A\triangle x + B\triangle y + o(\rho)$$

其中 A、B 与 x、y 有关，与 $\triangle x$、$\triangle y$ 无关；$\rho = \sqrt{(\triangle x)^2 + (\triangle y)^2}$，$o(\rho)$ 是当 $\rho \to 0$ 时比 ρ 高阶的无穷小量. 称 $A\triangle x + B\triangle y$ 是 $z = f(x,y)$ 在点 (x,y) 处的全微分，记为 dz 或 $df(x)$，即：

$$dz = df(x) = A\triangle x + B\triangle y$$

此时亦称函数 $f(x,y)$ 在点 (x,y) 处可微.

根据全微分的定义，上例 $s = xy$ 的全微分表达式，$ds = y\triangle x + x\triangle y$ 中，$A = y = \dfrac{ds}{dx}$，$B = x = \dfrac{ds}{dy}$. 那么，一般地，若二元函数 $z = f(x,y)$ 在点 (x,y) 处可微，其全微分表达式中的 A、B 分别等于什么？

可以证明，若 $z = f(x,y)$ 在点 (x,y) 处可微，则有 $A = \dfrac{\partial z}{\partial x}$，$B = \dfrac{\partial z}{\partial y}$，且：

$$dz = \frac{\partial z}{\partial x}\triangle x + \frac{\partial z}{\partial y}\triangle y$$

与一元函数类似,当 x、y 是自变量时,我们规定 $dx = \triangle x, dy = \triangle y$,于是二元函数的全微分就可以写成 $dx = \frac{\partial z}{\partial x}dx + \frac{\partial z}{\partial y}dy$.

此处需要指出,对于一元函数 $y = f(x)$ 来说,函数可微与可导是等价的,且 $dy = f'(x)dx$,且可导必然连续,但对二元函数 $z = f(x,y)$ 却不是这样. 即使$\frac{\partial z}{\partial x}$,$\frac{\partial z}{\partial y}$都存在,函数也不一定可微,也未必连续,只有当偏导数存在且连续时函数才可微.

我们研究的二元函数中,最常遇到的都是具有连续偏导数的,因此也是可微的. 本书只讨论具有连续偏导数的函数. 所以它们总是可微的. 求可微函数的全微分,可先求出$\frac{\partial z}{\partial x}$,$\frac{\partial z}{\partial y}$,然后再求出全微分 $dz = \frac{\partial z}{\partial x}dx + \frac{\partial z}{\partial y}dy$ 即可.

例 1 求函数 $z = x^3 + 3xy^2 + y^3$ 的全微分.

解:

因为$\frac{\partial z}{\partial x} = 3x^2 + 3y^3$,$\frac{\partial z}{\partial y} = 6xy + 3y^2$

所以:

$$\begin{aligned} dz &= (3x^2 + 3y^2)dx + (6xy + 3y^2)dy \\ &= 3(x^2 + y^2)dx + 3y(2x + y)dy \end{aligned}$$

利用微分的形式不变性,也有:

$$\begin{aligned} dz &= d(x^3 + 3xy^2 + y^3) \\ &= dx^3 + 3d(xy^2) + d(y^3) \\ &= 3x^2dx + 3(y^2dx + 2xy^3dy) + 3y^2dy \\ &= 3(x^2 + y^2)dx + 3y(2x + y)dy \end{aligned}$$

6.3.2 全微分在近似计算中的应用

设函数 $z = f(x,y)$ 在 (x,y) 处可微,函数的全增量与全微分之差是 ρ 的高阶无穷小,当 $|\triangle x|$, $|\triangle y|$ 都较小时,全增量可由全微分近似代替.

例如,
$$\begin{aligned} (0.98)^{2.03} &= f(0.98, 2.03) \\ &\approx f(1,2) + f'_x(1,2)\triangle x + f'_y(1,2)\triangle y \\ &= 1 + 2 \times (-0.02) + 0 \times 0.03 = 0.96 \end{aligned}$$

* **例 2** 设某产品的生产函数是 $Q = 4h^{\frac{3}{4}}K^{\frac{1}{4}}$,其中 Q 是产量,h 是劳动力投入,K 是资金投入,现在劳动力投入由 256 增加到 258,资金投入由 10 000 增加到 10 500,产量大约增加多少?

解:

由题可知,

$$\frac{\partial Q}{\partial h} = 3l^{-\frac{1}{4}}k^{\frac{1}{4}}, \frac{\partial Q}{\partial k} = h^{\frac{3}{4}}k^{-\frac{3}{4}}$$

得:

$$dQ = 3h^{-\frac{1}{4}}k^{\frac{1}{4}}dl + h^{\frac{3}{4}}k^{-\frac{3}{4}}dk$$

当 $h = 256, \triangle l = 2, k = 10\ 000, \triangle k = 500$ 时,

$$\triangle Q \approx dQ = 3 \times 256^{-\frac{1}{4}} \times 10\ 000^{\frac{1}{4}} \times 2 + 256^{\frac{3}{4}} \times 10\ 000^{-\frac{1}{4}} \times 500 = 47$$

即产量大约增量 47 个单位.

习题 6.3

1. 设 $z = \dfrac{y}{x}$,当 $x = 2, y = 1, \triangle x = 0.1, \triangle y = -.02$ 时,求 $\triangle z$ 及 dz.
2. 求 $z = x^2y^2 + x^3 + y^4$ 的全微分.
3. 求 $z = \sin(xy)$ 的全微分.
4. 求 $z = \ln\sqrt{1 + x^2 + y^2}$ 的全微分.
5. 计算的近似值 $(0.02)^{0.96}$ 的近似值($\ln 2 = 0.693$).

6.4　二元函数的极值与最值

二元函数的极值理论在经济管理中具有广泛的应用,与一元函数微分学类似,我们可以利用二元函数的偏导数来讨论二元函数的极值与最值.

6.4.1　极值

定义 6.7　设函数 $z = f(x,y)$ 在点 $p_0(x_0,y_0)$ 的某邻域内有定义,对于该邻域内异于 $p_0(x_0,y_0)$ 的任何点 $P(x,y)$,恒有:

$$f(x,y) < f(x_0,y_0) \quad 或 \quad f(x,y) > f(x_0,y_0)$$

则称 $f(x_0,y_0)$ 为函数 $f(x,y)$ 的极大值或极小值.

极大值与极小值统称为极值,使函数取得极值的点称为极值点.

作为一元函数极值理论的推广,下面给出二元函数取得极值的必要条件和充分条件.

定理 1　(极值存在的必要条件) 若函数 $z = f(x,y)$ 在点 (x_0y_0) 处有极值,且函数在该点的一阶偏导数都存在,则有:

$$f'_x(x_0,y_0) = 0, f'_y(x_0,y_0) = 0$$

证明:因为点 (x_0,y_0) 是函数 $f(x,y)$ 的极值点,所以当 $y = y_0$ 保持不变时,一元函数 $z = f(x,y_0)$ 在 x_0 处也取得极值. 由一元函数极值的必要条件知 $f'_x(x_0,y_0) = 0$.

同理可证:

$$f'_y(x_0,y_0) = 0$$

两个偏导数同时为零的点,称为函数的驻点,但驻点不一定是极值点. 例如,函数 $z = xy$,在点 $(0,0)$ 处有 $f'_x(0,0) = f'_x(0,0) = 0$,点 $(0,0)$ 是它的一个驻点,但是在 $(0,0)$ 点的任意的一个邻域内总有函数值大于零和小于零的点同时存在,所以 $(0,0)$ 点不是极值点,即驻点不一定是极值点.

定理 2　(极值存在的充分条件) 设点 $P_0(x_0,y_0)$ 是函数 $z = f(x,y)$ 的驻点,且函数在点 $P_0(x_0,y_0)$ 的邻域内有连续的二阶偏导数,若记:

$$A=f''_{xx}(x_0,y_0),B=f''_{xy}(x_0,y_0),C=f''_{yy}(x_0,y_0)$$

则:

(1) 当 $B^2-AC<0$ 时,点 $P_0(x_0,y_0)$ 是极值点,且当 $A<0$ 时,$P_0(x_0,y_0)$ 是极大值点;当 $A>0$ 时,点 $p_0(x_0,y_0)$ 是极小值点.

(2) 当 $B^2-AC>0$,点 $P_0(x_0,y_0)$ 不是极值点.

(3) 当 $B^2-AC=0$,点 $P_0(x_0,y_0)$ 可能是极值点,也可能不是极值点,需另行讨论.

定理证明从略.

综上所述,具有连续二阶偏导数的函数 $z=f(x,y)$ 的极值求法. 步骤如下:

(1) 先求出偏导数 $f'_x,f'_y,f''_{xx},f''_{xy},f''_{yy}$.

(2) 解方程组 $\begin{cases}f'_x(x,y)=0,\\f'_y(x,y)=0,\end{cases}$ 求出驻点.

(3) 求出驻点的二阶偏导数值.

$A=f''_{xx}(x,y),B=f''_{xy}(x,y),C=f''_{yy}(x,y)$

由 B^2-AC 的符号,确定极值的情况.

例1 求函数 $z=x^3+y^3-3xy$ 的极值.

解:

先求出偏导数,

$$f'_x=3x^2-3y,\quad f'_y=3y^2-3x$$

$$f''_{xx}=6x,\quad f''_{xy}=-3,\quad f''_{yy}=6y$$

解方程组 $\begin{cases}3x^2-3y=0,\\3y^2-3x=0,\end{cases}$ 求得驻点(0,0),(1,1).

在驻点(0,0)处,$A=f''_{xx}(0,0)=0,B=f''_{xy}(0,0)=-3,C=f''_{yy}(0,0)=0$,从而 $B^2-AC=9>0$,故点(0,0)不是极值点.

在驻点(1,1)处,$A=f''_{xx}(1,1)=6,B=f''_{xY}(1,1)=-3,C=f''_{yy}(1,1)=6$,从而 $B^2-AC=-27<0$,且 $A=6>0$,故点(1,1)为极小值点,函数的极小值为 $f(1,1)=-1$.

6.4.2 最大值与最小值

与一元函数类似,如果函数 $z=f(x,y)$ 在有界闭区域上连续,则 $z=f(x,y)$ 在闭区域 D 上一定有最大值和最小值. 具体求法是:求出 D 内的一切可能极值,以及边界上的最大值和最小值,然后进行比较,以确定最大值和最小值. 但在解决实际问题时,如果能够从问题的实际意义判断出函数的最大值或最小值是存在的,且在闭区域内部取得,这时如果函数在闭区域内部只有唯一的一个驻点,此时即可以确定该驻点就是所求最值点,不必比较.

例2 某工厂生产A、B两种产品,其销售单价分别为 $P_A=12,P_B=18$,总成本 C(单位:万元). 由题意知,最大利润存在,而且驻点唯一,故生产2 000件A产品,4 000件B产品时,利润最大,最大利润为48万元.

6.4.3 条件极值

上面讨论的求二元函数 $z=f(x,y)$ 极值的方法中,两个自变量 x 与 y 是相互独立的,在定义域内可以任意取值，即不受其他条件约束．此时的极值称为无条件极值．但在实际问题中，我们所遇到的极值问题，其自变量之间常常要满足一定的条件如 $\varphi(x,y)=0$ 的约束，这种对自变量有约束条件的极值，称为条件极值．如果当约束条件如 $\varphi(x,y)=0$ 比较简单时，能从条件 $\varphi(x,y)=0$ 中解出 $y=y(x)$，那么将它代入函数 $z=f(x,y)$ 中，便得到一个一元函数 $z=f[x,y(x)]$，这样一来，就把二元函数条件极值问题转化为一元函数的无条件极值问题．但在很多情况下，我们不能由约束条件解出表达式．下面我们介绍另一种求条件极值的方法——拉格朗日乘数法．

拉格朗日乘数法在求函数 $z=f(x,y)$ 在约束条件 $\varphi(x,y)=0$ 下的条件极值时的求解步骤如下：

（1）作辅助函数 $F(x,y)=f(x,y)+\lambda\varphi(x,y)$，通常 $F(x,y)$ 称为拉格朗日函数，λ 称为拉格朗日乘数．

（2）求 $F(x,y)$ 对 x、y 的一阶偏导数，并令其等于0，然后与 $\varphi(x,y)=0$ 联立求解．即求方程组：

$$\begin{cases} f'_x = f'_x(x,y) + \lambda\varphi'_x(x,y) = 0 \\ f'_y = f'_y(x,y) + \lambda\varphi'_y(x,y) = 0 \\ \varphi(x,y) = 0 \end{cases}$$

消去 λ，解出 x、y，则点 (x,y) 是函数的可能极值点，至于这个点是否是极值点，往往由实际问题本身所具有的特性来确定．若某一问题确有极值，而求出的又只有一个可能极值点，则这一点就是所求的极值点．

例3　某工厂生产两种产品的日产量分别为 x 和 y（单位：件），总成本函数 $c(x,y)=6x^2-xy+19y^2$（单位：元），产品的限额为 $x+y=56$，求最小成本．

解：

约束条件为 $\varphi(x,y)=x+y-56=0$，作拉格朗日函数，

$$F(x,y)=6x^2-xy+19y^2+\lambda(x+y-56)$$

解方程组：$\begin{cases} f'_x = 12x - y + \lambda = 0 \\ f'_y = -x + 38y + \lambda = 0 \\ \varphi(x,y) = x + y - 56 = 0 \end{cases}$

消去 λ，得唯一驻点 $(42,14)$．由问题本身性质知，最小成本为 $C(42,14)=13\ 720$（元）．

例4　某化妆品公司可以通过报纸和电视台做销售化妆品的广告，根据统计资料，销售收入 R（单位：百万元）与报纸广告费用 x（单位：百万元）和电视台广告费 y（单位：百万元）之间的关系有如下的经验公式：

$$R=15+14x+32y-8xy-2x^2-10y^2$$

（1）如果不限制广告费的支出，求最优广告策略．

（2）如果可供使用的广告费用为150万元，求相应的最优广告策略．

解：

（1）设该公司的净销售收入为，

$$\begin{aligned} z=f(x,y) &= 15+14x+32y-8xy-2x^2-10y^2-(x+y) \\ &= 15+13x+31y-8xy-2x^2-10y^2 \end{aligned}$$

161

则 $\frac{\partial z}{\partial x}=13-8y-4x=0$

$\frac{\partial z}{\partial y}=31-8x-20y=0$

得方程组$\begin{cases}13-8y-4x=0\\31-8x-20y=0\end{cases}$

解此方程组,得:$x=0.75,y=1.25$,驻点为(0.75,1.25),又因

$$\frac{\partial^2 z}{\partial x^2}=<-4<0,\frac{\partial^2 z}{\partial x\partial y}=-8,\frac{\partial^2 z}{\partial y^2}=-20$$

所以在点(0.75,1.25)处有:

$$B^2-AC=(-8)^2-(-4)\times(-20)=-16<0,A=-4<0$$

所以函数 $z=f(x,y)$ 在点(0.75,1.25)处有极大值,且极大值点唯一.

故在点(0.75,1.25)处取得最大值,即得最优广告策略为:报纸广告费为75万元,电视广告费为125万元.

(2)如果广告费限定150万元,则要求函数 $z=f(x,y)$ 在条件 $x+y=1.5$ 下的条件极值. 拉格朗日函数为:

$$f(x,y)=f(x,y)=f(x)+\lambda\varphi(x,y)$$
$$=15+13x+31y-8xy-2x^2+\lambda(x+y-1.5)$$

得:$\begin{cases}f_x'=13-8y-4x+\lambda=0\\f_y'=31-8x-20y+\lambda=0\\\varphi(x,y)=x+y-1.5=0\end{cases}$

消去λ,解方程组得 $x=0,y=1.5$,故(0,1.5)为唯一驻点,亦是最大值点,根据问题的实际意义可得,将广告费全部用于电视广告,可使净收入最大.

习题6.4

1. 求下列函数的极值.

(1)$z=x^2+xy+y^2+x-y+1$;

(2)$z=4(x-y)-x^2-y^2$.

2. 求下列函数在指定条件下的极值.

(1)$z=xy$,且 $x+y=1$;

(2)$f(x,y)=3x^2+5y^2-2xy+2$,且 $x+y=30$.

3. 某工厂生产一种产品同时在两个市场销售,售价分别为P_1和P_2,销售量分别为Q_1和Q_2. 需求函数分别为$Q_1=24-0.2P_1$,$Q_2=10-0.05P_2$,总成本函数为$C=35+40(Q_1+Q_2)$. 厂家如何确定两个市场的产品售价,使其获得的总利润最大?最大总利润是多少?

6.5 二重积分

在一元函数积分学中,定积分是某种确定形式的和的极限,被积函数是一元函数,积分范围是一个区间. 如果把这种和的极限概念推广到定义在平面区域上的二元函数,便得到二重积分.

6.5.1　二重积分的概念

为了引入二重积分的概念，我们先讨论曲顶柱体的体积. 曲顶柱体是由 xoy 平面上的闭区域 D，曲面 $z=f(x,y)$（假定 $f(x,y\geqslant 0)$ 及区域 D 的边界为准线，母线平行于 z 轴的柱面所围成的立体，如图 6 - 7 所示.

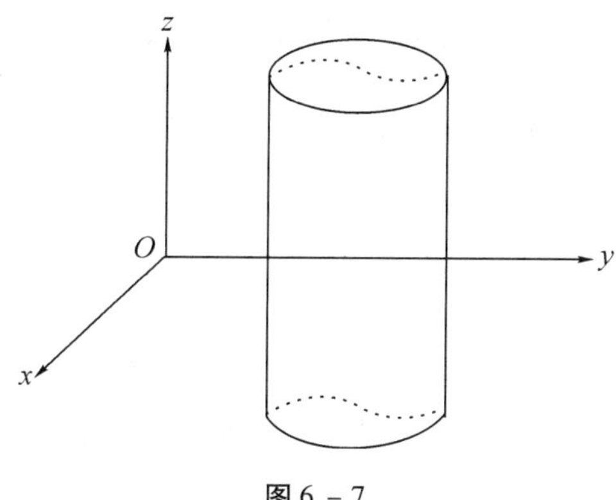

图 6 - 7

我们可以仿照求曲边梯形面积的方法来求曲顶柱体的体积：

（1）将闭区域 D 任意分割成 n 个小区域 $\Delta\sigma_i(i=1,2\cdots,n)$，且以 $\Delta\sigma_i$ 表示第 i 个小区域的面积，相应地把曲顶柱体分为个小曲顶柱体；

（2）取近似值，在每个小区域 $\Delta\sigma_i(i=1,2\cdots,n)$ 内，任取一点 (x_i,y_i)，以 $f(x_i,y_i)$ 为高，$\Delta\sigma_i$ 为底的平顶柱体的体积 $f(x_i,y_i)\Delta\sigma_i$ 作为第 i 个小曲顶柱体体积的近似值

（3）求和，这 n 个平顶柱体体积之和为：

$$\sum_{i=1}^{n} f(x_i,y_i)\Delta\sigma_i$$

得到曲顶柱体体积的一个近似值；

（4）取极限，当分割无限变细，即当 $n\to\infty$，而这 n 个小区域中的最大直径（区域的直径是指有界闭区域上任意两点距离的最大值）趋于零（记为 $d\to 0$），和式 $\sum\limits_{i=1}^{n} f(x_i,y_i)\Delta\sigma_i$ 的极限就是曲顶柱体的体积 ν：

$$\nu=\lim_{d\to 0}\sum_{i=1}^{n} f(x_i,y_i)\Delta\sigma$$

上面和式极限这种数学模型，在研究其他实际问题时也会遇到，为此给出二重积分的定义.

定义 6.8　设函数 $z=f(x,y)$ 在有界闭区域 D 上有定义，将区域 D 任意分割成 n 个小区域 $\Delta\sigma_i(i=1,2,\cdots,n)$，在每个小区域 $\Delta\sigma_i$ 上都任取一点 $(x_i,y_i)(i=1,2,\cdots,n)$ 作和式：

$$\sum_{i=1}^{n} f(x_i,y_i)\Delta\sigma_i$$

当 $d\to 0$ 时（$d=\max\{d_i\}$），若上述和式的极限存在，并且此极限与区域的分法及点 (x_i,y_i) 的取法无关，则称此极限为二元函数 $z=f(x,y)$ 在区域 D 上的二重积分，记为 $\iint\limits_D f(x,y)\mathrm{d}\sigma$：

$$\iint_D f(x,y)\,\mathrm{d}\sigma = \lim_{d\to 0}\sum_{i=1}^{n} f(x_i,y_i)\triangle\sigma_i$$

其中 $f(x,y)$ 称为被积函数，D 称为积分区域，$\mathrm{d}\sigma$ 称为面积元素，并称函数 $f(x,y)$ 在闭区域 D 上可积.

可以证明，当 $f(x,y)$ 在有界闭区域 D 上连续时，则 $f(x,y)$ 在 D 上一定是可积的.

二重积分的几何意义：由二重积分定义可知，当 $f(x,y)\geqslant 0$，$\iint_D f(x,y)\,\mathrm{d}\sigma$ 表示曲顶柱体体积，当 $f(x,y)<0$ 时，$-\iint_D f(x,y)\,\mathrm{d}\sigma$ 表示柱体体积. 当 $f(x,y)$ 在 D 的部分区域上为正，其他区域上为负时，二重积分表示曲顶柱体体积的代数和.

6.5.2 二重积分的性质

二重积分的定义与定积分的定义类似，因此二重积分具有与定积分类似的性质.

性质1：$\iint_D [f(x,y)\pm\varphi(x,y)]\,\mathrm{d}\sigma = \iint_D f(x,y)\,\mathrm{d}\sigma \pm \iint \varphi(x,y)\,\mathrm{d}\sigma$

性质2：$\iint_D kf(x,y)\,\mathrm{d}\sigma = k\iint_D f(x,y)\,\mathrm{d}\sigma$ （k 为常数）

性质3：若积分域 D 分为两个子域分为 D_1 及 D_2，则

$$\iint_D f(x,y)\,\mathrm{d}\sigma = \iint_{D_1} f(x,y)\,\mathrm{d}\sigma + \iint_{D_2} f(x,y)\,\mathrm{d}\sigma$$

性质3表明，二重积分对于积分区域具有可加性（如图6－8所示）.

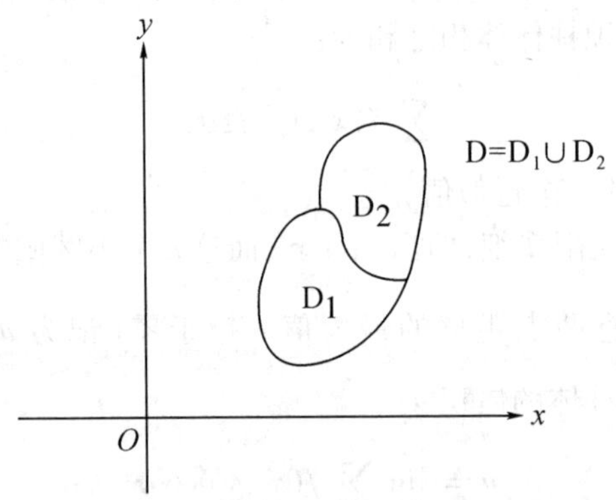

图6－8

性质4：若 $f(x,y)\leqslant\varphi(x,y)\ (x,y)\in D$，则

$$\iint_D f(x,y)\,\mathrm{d}\sigma \leqslant \iint_D \varphi(x,y)\,\mathrm{d}\sigma$$

性质5：若在区域 D 上，$f(x,y)=1$，A 是 D 的面积，则

$$\iint_D f(x,y)\,\mathrm{d}\sigma = \iint_D \mathrm{d}\sigma = A$$

性质6：设 M、m 分别是 $f(x,y)$ 在有界闭区域 D 上的最大值和最小值，A 是 D 的面积，则

$$mA \leqslant \iint_D f(x,y)\,\mathrm{d}\sigma \leqslant MA$$

性质7:(二重积分中值定理) 若函数$f(x,y)$ 在有界闭区域 D 上连续,A 是 D 的面积,则在 D 内至少存在一点(ξ,τ),使

$$\iint_D f(x,y)\,\mathrm{d}\sigma = f(\xi,\tau)A$$

中值定理的几何意义是:二重积分所确定的曲顶柱体体积,等于以积分区域 D 为底,以$f(\xi,\tau)$ 为高的平顶柱体的体积. 其中(ξ,τ) 为 D 内的一点.

6.5.3　二重积分在直角坐标系中的计算

根据二重积分的定义,如果$f(x,y)$ 在区域D上可积,其值则与区域D的分法无关. 因此,在直角坐标系中常用平行与 x 轴和 y 轴的直线来分割 D,除靠近边界曲线的一些区域外,其余皆为小矩形,其面积可表示为 $\Delta\sigma = \Delta x\Delta y$(如图6－9所示),于是在直角坐标系中面积元素为 $\mathrm{d}\sigma = \mathrm{d}x\mathrm{d}y$,二重积分也常记为:

$$\iint_D f(x,y)\,\mathrm{d}\sigma = \iint_D f(x,y)\,\mathrm{d}x\mathrm{d}y$$

图6－9

下面我们借助二重积分的几何意义,导出二重积分计算公式.

设函数 $z = f(x,y)$ 在区域D上连续,且当$(x,y) \in D$时$f(x,y) \geqslant 0$,如果区域D是由两条连续曲线 $y = \varphi_i(x)$,$y = \varphi_2(x)$,和直线 $x = a$,$x = b$ 围成的(如图6－10所示),区域 D 可用不等式组表示为:

$$\begin{cases} a \leqslant x \leqslant b \\ \varphi_i(x) \leqslant y \leqslant \varphi_2(x) \end{cases}$$

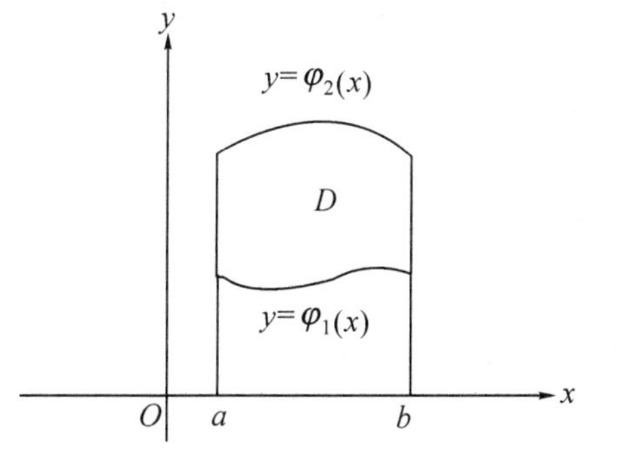

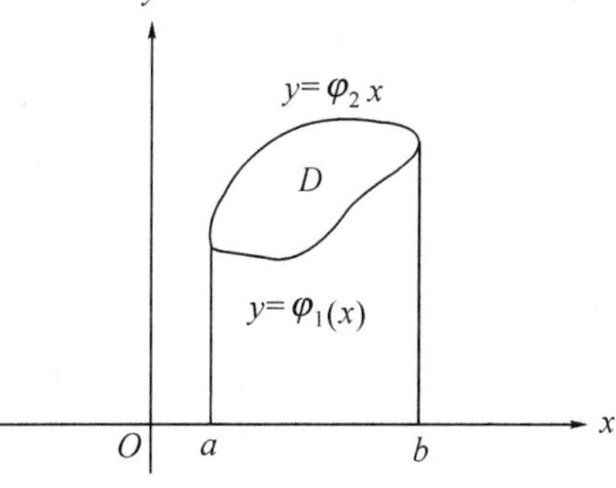

图6－10

二重积分的值等于以区域 D 为底，以曲面 $z = f(x,y)$ 为顶的曲顶柱体的体积，即：

$$\nu = \iint_D f(x,y)\,dxdy$$

为了确定曲顶柱体的体积，在闭区间 $[a,b]$ 上任取一点 x_0，过 x_0 作垂直于 x 轴的平面 $X = x_0$ 与曲顶柱体相截的截面是一个以区间 $[\varphi_1(x_0,)\varphi_2(x_0)]$ 为底，以 $z = f(x_0,y)$ 为曲边的曲边梯形（如图 6 - 11 所示），其面积 $A(x_0)$ 为：

$$A(x_0) = \int_{\varphi_1(x_0)}^{\varphi_2(x_0)} f(x_0,y)\,dy$$

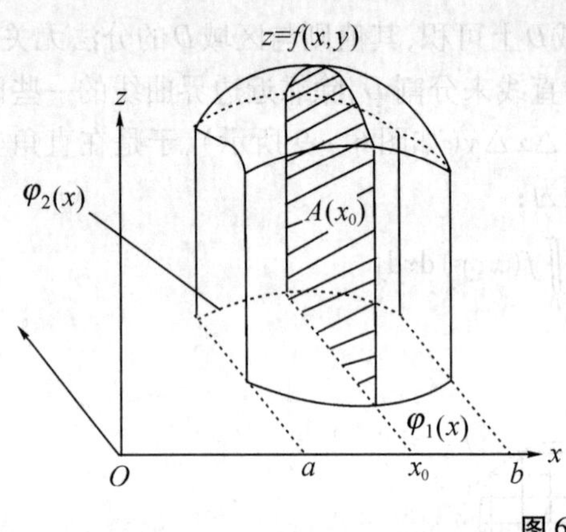

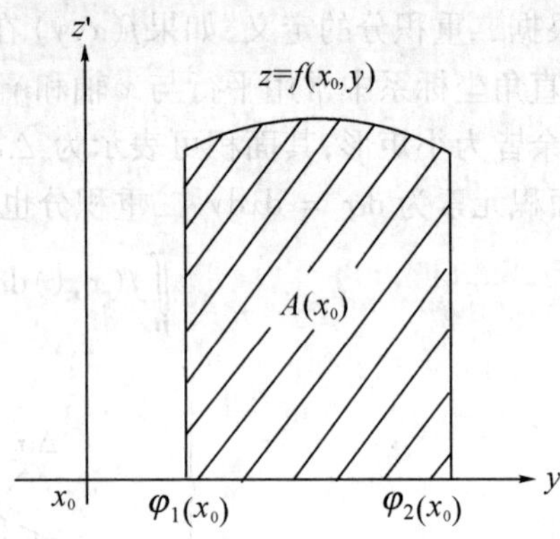

图 6 - 11

一般地，令 x 取任意值时，可得 $A(x) = \int_{\varphi_1(x)}^{\varphi_2(x)} f(x_0,y)\,dy$，此时曲顶柱体的体积为：

$$\nu = \int_a^b A(x)\,dx = \int_a^b \left[\int_{\varphi_1(x)}^{\varphi_2(x)} f(x,y)\,dy\right] dx$$

此式也常简记为：

$$\int_a^b dx \int_{\varphi_1(x)}^{\varphi_2(x)} f(x,y) \text{ 或} \int_a^b \int_{\varphi_1(x)}^{\varphi_2(x)} f(x,y)\,dydx$$

即 $$\iint_D f(x,y)\,d\sigma = \int_a^b dx \int_{\varphi_1(x)}^{\varphi_2(x)} f(x,y)\,dy = \int_a^a \int_{\varphi_1(x)}^{\varphi_2(x)} f(x,y)\,dydx$$

上式右端的积分称为累次积分，于是计算二重积分就化为计算两次定积分. 首先计算 $\int_{\varphi_1(x)}^{\varphi_2(x)} f(x,y)\,dy$，$y$ 是积分变量，把 x 看成常量，然后将积分的结果（x 的函数）再在 $[a,b]$ 上对 x 积分.

上述公式是在 $f(x,y) \geqslant 0$ 的假设条件下、利用几何直观的方法推得的. 去掉假设条件，这个公式同样是成立的.

类似地，如果积分区域 D（如图 6 - 12 所示）可表示为：

$$\begin{cases} c \leqslant y \leqslant d \\ \psi_1(y) \leqslant x \leqslant \psi_2(y) \end{cases}$$

则可以得到：

$$\iint_D f(x,y)\,d\sigma = \int_c^d dy \int_{\psi_1(y)}^{\psi_2(y)} f(x,y)\,dx$$

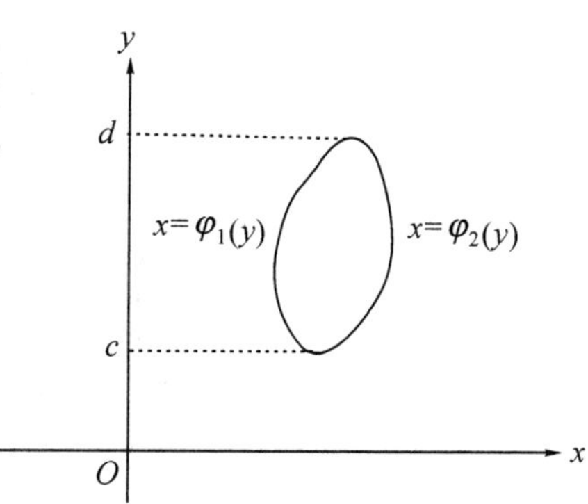

图 6 - 12

或 $\iint\limits_D xy\mathrm{d}\sigma = \int_1^3 \mathrm{d}y\int_1^2 xy\mathrm{d}x = \int_1^3 y\cdot\left(\frac{x^2}{2}\bigg|_1^2\right)\mathrm{d}y$

$\frac{3}{2}\int_1^3 y\mathrm{d}y = \frac{3}{2}\left(\frac{x^3}{2}\bigg|_1^3\right) = 6$

例 1　计算二重积分 $\iint\limits_D (x+y)\mathrm{d}\sigma$，其中 D 是由 $y=\frac{1}{x}, y=2, x=2$ 所围成的区域.

解：

画出积分域 D（如图 6 - 13 所示）

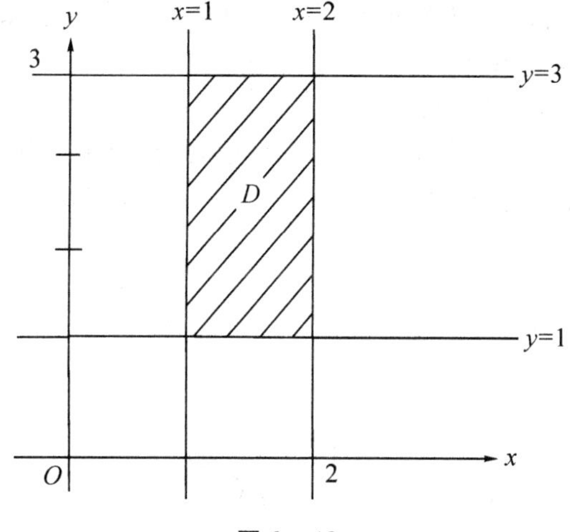

图 6 - 13

若先对 y 再对 x 积分，积分域 D 可表示为：

$$\begin{cases}\frac{1}{2}\leqslant x\leqslant 2\\ \frac{1}{x}\leqslant y\leqslant 2\end{cases}$$

于是 $\iint\limits_D (x+y)\mathrm{d}\sigma = \int_{\frac{1}{2}}^2 \mathrm{d}x\int_{\frac{1}{x}}^2 (x+y)\mathrm{d}y = \int_{\frac{1}{2}}^0 \left(xy+\frac{y^2}{2}\right)\bigg|_{\frac{1}{x}}^2 \mathrm{d}y$

若先对 x 再对 y 积分，积分域 D（如图 6 - 14 所示）可表示为：

$$\begin{cases}\frac{1}{2} \leqslant y \leqslant 2 \\ \frac{1}{x} \leqslant x \leqslant 2\end{cases}$$

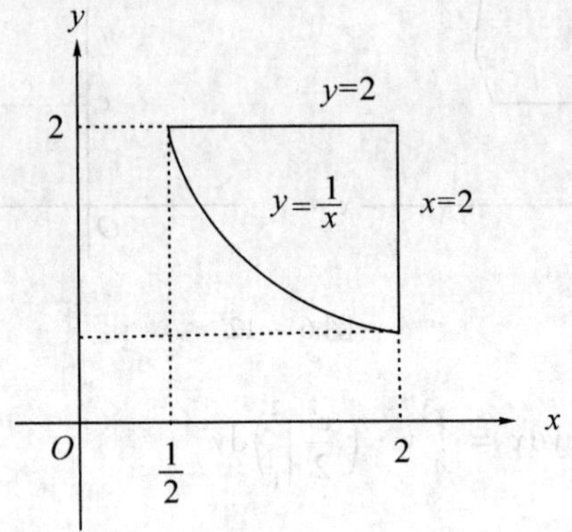

图 6 - 14

于是：

$$\iint_D (x+y)^{d6} = \int_{\frac{1}{2}}^{2}(2y - \frac{1}{2y^2} + 1)\mathrm{d}y = (y^2 + \frac{1}{2y} + y)\Big|_{\frac{1}{2}}^{2} = \frac{9}{2}$$

化二重积分为累次积分是计算二重积分的基本方法，而确定累次积分的上下限又是计算积分的关键之一. 因此，要熟练地掌握区域 D 的两种表示法，即：

$$\begin{cases}a \leqslant x \leqslant b \\ \varphi_1(x) \leqslant y \leqslant \varphi_2(x)\end{cases} \text{与} \quad \begin{cases}c \leqslant y \leqslant d \\ \varphi_1(y) \leqslant x \leqslant \varphi_2(y)\end{cases}$$

另外：积分次序选择有时对计算的繁简影响很大，若选择不当甚至可能无法计算.

例 2 应用二重积分，求由曲线 $y = x^2$，$y = x + 2$ 所围成的区域面积，如图 6 - 15 所示。

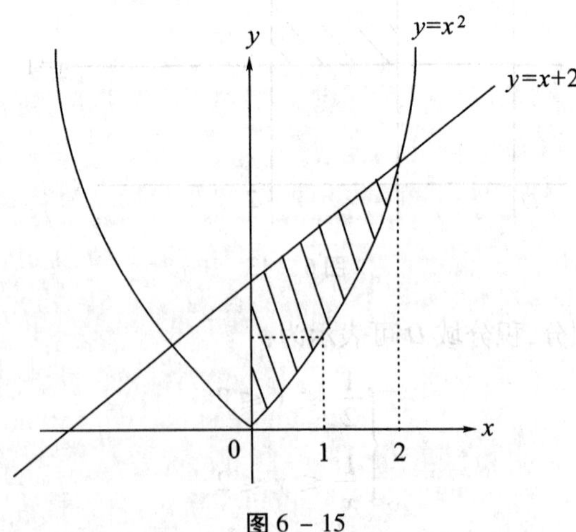

图 6 - 15

解：

由二重积分性质 5，可知二重积分 $\iint_D \mathrm{d}x\mathrm{d}y$ 就是积分区域 D 的面积 A 的数值. 由图 6 - 15

可得：

$$A = \iint_D \mathrm{d}x\mathrm{d}y = \int_{-1}^{2}\mathrm{d}x\int_{x^2}^{x+2}\mathrm{d}y$$

$$= \int_{-1}^{2}(x + 2 - x^2)\mathrm{d}x$$

$$= (\frac{1}{x}x^2 + 2x - \frac{x^2}{3})\Big|_{-1}^{2}$$

$$= \frac{9}{2}$$

因此,区域 D 的面积等于$\frac{9}{2}$.

习题 6.5

1. 在三角形坐标系中,用不等式组表二下面的平面区域 D.

(1) D 是由 $x = 0, x = 1, y = 0$ 以及 $y > 1$ 所围成好的区域.

(2) D 是由 $y = x^2$ 与 $y^2 = x$ 围成的区域.

(3) D 是由 $y = xy, y = 2x$ 与 y 轴围成的区域.

2. 化二重积分$\iint f(x,y)\mathrm{d}x\mathrm{d}y\xi$ 为二次积分(写出二乘积分次序).

(1) D 是由 y 轴, $y = 2$ 及 $y = 2x$ 围成的区域.

(2) $D = \{(x,y) \mid 0 \leqslant x \leqslant 2, 1 \leqslant y \leqslant 2\}$.

3. 计算二重积分$\iint_D \mathrm{e}^{x+y}\mathrm{d}x\mathrm{d}y$,其中区域 D 是由 $x = 0, x = 1, y = 0, y = 1$ 围成的图形.

4. 计算二重积分$\iint_D x^2 y\mathrm{d}x\mathrm{d}y$,其中区域 D 是由 $x = 0, y = 0$ 与 $x^2 + y^2 = 1$ 所围成的位于第一象限的区域.

习题六

一、选择题

1. 在球 $x^2 + y^2 + z^2 - 2z = 0$ 内 ρ 的点是(　　).

A. $(0,0,2)$　　B. $(0,0,-2)$

C. $(\frac{1}{2},\frac{1}{2},\frac{1}{2})$　　D. $-\frac{1}{2},\frac{1}{2},-\frac{1}{2})$

2. 点 $(1,-1,1)$ 在下面的某个曲面上,该曲面是(　　).

A. $x^2 + y^2 - 2z = 0$　　B. $x^2 - y^2 = z$

C. $x^2 + y^2 + 2z = 0$　　D. $z = \ln(x^2 + y^2)$

3. 函数 $z = \dfrac{1}{\ln(x + y)}$ 的定义域是(　　).

A. $x + y \neq 0$　　B. $x + y > 0$

C. $x + y \neq 1$　　D. $x + y > 0$ 且 $x + y \neq 1$

4. 设函数 $z=f(x,y)$ 在点 (x_0,y_0) 处存在对 x、y 的偏导数，则 $f'_x(x_0,y_0)=($　　$)$.

A. $\lim\limits_{\triangle x\to 0}\dfrac{f(x_0-2\triangle x,y_0)-f(x_0,y_0)}{\triangle x}$

B. $\lim\limits_{\triangle x\to 0}\dfrac{f(x_0,y_0)-f(x_0+\triangle x,y_0)}{\triangle x}$

C. $\lim\limits_{\triangle x\to 0}\dfrac{f(x_0+\triangle x,y_0+\triangle y)-f(x_0,y_0)}{\triangle x}$

D. $\lim\limits_{\triangle x\to 0}\dfrac{f(x,y)-f(x_0,y_0)}{x-x_0}$

5. 二元函数 $z=f(x,y)$ 的两个偏导数存在，且 $\dfrac{\partial z}{\partial x}>0,\dfrac{\partial z}{\partial x}<0$，则(　　).

A. 当 y 保持不变时，$f(x,y)$ 是随 x 的减少而单调增加的

B. 当 x 保持不变时，$f(x,y)$ 是随 y 的减少而单调增加的

C. 当 y 保持不变时，$f(x,y)$ 是随 x 的减少而单调增加的

D. 当 x 保持不变时，$f(x,y)$ 是随 y 的减少而单调增加的

6. 设 $u=xy^2$，则 $\mathrm{d}u($　　$)$.

A. $yz\mathrm{d}x$　　B. $xz\mathrm{d}y$

C. $xz\mathrm{d}z$　　D. $yz\mathrm{d}x+xz\mathrm{d}y+xz\mathrm{d}z$

7. 函数 $f(x、y)=2(x-y)+x^2-y^2$ 的驻点为(　　).

A. $(1,1)$　　B. $(-1,1)$

C. $(1,-1)$　　D. $(-1,-1)$

8. 点 $(0,0)$ 是函数 $z=xy$ 的(　　).

A. 极大值点　　B. 极小值点

C. 驻点　　D. 非驻点

9. 点 (x_0,y_0) 使 $f'_y(x,y)=0$ 且 $f'_y(x,y)=0$ 成立，则(　　).

A. (x_0,y_0) 是 $f(x,y)$ 的极值点

B. (x_0,y_0) 是 $f(x,y)$ 的最小值点

C. (x_0,y_0) 是 $f(x,y)$ 的最大值点

D. (x_0,y_0) 可能是 $f(x,y)$ 的极值点

10. 二元函数 $z=f(x,y)$ 在点 (x_0,y_0) 处可导（偏导数存在）与可微的关系是(　　).

A. 可导必可微　　B. 可导一定不可微

C. 可微必可导　　D. 可微不一定可导

11. 二元函数 $z=5-x^2-y^2$ 的极大值点是(　　).

A. $(1,0)$　　B. $(0,1)$

C. $(0,0)$　　D. $(1,1)$

12. 二重积分 $\iint\limits_{\substack{0\leqslant x\leqslant 1\\0\leqslant y\leqslant 1}} xy\mathrm{d}x\mathrm{d}y=($　　$)$.

A. 1　　B. $\dfrac{1}{2}$

C. $\frac{1}{4}$　　　　D. 2

13. 设 $D=\{(x,y)/0\leqslant x\leqslant 1,0\leqslant y\leqslant 1\}$,则 $\iint\limits_D xe^{-2y}dxdy=($　　$)$.

A. $1-e^{-2}$　　　　B. $\frac{1-e^{-2}}{4}$

C. $\frac{e^{-2}-1}{2}$　　　　D. $\frac{1-e^{-1}}{2}$

14. 设 $D:x^2+y^2\leqslant 4(y>0)$,则 $\iint\limits_D dxdy=($　　$)$.

A. 16π　　　　B. 4π

C. 8π　　　　D. 2π

15. 设区域 D 是单位圆 $x^2+y^2\leqslant 1$ 在第一象限的部分,则二重积分 $\iint\limits_D xydxdy=$ (　　).

A. $\int_D^{\sqrt{1-y^2}}dx\int_1^{\sqrt{1-x^2}}xydy$　　　　B. $\int_0^1 dx\int_0^{\sqrt{1-y^2}}xydy$

C. $\int_0^1 dy\int_0^{\sqrt{1-y^2}}xydx$　　　　D. $\int_0^1 dx\int_0^1 xydy$

二、填空题

1. 点(1,1,1)关于 xoy 平面的对称点是__________.

2. 设 $z=e^y\sin x$,则 $\frac{\partial z}{\partial x}=$ __________, $\frac{\partial z}{\partial y}=$ __________.

3. 设 $z=\tan(x^2-y^2)$, $y=\sin x$

则 $\frac{\partial z}{\partial x}=$ __________, $\frac{\partial z}{\partial x}=$ __________.

4. 二元函数 $z=x^3-y^3+3x^2+3y^2-9x$ 的极小值点是__________.

5. 设 $z=2x^2+3xy-y^2$,则 $\frac{\partial^2 z}{\partial x\partial y}=$ __________.

6. 设 D 是由直线 $y=x$ 及抛物成 $y=x^2$ 所围成的区域,则 $\iint\limits_D \frac{\sin x}{x}dxdy=$ __________.

三、解答题

1. 在直角坐标系中,用不等式组表示下面的平面区域 D.

(1) D 是 $x=0,y=0$ 以及 $x+y=1$ 所围成的区域.

(2) D 是 $y=x,x=1,x=2$ 以及 $y=2x$ 所围成的区域.

(3) D 是 $y=\frac{1}{x},x=1,x=2$ 以及 $y=2$ 所围成的区域.

2. 求下列函数的定义域.

(1) $z=\sqrt{xy}$;　　　　(2) $z=\sqrt{1-x^2}-\sqrt{y^2-1}$;

(3) $z=\sqrt{1-\frac{x^2}{a^2}-\frac{y^2}{b^2}}$;　　(4) $z=\ln(x+y)$.

3. 求下列函数的偏导数.

(1) $z=x^2y^2$;　　(2) $z=\ln\frac{y}{x}$;

(3) $z=yx^2+e^{xy}$;　　(4) $z=e^{\sin x}\cos y$;

(5) $z=\frac{1}{\sqrt{x^2+y^2}}$;　　(6) $u=\sqrt{x^2+y^2+z^2}$.

4. 求下列函数在给定点的偏导数.

(1) $z=e^{x^2+y^2}$,求 $z'_x\Big|_{\substack{x=1\\y=0}}$,$z'_y\Big|_{\substack{x=0\\y=1}}$.

(2) $\ln(\sqrt{x}+\sqrt{y})$,求 $z'_x\Big|_{\substack{x=1\\y=0}}$,$z'_y\Big|_{\substack{x=1\\y=1}}$.

5. 求下列函数的二阶偏导数.

(1) $z=y^x$;　(2) $z=x\ln(x+y)$.

6. 求下列函数的全微分.

(1) $z=x^2y$;　(2) $z=\sqrt{\frac{x}{y}}$;　(3) $z=e^{x^2+y^2}$.

*7. 求下列函数的偏或全导数.

(1) 设 $z=u^2\ln v$,$u=\frac{x}{y}$,$v=3x-2y$,求$\frac{\partial z}{\partial x}$,$\frac{\partial z}{\partial y}$.

(2) 设 $z=e^{uv}$,$u=\ln\sqrt{x^2+y^2}$,$v=\arctan\frac{y}{x}$,求$\frac{\partial z}{\partial x}$,$\frac{\partial z}{\partial y}$.

(3) 设 $z=u^v(u>0)$,$u=\sin x$,$v=\cos x$,求$\frac{dz}{dx}$.

8. 求下列函数的极值.

(1) $z=x^2-xy+y^2+9x-6y+20$;

(2) $z=4(x-y)-x^2-y^2$.

9. 欲围一个面积为60平方米的矩形场地,正面所用材料每米造价10元,其余三面每米造价5元. 问场地长、宽各多少米时,所用材料费最少?

10. 设生产某种产品的数量与所用两种原料A、B的数量 x、y 间有关系式 $\rho(x,y)=0.005x^2y$,欲用150元购料,已知A、B原料的单价分别为1元、2元,购进两种原料各多少,可使生产数量最多?

11. 为销售产品作两种方式广告宣传,当宣传费分别为 x、y 时,销售量 $s=\frac{200x}{5+x}+\frac{100y}{10+y}$,若销售产品所得利润是销量1/5减去广告费,现要使用广告费25万元,应如何分配,使广告产生的利润最大?

12. 化二重积分$\iint\limits_D f(x,y)\,dxdy$为二次积分(写出两种积分次序).

(1) $D=\{(x,y)\mid |x|\leqslant 1,|y|\leqslant 1\}$.

(2) D是由 y 轴,$y=1$ 及 $y=x$ 围成区域.

13. 计算下列二重积分.

(1) $\iint\limits_{D} x\mathrm{e}^{xy}\mathrm{d}x\mathrm{d}y$　　(D:$0 \leqslant x \leqslant 1, 0 \leqslant y \leqslant 1$);

(2) $\iint\limits_{D} (y + x^2)\mathrm{d}x\mathrm{d}y$　　(D 是由 $y = x^2$ 与 $y^2 = x$ 所围成的区域);

(3) $\iint\limits_{D} (x + 6y)\mathrm{d}x\mathrm{d}y$　　(D 是由 $y = x, y = 2x$ 及 $x = 2$ 所围成的区域).

14. 求由曲线 $y = x, y = \sin x, x = 0, x = \pi$ 所围成的平面图形的面积.

*15. 某生产函数 $Q(h,k) = 3h + 3k + hk - h^2 - k^2$,求当 $h = 3, k = 10$ 时的边际产量,并做出经济解释.